CHRISTIANO
CASSETTARI
COORDENAÇÃO

GRACIELLE **VELOSO**
AUTORA

CONCURSOS DE CARTÓRIO
PRÁTICA PARA A **SEGUNDA FASE**

2022 © Editora Foco

Coordenador: Christiano Cassettari
Autora: Gracielle Veloso
Diretor Acadêmico: Leonardo Pereira
Editor: Roberta Densa
Assistente Editorial: Paula Morishita
Revisora Sênior: Georgia Renata Dias
Capa Criação: Leonardo Hermano
Diagramação: Ladislau Lima e Aparecida Lima
Impressão miolo e capa: PLENA PRINT

Dados Internacionais de Catalogação na Publicação (CIP) de acordo com ISBD

V443c Veloso, Gracielle

    Concursos de cartório: prática para a segunda fase / Gracielle Veloso ; coordenado por Christiano Cassettari. - Indaiatuba, SP : Editora Foco, 2022.

    272 p. ; 17cm x 24cm. – (Coleção Cartórios)

    Inclui índice e bibliografia.

    ISBN: 978-65-5515-457-3

    1. Metodologia de estudo. 2. Concursos Públicos. 3. Cartório. I Cassettari, Christiano. II. Título.

2022-317   CDD 001.4   CDU 001.8

Elaborado por Odilio Hilario Moreira Junior - CRB-8/9949

Índices para Catálogo Sistemático:

1. Metodologia de estudo 001.4   2. Metodologia de estudo 001.8

DIREITOS AUTORAIS: É proibida a reprodução parcial ou total desta publicação, por qualquer forma ou meio, sem a prévia autorização da Editora FOCO, com exceção do teor das questões de concursos públicos que, por serem atos oficiais, não são protegidas como Direitos Autorais, na forma do Artigo 8º, IV, da Lei 9.610/1998. Referida vedação se estende às características gráficas da obra e sua editoração. A punição para a violação dos Direitos Autorais é crime previsto no Artigo 184 do Código Penal e as sanções civis às violações dos Direitos Autorais estão previstas nos Artigos 101 a 110 da Lei 9.610/1998. Os comentários das questões são de responsabilidade dos autores.

NOTAS DA EDITORA:

Atualizações e erratas: A presente obra é vendida como está, atualizada até a data do seu fechamento, informação que consta na página II do livro. Havendo a publicação de legislação de suma relevância, a editora, de forma discricionária, se empenhará em disponibilizar atualização futura.

Erratas: A Editora se compromete a disponibilizar no site www.editorafoco.com.br, na seção Atualizações, eventuais erratas por razões de erros técnicos ou de conteúdo. Solicitamos, outrossim, que o leitor faça a gentileza de colaborar com a perfeição da obra, comunicando eventual erro encontrado por meio de mensagem para contato@editorafoco.com.br. O acesso será disponibilizado durante a vigência da edição da obra.

Impresso no Brasil (02.2022) – Data de Fechamento (01.2022)

2022

Todos os direitos reservados à
Editora Foco Jurídico Ltda.

Avenida Itororó, 348 – Sala 05 – Cidade Nova
CEP 13334-050 – Indaiatuba – SP

E-mail: contato@editorafoco.com.br
www.editorafoco.com.br

A todos os candidatos de concurso de cartório, que na busca por melhores resultados, aproveitam suas horas de estudo de forma inteligente.

Apresentação

A Coleção Cartórios foi criada com o objetivo de permitir aos estudantes, tabeliães, registradores, escreventes, juízes, promotores e profissionais do Direito acesso a estudo completo, profundo, atual e didático de todas as matérias que compõem o Direito Notarial e Registral.

A obra sobre o Registro de Imóveis contém: a parte geral do registro imobiliário, os atos ordinários e os procedimentos especiais que tramitam no ofício imobiliário. No livro de Tabelionato de Notas trata da teoria geral do Direito Notarial e dos atos praticados neste cartório, como as escrituras, os reconhecimentos de firma e a autenticação dos documentos. Já o de Registro Civil divide-se em duas obras: um volume sobre o Registro Civil das Pessoas Naturais, que contém a parte geral do registro civil das pessoas naturais, o registro de nascimento, a habilitação e o registro de casamento, o óbito e o Livro "E"; já o outro volume se refere ao Registro Civil de Pessoas Jurídicas, que trata dos atos em que se registram as pessoas jurídicas que não são de competência das juntas comerciais estaduais.

Em Tabelionato de Protestos encontram-se todas as questões referentes ao protesto de títulos e documentos da dívida, estabelecidas nas leis extravagantes, dentre elas a de protesto. No livro sobre Registro de Títulos e Documentos, estão reunidas todas as atribuições desse importante cartório e, ainda, análises de outros pontos importantes para serem estudados.

Há, ainda, um volume dedicado a quem se prepara para a 2ª fase do Concurso de Cartório, contendo os modelos dos atos praticados em todas as especialidades, de maneira comentada.

A coleção terá um volume sobre Teoria Geral do Direito Notarial e Registral, que está sendo preparado, e que pretende abordar os aspectos da Lei dos Notários e Registradores (Lei n. 8.935/94).

Reconhecidos no cenário jurídico nacional, os autores possuem vasta experiência e vivência na área cartorial aliando teoria e prática, por isso esperamos que esta Coleção possa ser referência a todos que necessitam estudar os temas nela abordados. Preocupamo-nos em manter uma linguagem simples e acessível, para permitir a compreensão daqueles que nunca tiveram contato com esse ramo do Direito, reproduzindo todo o conteúdo exigido nos concursos públicos e cursos de especialização em Direito Notarial e Registral, além de exemplificar os assuntos sob a ótica das leis federais e com as posições dominantes das diversas Corregedorias-Gerais de Justiça dos Estados e dos Tribunais Superiores.

Minhas homenagens aos autores dos livros desta Coleção, que se empenharam ao máximo para que seus livros trouxessem o que de mais novo e importante existe no

Direito Notarial e Registral, pela dedicação na divulgação da Coleção em suas aulas, palestras, sites, mídias sociais, blogues, jornais e diversas entidades que congregam, o que permitiu que ela se tornasse um sucesso absoluto em todo o país, logo em suas primeiras edições. Gostaria de registrar os meus mais sinceros agradecimentos a todas as instituições que nos ajudaram de alguma forma, especialmente a ANOREG BR, ENNOR, ARPEN BR, COLÉGIO NOTARIAL DO BRASIL, IRIB, IEPTB e IRTDPJ, na figura de seus presidentes e diretores, pelo apoio irrestrito que nos deram, para que esta Coleção pudesse se tornar um grande sucesso. Qualquer crítica ou sugestão será bem-vinda e pode ser enviada para o meu e-mail pessoal: contato@professorchristiano.com.br.

Salvador, fevereiro de 2020.

Christiano Cassettari

www.professorchristiano.com.br
Instagram: @profcassettari

SUMÁRIO

APRESENTAÇÃO V

INTRODUÇÃO XVII

1. REGISTRO CIVIL DAS PESSOAS NATURAIS 3

1.1 REGRAS GERAIS 3

    1.1.1 Escrituração 3

    1.1.2 Estrutura 4

    1.1.3 Qualificação das partes 5

    1.1.4 Cabeçalho do assento 6

    1.1.5 Abertura do assento 8

    1.1.6 Fechamento do assento 9

1.2 ASSENTO DE NASCIMENTO 11

    1.2.1 Dados do assento 11

    1.2.2 Roteiro para redação do assento de nascimento 13

        1.2.2.1 Abertura do assento 13

        1.2.2.2 Comparecimento do declarante 13

        1.2.2.3 Declaração do nascimento 15

        1.2.2.4 Ascendência 15

        1.2.2.5 Informações complementares do recém-nascido 16

        1.2.2.6 Comprovação do nascimento 16

        1.2.2.7 Fechamento do assento de nascimento 17

    1.2.3 Modelo de assento – livro dividido em três partes 17

    1.2.4 Modelo de assento – dissertação 19

    1.2.5 Modelo de assento de nascimento de filho havido por técnicas de reprodução assistida – dissertação 20

1.3 ASSENTO DE CASAMENTO 22

    1.3.1 Dados do assento 22

    1.3.2 Roteiro para redação do assento de casamento 23

        1.3.2.1 Abertura do assento 23

        1.3.2.2 Comparecimento dos nubentes, testemunhas e autoridade que

		presidir o ato...	24
1.3.2.3	Qualificação dos nubentes..	25
1.3.2.4	Regime de bens	26
1.3.2.5	Relação de documentos apresentados e publicação dos editais	27
1.3.2.6	Fechamento do assento de casamento	28

1.3.3 Modelo de assento – livro dividido em três partes............................. 29

1.3.4 Modelo de assento – Dissertação... 31

1.4 ASSENTO DE CASAMENTO RELIGIOSO PARA EFEITOS CIVIS 33

1.4.1 Dados do registro de casamento religioso para efeitos civis............. 34

1.4.2 Roteiro para redação do assento de casamento religioso para efeitos civis 34

1.4.2.1 Abertura do assento 34

1.4.2.2 Qualificação dos nubentes... 36

1.4.2.3 Regime de bens 37

1.4.2.4 Testemunhas da celebração religiosa 37

1.4.2.5 Relação de documentos apresentados e publicação dos editais 38

1.4.2.6 Fechamento do assento de casamento religioso para efeitos civis 38

1.4.3 Modelo de assento – Livro dividido em três partes 39

1.4.4 Modelo de assento – Dissertação... 41

1.5 ASSENTO DE ÓBITO.. 42

1.5.1 Dados do assento 42

1.5.2 Roteiro para redação do assento de óbito... 43

1.5.2.1 Abertura do assento 43

1.5.2.2 Comparecimento do declarante.................................. 43

1.5.2.3 Declaração do óbito... 44

1.5.2.4 Dados do falecido 45

1.5.2.5 Informações complementares do falecido................ 45

1.5.2.6 Fechamento do assento... 45

1.5.3 Modelo de assento – Livro dividido em três partes 46

1.5.4 Modelo de assento – Dissertação... 48

1.6 ASSENTO DE NATIMORTO 49

1.6.1 Dados do assento 49

1.6.2 Roteiro para redação do assento de natimorto 50

1.6.2.1 Abertura do assento 50

1.6.2.2 Comparecimento do declarante.................................. 50

1.6.2.3 Declaração do nascimento sem vida.......................... 51

	1.6.2.4	Ascendência	51
	1.6.2.5	Informações complementares do natimorto	52
	1.6.2.6	Fechamento do assento de natimorto	52
1.6.3	Modelo de assento – Livro dividido em três partes		53
1.6.4	Modelo de assento – Dissertação		54
1.7	**REGISTRO DOS PROCLAMAS**		56
1.7.1	Dados do registro		56
1.7.2	Roteiro para redação do termo de registro		56
	1.7.2.1	Abertura	56
	1.7.2.2	Dados dos proclamas	57
	1.7.2.3	Fechamento	58
1.7.3	Modelo – Livro dividido em três partes		58
1.7.4	Modelo – Dissertação		59
1.8	**REGISTRO DE EMANCIPAÇÃO**		60
1.8.1	Dados do registro		61
1.8.2	Roteiro para redação do termo de registro		61
	1.8.2.1	Abertura	61
	1.8.2.2	Dados da emancipação	61
	1.8.2.3	Fechamento	62
1.8.3	Modelo – Livro dividido em três partes		63
1.8.4	Modelo – Dissertação		64
1.9	**REGISTRO DE INTERDIÇÃO**		66
1.9.1	Dados do assento		66
1.9.2	Roteiro para redação do termo de registro		66
	1.9.2.1	Abertura	66
	1.9.2.2	Dados da interdição	66
	1.9.2.3	Fechamento	67
1.9.3	Modelo – Livro dividido em três partes		68
1.9.4	Modelo – Dissertação		69
1.10	**REGISTRO DE SENTENÇA DECLARATÓRIA DE AUSÊNCIA**		70
1.10.1	Dados do registro		71
1.10.2	Roteiro para redação do termo de registro		71
	1.10.2.1	Abertura	71
	1.10.2.2	Dados da declaração de ausência	71
	1.10.2.3	Fechamento	72

1.10.3 Modelo – Livro dividido em três partes	73
1.10.4 Modelo – Dissertação	75
1.11 REGISTRO DE UNIÃO ESTÁVEL	76
1.11.1 Dados do registro	76
1.11.2 Roteiro para redação do termo de registro	77
1.11.2.1 Abertura	77
1.11.2.2 Dados da formalização da união estável	77
1.11.2.3 Fechamento	78
1.11.3 Modelo – Livro dividido em três partes	79
1.11.4 Modelo – Dissertação	80
1.12 AVERBAÇÕES	81
1.12.1 Dados da averbação	81
1.12.2 Roteiro para redação das averbações	82
1.12.3 Modelo – Livro dividido em três partes	84
1.12.4 Modelo – Dissertação	86
1.13 ANOTAÇÕES	87
1.13.1 Dados da anotação	87
1.13.2 Roteiro para redação das anotações	87
1.13.3 Modelo – Livro dividido em três partes	89
1.13.4 Modelo – Dissertação	90
2. REGISTRO CIVIL DE PESSOAS JURÍDICAS	93
2.1 REGRAS GERAIS	93
2.1.1 Escrituração	93
2.1.2 Estrutura	94
2.1.2.1 Cabeçalho	95
2.1.2.2 Abertura	95
2.1.2.3 Fechamento	96
2.2 INSCRIÇÕES NO LIVRO A	97
2.2.1 Dados do registro	97
2.2.2 Roteiro para redação do registro	98
2.2.2.1 Declarações a serem feitas no registro da pessoa jurídica	98
2.2.3 Modelo – Livro	103
2.2.4 Modelo – Dissertação	105
2.3 INSCRIÇÕES NO LIVRO B	106
2.3.1 Roteiro para redação da matrícula	107

	2.3.1.1 Dados da matrícula	107
2.3.2	Modelo – Livro	108
2.3.3	Modelo – Dissertação	109

3. REGISTRO DE TÍTULOS E DOCUMENTOS 111

3.1 REGRAS GERAIS 111

- 3.1.1 Escrituração 111
- 3.1.2 Estrutura 111
  - 3.1.2.1 Cabeçalho 113
  - 3.1.2.2 Abertura 114
  - 3.1.2.3 Fechamento 114

3.2 LIVRO A – PROTOCOLO 115

- 3.2.1 Dados do registro 115
- 3.2.2 Modelo – Livro 116
- 3.2.3 Modelo – Dissertação 117

3.3 LIVRO B – REGISTRO INTEGRAL 118

- 3.3.1 Dados do registro 118
- 3.3.2 Roteiro para redação do registro 118
- 3.3.3 Modelo – Livro 119
- 3.3.4 Modelo – Dissertação 120

3.4 LIVRO C – REGISTRO POR EXTRATO 121

- 3.4.1 Dados do registro 121
- 3.4.2 Roteiro para redação do registro 122
- 3.4.3 Modelo – Livro 123
- 3.4.4 Modelo – Dissertação 124

3.5 LIVRO D – INDICADOR PESSOAL 125

- 3.5.1 Modelo – Livro 126
- 3.5.2 Modelo – Dissertação 127

4. REGISTRO DE IMÓVEIS 129

4.1 REGRAS GERAIS 129

- 4.1.1 Escrituração 129
- 4.1.2 Cabeçalho 129
- 4.1.3 Fechamento 130

4.2 LIVRO 1 – PROTOCOLO 131

- 4.2.1 Requisitos do livro 131

4.2.2 Roteiro para redação do Livro 1 – Protocolo 131

4.2.3 Modelo – Livro 131

4.2.4 Modelo – Dissertação 132

4.3 LIVRO 2 – REGISTRO GERAL 133

4.3.1 Requisitos do livro 134

    4.3.1.1 Matrícula 134

    4.3.1.2 Registro 135

    4.3.1.3 Averbação 137

4.3.2 Roteiro para redação dos atos no Livro 2 – Registro Geral 137

4.3.3 Modelo – Livro 139

4.3.4 Modelo – Dissertação 141

4.4 LIVRO 3 – REGISTRO AUXILIAR 142

4.4.1 Requisitos do livro 143

    4.4.1.1 Elementos dos registros 143

4.4.2 Modelo – Livro 150

4.4.3 Modelo – Dissertação 151

4.5 LIVRO 4 – INDICADOR REAL 152

4.5.1 Modelo – Livro 153

4.5.2 Modelo – Dissertação 154

4.6 LIVRO 5 – INDICADOR PESSOAL 154

4.6.1 Modelo – Livro 155

4.6.2 Modelo – Dissertação 156

5. TABELIONATO DE PROTESTO 157

5.1 REGRAS GERAIS 157

5.1.1 Escrituração 157

    5.1.1.1 Cabeçalho 157

5.2 LIVRO DE PROTOCOLO 158

5.2.1 Requisitos do livro 158

5.2.2 Roteiro para redação do Livro de Protocolo 159

5.2.3 Modelo – Livro 159

5.2.4 Modelo – Dissertação 160

5.3 INTIMAÇÃO 161

5.3.1 Requisitos 161

5.3.2 Roteiro para redação da intimação 162

5.3.3 Modelo de intimação 164

5.4 EDITAL... 165

    5.4.1 Requisitos... 165

    5.4.2 Roteiro para redação do edital de intimação 168

    5.4.3 Modelo de edital de intimação.. 170

5.5 LIVRO DE REGISTRO/LAVRATURA DO PROTESTO.................................... 170

    5.5.1 Requisitos do registro... 170

    5.5.2 Roteiro para redação do protesto 171

    5.5.3 Modelo – Registro de protesto: Cheque 173

    5.5.4 Modelo – Registro de protesto: Nota Promissória 174

    5.5.5 Modelo – Registro de protesto: Letra de Câmbio............................... 175

6. TABELIONATO DE NOTAS 177

6.1 REGRAS GERAIS 177

    6.1.1 Escrituração 177

        6.1.1.1 Cabeçalho 178

        6.1.1.2 Abertura.. 179

        6.1.1.3 Comparecimento e qualificação das partes........................ 180

        6.1.1.4 Reconhecimento da identidade e capacidade dos comparecentes.... 181

        6.1.1.5 Manifestação da vontade das partes..................................... 181

        6.1.1.6 Fechamento 182

6.2 PROCURAÇÃO 183

    6.2.1 Legislação aplicável.. 183

    6.2.2 Roteiro para redação da procuração 183

    6.2.3 Modelo de procuração pública 185

6.3 PROCURAÇÃO EM CAUSA PRÓPRIA.. 186

    6.3.1 Legislação aplicável.. 186

    6.3.2 Roteiro para redação de procuração em causa própria 187

    6.3.3 Modelo de procuração em causa própria 189

6.4 ESCRITURA DE EMANCIPAÇÃO 190

    6.4.1 Legislação aplicável.. 190

    6.4.2 Roteiro para redação da escritura de emancipação............................. 191

    6.4.3 Modelo de escritura de emancipação... 192

6.5 ESCRITURA DE COMPRA E VENDA DE IMÓVEL URBANO...................... 194

    6.5.1 Legislação aplicável.. 194

    6.5.2 Roteiro para redação da escritura de compra e venda de imóvel urbano 194

    6.5.3 Modelo de escritura pública de compra e venda de imóvel urbano 197

6.6 ESCRITURA DE COMPRA E VENDA DE IMÓVEL RURAL..................................... 200

    6.6.1 Legislação aplicável.. 200

    6.6.2 Roteiro para redação da escritura de compra e venda de imóvel rural 200

    6.6.3 Modelo de escritura pública de compra e venda de imóvel rural 203

6.7 ESCRITURA DE DOAÇÃO COM RESERVA DE USUFRUTO VITALÍCIO E CLÁUSULA DE REVERSÃO 206

    6.7.1 Legislação aplicável.. 206

    6.7.2 Roteiro para redação da escritura de doação com reserva de usufruto vitalício e cláusula de reversão.. 207

    6.7.3 Modelo de escritura pública de doação com reserva de usufruto vitalício e cláusula de reversão.. 210

6.8 ESCRITURA DE DIVÓRCIO CONSENSUAL.. 212

    6.8.1 Legislação aplicável.. 212

    6.8.2 Roteiro para redação da escritura de divórcio consensual.............................. 213

    6.8.3 Modelo de escritura de divórcio consensual com partilha de bens 217

6.9 ESCRITURA DE INVENTÁRIO E PARTILHA AMIGÁVEL................................... 219

    6.9.1 Legislação aplicável.. 219

    6.9.2 Roteiro para redação da escritura de inventário extrajudicial........................ 219

    6.9.3 Modelo de escritura de inventário extrajudicial.. 224

6.10 TESTAMENTO PÚBLICO 226

    6.10.1 Legislação aplicável.. 226

    6.10.2 Roteiro para redação do testamento público 227

    6.10.3 Modelo de testamento público... 230

6.11 APROVAÇÃO DE TESTAMENTO CERRADO 232

    6.11.1 Legislação aplicável.. 232

    6.11.2 Roteiro para redação do auto de aprovação de testamento cerrado 233

    6.11.3 Modelo do auto de aprovação de testamento cerrado 235

    6.11.4 Roteiro para redação do termo de aprovação de testamento cerrado 236

    6.11.5 Modelo de termo de aprovação de testamento cerrado.................................... 238

6.12 ATA NOTARIAL 239

    6.12.1 Legislação aplicável.. 239

    6.12.2 Roteiro para redação da ata notarial para verificação de fatos 239

    6.12.3 Modelo de ata notarial para verificação de fatos 241

6.13 ATA NOTARIAL PARA FINS DE USUCAPIÃO EXTRAJUDICIAL 242

    6.13.1 Legislação aplicável.. 242

6.13.2 Roteiro para redação da ata notarial para fins de usucapião extrajudicial....... 243

6.13.3 Modelo de ata notarial para fins de usucapião extrajudicial............................. 247

7. NOTA DE DEVOLUÇÃO... 249

7.1 Noções gerais 249

7.2 Roteiro para redação da ata notarial para fins de usucapião extrajudicial 249

7.3 Modelo de nota de devolução 250

REFERÊNCIAS... 253

Introdução

O presente livro tem como objetivo fornecer ao candidato elementos para elaboração das peças práticas na segunda fase do concurso de serventias notariais e de registros. Escrito em linguagem simples e direta, apresenta modelos de fácil assimilação, estruturados com base na legislação federal. Sempre chamando a atenção do candidato para fazer a leitura das normas do Estado em que estiver prestando o concurso.

O livro está dividido pelas atribuições: Registro Civil das Pessoas Naturais, Registro Civil de Pessoas Jurídicas, Registro de Títulos e Documentos, Registro de Imóveis, Tabelionato de Protesto e Tabelionato de Notas. Para cada atribuição é apresentada a estrutura e escrituração dos atos em seus livros, conforme legislação específica, bem como o modelo do ato.

Após análise dos requisitos essenciais e legislação aplicável, é apresentado um "roteiro para redação" dos registros ou atos notariais, a fim de facilitar a assimilação da sequência lógica de sua lavratura e a redação da peça prática.

Aqui não se pretende que o candidato decore palavras ou frases feitas e, sim, que memorize o "esqueleto" do roteiro proposto e, no momento da elaboração da peça prática, possa dar "corpo" ao ato. Buscando sempre cumprir o comando da prova, apresentar todos os requisitos legais e normativos do ato indicado e demonstrar pleno conhecimento da legislação e da prática cartorária local.

Para um bom proveito do método de estudo aqui proposto, é necessária a participação ativa do candidato. Ou seja, treinando, praticando! Pois, só aprende de fato aquilo que se faz. Só na prática se aprende, quando se trata de estudar, da atividade intelectual, "fazer" é sinônimo de "escrever".

E, "escrever, não é digitar", já alertava o professor Pierluigi Piazzi, em seu livro "Aprendendo Inteligência", o qual assevera aos alunos: "Nunca estude sem ter um lápis em atividade sobre um pedaço de papel!".

Então: leia, pratique e escreva. Escreva muito!

PEÇAS PRÁTICAS – SEGUNDA FASE

1
REGISTRO CIVIL DAS PESSOAS NATURAIS

1.1 REGRAS GERAIS

1.1.1 Escrituração

Na lavratura dos atos do Registro Civil das Pessoas Naturais além dos dados obrigatórios para cada tipo de registro, deve ser observado o disposto nos artigos 35 e 39 da Lei de Registros Públicos, que trazem as regras gerais de escrituração dos assentos. Senão vejamos:

> Art. 35. A escrituração será feita seguidamente, em ordem cronológica de declarações, sem abreviaturas, nem algarismos; no fim de cada assento e antes da subscrição e das assinaturas, serão ressalvadas as emendas, entrelinhas ou outras circunstâncias que puderem ocasionar dúvidas. Entre um assento e outro, será traçada uma linha de intervalo, tendo cada um o seu número de ordem.
>
> Art. 39. Tendo havido omissão ou erro de modo que seja necessário fazer adição ou emenda, estas serão feitas antes da assinatura ou ainda em seguida, mas antes de outro assento, sendo a ressalva novamente por todos assinada.

Como se vê, a escrituração do assento é feita seguidamente, ou seja, sem espaços em branco ou parágrafos, devendo o candidato na elaboração da sua peça prática evitar abreviaturas e algarismos[1], bem como rasuras e entrelinhas para não identificar a prova.

Se ocorrer algum erro ou engano durante a feitura do assento, o candidato escreverá "digo", em seguida repetirá a última palavra correta e prosseguirá o lançamento normal. Nesse sentido são as seguintes normas estaduais:

> **Bahia: Art. 33. § 2º** Na redação dos atos, **aos enganos cometidos, seguir-se-á a palavra** "digo", prosseguindo-se corretamente, após repetir a última palavra correta.
>
> **Ceará: Art. 30. VI** – aos **enganos cometidos, seguir-se-á a palavra "digo"**, prosseguindo-se corretamente, após repetir o último termo correto;
>
> **Maranhão: Art. 419, I** – não podem ter rasuras, nem entrelinhas preenchidas ou emendadas; se não houver espaço, continua na folha do próximo livro, com remissões recíprocas;

---

1. **Minas Gerais: Art. 515. § 1º** Admite-se a escrituração com abreviaturas, desde que de significado notório, e com siglas, desde que notoriamente conhecidas ou acompanhadas da nomenclatura por extenso ao menos uma vez no corpo do ato. **§ 2º** Admite-se a utilização de algarismos que se referirem a endereços, a número de documentos pessoais e a identificação ordinal de serventias ou juízos. **§ 3º** Informações de data e hora grafadas numericamente conterão logo em seguida a especificação por extenso, entre parênteses. **§ 4º** O primeiro instante do dia deve ser grafado como "00h00 (zero hora)".

aos enganos cometidos, seguir-se-á a palavra Digo, prosseguindo-se corretamente, após repetir a última frase correta;

Caso seja verificado erro, engano ou omissão após todo o assentamento feito, o candidato fará uma adição ou emenda, com a nota "Em tempo"[2], em seguida constará o espaço reservado às assinaturas. Se tal ocorrer após o espaço destinado as assinaturas, far-se-á a ressalva ou emenda e novamente destinará espaço para assinaturas das partes. Nesse sentido os códigos de normas abaixo:

Ceará: Art. 30. VII – as **omissões serão supridas com a nota** "em tempo", sempre subscrita por todos os participantes do ato, logo após o seu encerramento;

Maranhão: Art. 419. II – as **omissões serão supridas com a nota em tempo**, sempre subscritas por todos os intervenientes do ato;

Exemplo:

"[...] Eu _____ Oficial de Registro Civil, que lavrei, conferi, assino em público e raso e dou fé, encerrando o presente ato. Isento de emolumentos. Selo de fiscalização (número). _____ Assinatura do declarante _____ Assinatura do Oficial de Registro Civil **EM TEMPO**: Onde se lê (informar o erro), leia-se (informar o correto). Dou fé. _____ Assinatura do declarante _____ Assinatura do Oficial de Registro Civil	"[...] Eu _____ Oficial de Registro Civil, que lavrei, conferi, assino em público e raso e dou fé, encerrando o presente ato. Isento de emolumentos. Selo de fiscalização (número). **EM TEMPO**: Onde se lê (informar o erro), leia-se (informar o correto). Dou fé. _____ Assinatura do declarante _____ Assinatura do Oficial de Registro Civil

1.1.2 Estrutura

O livro do Registro Civil das Pessoas Naturais tem sua estrutura estabelecida no art. 36 da Lei de Registros Públicos, que o divide em três colunas:

Art. 36. Os livros de registro serão divididos em três partes, sendo na da esquerda lançado o número de ordem e na central o assento, ficando na da direita espaço para as notas, averbações e retificações.

Assim, nos livros dessa atribuição, cada assentamento (nascimento, casamento, óbito etc.) é lançado em local específico, ou seja, na coluna do meio (parte central).

---

2. "Em tempo" é uma expressão que se costuma usar nas atas quando, depois de redigidas, se constata que foi omitido algo que se deveria fazer constar ou para corrigir algum erro de que só então se deu conta.

1 • REGISTRO CIVIL DAS PESSOAS NATURAIS — 5

Em alguns Estados é facultada a escrituração do assento no anverso de cada folha, destinando-se o verso para as anotações, averbações e retificações (*Acre*, art. 621, parágrafo único e art. 623; *Amazonas*, art. 252, §§ 3º e 5º; *Bahia*, art. 424, parágrafo único; *Espírito Santo*, art. 123, parágrafo único; *São Paulo*, Capítulo XVII, item 16.1 e item 18; *Roraima*, art. 513, parágrafo único e art. 515; *Rondônia*, art. 631, §§ 1º e 2º; e, *Rio Grande do Sul*, art. 80).

Logo, o candidato deve observar o edital do concurso ou o comando da prova da segunda fase que indicará se a peça prática, quando se tratar de assento de registro civil, deverá ser redigida em forma de dissertação ou observar a escrituração em colunas, nos termos do art. 36 da LRP.

1.1.3 Qualificação das partes

Embora a Lei de Registros Públicos estabeleça os elementos obrigatórios dos assentos de nascimento (art. 54), de óbito (art. 80), de emancipação (art. 90), de interdição (art. 92) e de sentença declaratória de ausência (art. 94), verifica-se que a "nacionalidade" não se encontra no rol de dados da qualificação dos registrados e/ou das partes[3].

No entanto, a informação quanto à nacionalidade é um dado importante da qualificação, especialmente no registro de nascimento, para verificação de se tratar ou não de filho de estrangeiros a serviço de seu país, cujo assento se fará no Livro E, nos termos da Resolução 155/2012 do Conselho Nacional de Justiça.

Assim, na elaboração da peça prática da prova da segunda fase que exija a lavratura de assento civil, o candidato deve mencionar na qualificação das partes sua nacionalidade e, alguns casos, os números da cédula de identidade e do cadastro de pessoa física, observando, portanto, as normativas estaduais que trazem tais dados como obrigatórios, são elas:

> **Acre: Art. 626. Parágrafo único.** Da qualificação das testemunhas e pessoas que assinam a rogo, deverão constar nacionalidade, idade, profissão, estado civil, residência (endereço), número da cédula de identidade e, se existente, da inscrição no cadastro das pessoas físicas – CPF.
>
> **Bahia: Art. 39.** Na lavratura de escrituras e termos para registro devem-se qualificar precisamente as partes envolvidas, inclusive testemunhas, com endereço completo (rua, número, complemento, bairro, cidade e estado), sendo vedado utilizar expressões genéricas como "residentes nesta cidade" ou "residentes no distrito".
>
> § 1º. Na qualificação do comparecente, se houver, poderá também ser declinado o seu endereço eletrônico (e-mail).
>
> § 2º. As testemunhas e as pessoas que assinam a rogo devem ser qualificadas com indicação do nome, do número do documento de identificação, nacionalidade, estado civil, idade ou maioridade, profissão e endereço completo.

---

3. Quanto aos dados do casamento, o art. 70 menciona como elemento obrigatório a nacionalidade dos contraentes.

Rio Grande do Sul: Art. 83. A qualificação dos declarantes, testemunhas e demais intervenientes nos assentos deve contemplar: nacionalidade, idade, profissão, estado civil, residência, documento de identidade e a inscrição no Cadastro das Pessoas Físicas – CPF.

Rio Grande do Norte: Art. 79. A qualificação do interessado deverá conter, ressalvadas as proibições legais, todos os dados possíveis de identificação, como nome completo, nacionalidade, profissão, idade, número de inscrição no CPF/CNPJ, documento de identificação, estado civil, domicílio e endereço completo, com código de endereçamento postal – CEP, vedadas expressões como "residente neste município".

Rondônia: Art. 627. A qualificação das testemunhas e pessoas que assinam a rogo deverá mencionar a nacionalidade, idade, profissão, estado civil, residência, cédula de identidade e inscrição no cadastro das pessoas físicas (CPF).

Roraima: Art. 518. Parágrafo único. Da qualificação das testemunhas e pessoas que assinam a rogo, deverão constar nacionalidade, idade, profissão, estado civil, residência (endereço), número da cédula de identidade e, se existente, da inscrição no CPF.

São Paulo: Capítulo XVII, item 21.1. Da qualificação das testemunhas e pessoas que assinam a rogo, deverão constar nacionalidade, idade, profissão, estado civil, residência, número da cédula de identidade e, se existente, da inscrição no cadastro das pessoas físicas – CPF.

Dessa forma, da análise do caso proposto, o candidato deverá observar, além da capacidade civil do declarante/requerente e sua legitimidade para a prática do ato, também a sua precisa e completa qualificação no assento.

1.1.4 Cabeçalho do assento

Como vimos, a escrituração dos assentos (termos) do Registro Civil das Pessoas Naturais está regulamentada no art. 35 da Lei 6.015/1973, nada dispondo sobre cabeçalho ou mesmo a abertura do assento.

O cabeçalho, como conjunto de informações indicadas na parte superior de uma página, é mais utilizado na prática notarial, tendo algumas normativas estaduais regulamentado seu uso na redação dos atos do Tabelionato de Notas, senão vejamos:

Acre: Título II Dos Livros e do Arquivo. Capítulo I Dos Livros de Notas: Art. 244. Cada folha, com impressão no verso e no anverso, obedecerá às seguintes especificações: **a margem superior do anverso** e verso **conterão** – impressos – **o brasão nacional e as designações da República Federativa do Brasil, do Estado do Acre, do Tabelionato e Comarca, o número do livro e da página (folha).**

Piauí: Seção II Dos Livros e do Arquivo – Subseção I dos Livros de Notas: Art. 101. Cada livro será composto de 200 (duzentas) folhas.

§ 1º Cada folha, com impressão na frente e no verso, obedecerá às seguintes especificações: **I – a margem superior da frente conterá, impressos com tinta reagente, o brasão nacional e as designações da República Federativa do Brasil, as designações do Estado da Federação, da Comarca e do Município e o número do livro e da página;**

Roraima: Capítulo II Dos Livros e do Arquivo – Seção I Dos Livros de Notas: Art. 199. Cada folha, com impressão no verso e no anverso, obedecerá às seguintes especificações: **a margem superior do anverso e verso conterão – impressos – o brasão nacional e as**

designações da República Federativa do Brasil, do Estado de Roraima, do Tabelionato e Comarca, o número do livro e da página (folha).

São Paulo: Tomo II – Capítulo XVI – Seção II Dos Livros e do Arquivo – Subseção I Dos Livros de Notas – 13.1 Cada folha, com impressão nos termos do item 26 do Capítulo XIII das Normas de Serviço da Corregedoria Geral da Justiça, obedecerá às seguintes especificações: a) a margem superior do anverso conterá, impressos com tinta reagente, o brasão nacional e as designações da República Federativa do Brasil, do Estado de São Paulo, da comarca, do município e do tabelionato, o número do livro e da página.

Já os Estados do Espírito Santo e do Rio Grande do Sul regulamentam o cabeçalho ao dispor sobre certidões:

Espírito Santo: Art. 34. O padrão das certidões de todos os cartórios notariais e de registros públicos do Estado do Espírito Santo, de que trata o *caput* do artigo anterior, é constituído pelos seguintes requisitos obrigatórios: I – a utilização do papel de segurança, com selo holográfico, de tamanho A4; II – a identificação, no cabeçalho do documento, dos seguintes elementos, todos centralizados, e na ordem de cima para baixo: a) ao topo, o Brasão de Armas da República; b) a expressão "República Federativa do Brasil"; c) a expressão "Estado do Espírito Santo"; d) o nome oficial do cartório com a indicação da respectiva divisão administrativa judiciária a que pertence (Zona, Distrito Judiciário e Comarca); e) o nome do delegatário, em itálico; f) por último, a titularidade do delegatário: Registrador ou Oficial de Registro, Notário ou Tabelião de Notas, ou a combinação de ambos, quando cumulados os serviços.

Rio Grande do Sul: Art. 111 – As certidões expedidas pelo Registro Civil das Pessoas Naturais, não reguladas de forma diversa por normativas do Conselho Nacional de Justiça, devem observar os padrões a seguir descritos: I – papel tamanho A4, ou ofício 2, com gramatura mínima de 63g/m², possibilitando o uso das cores branca, bege ou creme, sendo permitido, todavia, o uso do papel de segurança mesmo para as hipóteses não previstas como obrigatórias. II – impressão em preto, com nitidez; III – fonte tamanho 12; IV – área destinada ao texto não inferior a 16cm por 22cm; V – área destinada ao cabeçalho de no máximo 6cm ou 20% da altura da folha; VI – escrita em linhas corridas com no mínimo 50 (cinquenta) letras por linha; VII – margem lateral esquerda de 3cm; VIII – início de cada parágrafo com 2,5cm de recuo, contados a partir da margem esquerda; IX – margem direita de 1,5cm; X – opcionalmente, brasão com as armas da República Federativa do Brasil ou do Estado do Rio Grande do Sul, a ser localizado à esquerda do cabeçalho.

Por outro lado, o Estado de Pernambuco estabelece a utilização dos brasões da República e do Estado nos documentos das serventias:

Pernambuco: Art. 68. As serventias extrajudiciais devem ser identificadas pela sua designação ou nome oficial, de acordo com a denominação atribuída pelas normas e regulamentos da Corregedoria Geral da Justiça.

§ 1º É obrigatório o uso do brasão oficial da República e do Estado de Pernambuco nos documentos e papéis timbrados da serventia.

Por fim, nos Estados do Ceará, do Rio de Janeiro e de Rondônia é vedada a utilização do brasão nacional ou do Estado e quaisquer referências que sugiram ou induzam a direta gerência ou mesmo a integração orgânico funcional de tais repartições aos quadros do Poder Judiciário:

Ceará: Art. 8º. Os serviços notarial e registral consignarão os respectivos endereços nos ofícios, certidões, traslados e outros atos que expedir, em **sendo vedada a utilização** nos seus impressos de referências como "Poder Judiciário", "Comarca", "Juízo de Direito", "Brasão do Estado", ou e quaisquer outras que sugiram ou induzam a direta gerência ou mesmo a integração orgânico funcional de tais repartições aos quadros do Poder Judiciário.

Rio de Janeiro: Art. 13. § 1º. O Serviço consignará o respectivo endereço nos ofícios, certidões, traslados e outros atos que expedir, **sendo vedada** a utilização nos seus impressos de referências como "Poder Judiciário", "Comarca", "Juízo de Direito", "brasão da República" e quaisquer outras que sugiram ou induzam a direta gerência ou mesmo a integração orgânico-funcional de tais repartições aos quadros do Poder Judiciário.

Rondônia: Art. 60. § 1º Fica vedada a adoção de brasão da República, Estado ou Município, devendo a serventia ser identificada com o número e em seguida com a especialidade. Exemplos: 1º Ofício de Registro Civis das Pessoas Naturais e Tabelionato de Notas, Ofício de Registro Civis das Pessoas Naturais e Tabelionato de Notas, 1º Ofício de Registro de Imóveis, 1º Tabelionato de Protesto de Títulos, Ofício de Registro de Títulos e Documentos e Civis das Pessoas Jurídicas, podendo constar, em menor destaque, abaixo da identificação da serventia, o nome do delegatário e suas atribuições legais, ficando permitida a utilização de nome de fantasia ou logomarca na identificação da serventia, desde que o número e a especialidade fiquem em destaque.

Assim, deve o candidato ficar atento às normas do Estado no qual fará a prova, e somente utilizar as expressões "Brasão da República", "República Federativa do Brasil" e congêneres quando expressamente previsto no código de normas, seja como regra comum à todas atribuições (Pernambuco) ou ao Tabelionato de Notas (Acre, Piauí, Roraima e São Paulo), demonstrando conhecimento da prática registral e das normativas.

Caso esteja prestando concurso nos Estados do Rio de Janeiro ou Rondônia, que proíbem expressamente a utilização do brasão nacional, sugere-se mencionar no cabeçalho a designação da serventia, comarca, município, estado da federação, livro e folha.

(Brasão da República) (República Federativa do Brasil) (Estado da Federação) (Comarca) (Município) (REGISTRO CIVIL DAS PESSOAS NATURAIS) Livro A (número) Folha (número)	(REGISTRO CIVIL DAS PESSOAS NATURAIS) (Comarca) (Município) – (Estado da Federação) Livro A (número) Folha (número)

1.1.5 Abertura do assento

Na praxe registral a abertura do assento, ou seja, a introdução do termo começa com a indicação da data e lugar de sua lavratura e o comparecimento do declarante legitimado.

1 • REGISTRO CIVIL DAS PESSOAS NATURAIS

Em relação as datas, prefira sua utilização por extenso, quando esse dado for informado no caso proposto na prova prática da segunda fase, do contrário utilize "(data)" ou "dia ( ), do mês ( ) do ano de ( )". A utilização de "(xxx)" dependerá do comando da prova, a fim de evitar eventual identificação do candidato.

> Aos (data), nesta Serventia de Registro Civil das Pessoas Naturais do (município) e (comarca) do Estado de (Estado da Federação), sito na (endereço), perante mim Oficial do Registro Civil ...

> No dia ( ), do mês de ( ), do ano de ( ), nesta Serventia de Registro Civil das Pessoas Naturais do Município de ( ) e Comarca de ( ) do Estado de ( ), sito na rua ( ), número ( ), bairro ( ), perante mim Oficial do Registro Civil ...

> No (dia) de (mês) de (ano), nesta Serventia de Registro Civil das Pessoas Naturais do (município) e (comarca) do Estado de (Estado da Federação), sito na (endereço), perante mim Oficial do Registro Civil, ...

> Em (data), nesta Serventia de Registro Civil das Pessoas Naturais do (município) e (comarca) do Estado de (Estado da Federação), sito na (endereço), perante mim Oficial do Registro Civil, ...

Tratando-se declarações (nascimento, óbito, natimorto), far-se-á menção, na sequência, ao comparecimento do declarante legitimado, nos termos da lei. Sendo apresentado documento para registro o assento somente mencionará o comparecimento do apresentante, no caso de casamento religioso para efeitos civis ou de emancipação. Nos demais casos de registro à vista de apresentação de documento (sentença de interdição ou de ausência, edital de proclamas etc.) não há menção ao apresentante do título.

1.1.6 Fechamento do assento

Se não houver nada mais a ser declarado ou consignado no assento, será feito seu encerramento e na sequência lido o seu teor às partes[4] e testemunhas, para explicar-lhes os sentidos dos termos e verificar a necessidade de alguma correção a ser feita. A leitura do assento deverá ser mencionada no termo.

Nesse sentido estabelece a Lei 6.015/73:

> Art. 38. Antes da assinatura dos assentos, **serão estes lidos às partes** e às testemunhas, **do que se fará menção.**

É importante, ainda, o candidato demonstrar conhecimento sobre a Lei Geral de Proteção de Dados – LGPD (Lei 13.709/2018), que dispõe sobre o tratamento de dados pessoais, com o objetivo de proteger os direitos fundamentais de liberdade e de privacidade e o livre desenvolvimento da personalidade da pessoa natural.

---

4. As partes do assento são os declarantes do fato ou apresentantes dos documentos necessários à lavratura do ato. (TIZIANI, 2017, p. 200).

Referida lei tem como fundamentos, dentre outros:

Art. 2º, II – a **autodeterminação informativa**.

E como princípios, dentre outros:

Art. 6º. IV – **livre acesso**: garantia, aos titulares, de consulta facilitada e gratuita sobre a forma e a duração do tratamento, bem como sobre a integralidade de seus dados pessoais.

Assim, deve-se cientificar as partes o compartilhamento dos dados que será feito com diversos órgãos públicos (IBGE, INSS, Justiça Eleitoral etc.) e privados (Central Nacional do Registro Civil), cumprindo, assim, o que estabelece o art. 18 da LGPD, senão vejamos:

Art. 18. O titular dos dados pessoais tem direito a obter do controlador, em relação aos dados do titular por ele tratados, a qualquer momento e mediante requisição:
VII – informação das entidades públicas e privadas com as quais o controlador realizou uso compartilhado de dados.

Por fim, far-se-á menção a isenção de emolumentos (art. 30, LRP) ou ao seu recolhimento e indicará o número do selo de fiscalização[5], conforme determina as normativas estaduais e constará o espaço para as assinaturas.

Quanto às assinaturas é preciso distinguir o título apresentado para a realização da inscrição. Tratando-se de declarações, as assinaturas que devem constar são as das partes, das testemunhas e do oficial; no caso de apresentação de documento para registro, apenas o registrador firma o ato (TIZIANI, 2017, p. 202).

Como forma de demonstrar o conhecimento da prática registral, o candidato poderá, ainda, mencionar a emissão e entrega da certidão primeira via.

Assento feito por declarações:

Nada mais declarou. Lido em alta voz perante o declarante, sendo por ele achado em tudo conforme e assina. O **declarante foi cientificado** que será procedido o cadastro do presente ato, no prazo legal, junto à Central Nacional do Registro Civil – CRC, conforme estabelece o art. 6º do Provimento 46/2015 do Conselho Nacional de Justiça, junto ao Sistema Nacional de Informações de Registro Civil – SIRC, conforme estabelece o art. 68 da Lei 8.212/1991 e junto à Fundação Instituto Brasileiro de Geografia e Estatística – IBGE, conforme estabelece o art. 49 da Lei 6.015/1973. Eu _____ Oficial de Registro Civil, que lavrei, conferi, assino em público e raso e dou fé, encerrando o presente ato. **Isento de emolumentos. Selo de fiscalização** (número). Certidão primeira via emitida e entregue em seguida ao declarante.

_____

Assinatura do declarante

_____

Assinatura do Oficial de Registro Civil

---

5. Em alguns Estados é denominado "Selo de Autenticidade".

Assento feito à vista de apresentação de documento, apresentante assina o termo:

Nada mais havendo. Lido em alta voz perante o apresentante e achado conforme em todos os termos. Será procedido o cadastro do presente ato, no prazo legal, junto à Central Nacional do Registro Civil – CRC, conforme estabelece o art. 6º do Provimento 46/2015 do Conselho Nacional de Justiça. Eu _____ Oficial de Registro Civil, que lavrei, conferi, assino em público e raso e dou fé, encerrando o presente ato. **Emolumentos** (valor). **Selo de fiscalização** (número). Certidão primeira via emitida e entregue em seguida ao apresentante.

_____
Assinatura do Apresentante
_____
Assinatura do Oficial de Registro Civil

Assento feito à vista de apresentação de documento, apresentante não assina o termo:

Nada mais havendo, eu ____, Oficial de Registro Civil, lavrei o presente termo, assino em público e raso e dou fé, encerrando o presente ato. **Emolumentos** (valor). **Selo de fiscalização** (número). Certidão primeira via emitida e entregue em seguida.

_____
Assinatura do Oficial de Registro Civil

1.2 ASSENTO DE NASCIMENTO

1.2.1 Dados do assento

Para lavratura do assento de nascimento o artigo 54 da Lei 6.015/1973 estabelece os dados necessários:

Art. 54. O assento do nascimento deverá conter:

1º) o dia, mês, ano e lugar do nascimento e a hora certa, sendo possível determiná-la, ou aproximada;

2º) o sexo do registrando;

3º) o fato de ser gêmeo, quando assim tiver acontecido;

4º) o nome e o prenome, que forem postos à criança;

5º) a declaração de que nasceu morta, ou morreu no ato ou logo depois do parto;

6º) a ordem de filiação de outros irmãos do mesmo prenome que existirem ou tiverem existido;

7º) Os nomes e prenomes, a naturalidade, a profissão dos pais, o lugar e cartório onde se casaram, a idade da genitora, do registrando em anos completos, na ocasião do parto, e o domicílio ou a residência do casal.

8º) os nomes e prenomes dos avós paternos e maternos;

9º) os nomes e prenomes, a profissão e a residência das duas testemunhas do assento, quando se tratar de parto ocorrido sem assistência médica em residência ou fora de unidade hospitalar ou casa de saúde;

10) o número de identificação da Declaração de Nascido Vivo, com controle do dígito verificador, exceto na hipótese de registro tardio previsto no art. 46 desta Lei; e
11) a naturalidade do registrando.

A primeira parte do item 5º deve ser desconsiderada, pois caso tenha a criança nascido morta, o registro será feito no livro C-Auxiliar de natimorto. Se morreu logo após o parto, tal informação deverá ser consignada no assento de nascimento e também será lavrado o correspondente assento de óbito.

Quanto ao item 6º (ordem de filiação entre irmãos) não deve mais ser mencionado no assento, conforme vedação da Lei 8.560/1992, *in verbis*:

Art. 5º No registro de nascimento **não se fará qualquer referência** à natureza da filiação, à sua **ordem em relação a outros irmãos** do mesmo prenome, **exceto gêmeos**, ao lugar e cartório do casamento dos pais e ao estado civil destes.

Ressalte-se que, o candidato deve ficar atento também a outros artigos da referida Lei de Registros Públicos e, ainda, à outras leis e normas:

Lei 6.015/1973
Art. 63. No caso de gêmeos, será declarada no assento especial de cada um a ordem de nascimento. Os gêmeos que tiverem o prenome igual deverão ser inscritos com duplo prenome ou nome completo diverso, de modo que possam distinguir-se.

CNJ, Provimento 63, de 14 de novembro de 2017
Art. 6º O CPF será obrigatoriamente incluído nas certidões de nascimento, casamento e óbito.
§ 1º Se o sistema para a emissão do CPF estiver indisponível, o registro não será obstado, devendo o oficial averbar, sem ônus, o número do CPF quando do reestabelecimento do sistema.
Art. 16. [...]
§ 2º No caso de filhos de casais homoafetivos, o assento de nascimento **deverá ser adequado para que constem os nomes dos ascendentes, sem referência a distinção quanto à ascendência paterna ou materna.**

Lei 8.212/1991
Art. 68. O Titular do Cartório de Registro Civil de Pessoas Naturais remeterá ao INSS, em até 1 (um) dia útil, pelo Sistema Nacional de Informações de Registro Civil (Sirc) ou por outro meio que venha a substituí-lo, a relação dos nascimentos, dos natimortos, dos casamentos, dos óbitos, das averbações, das anotações e das retificações registradas na serventia.
[...]
§ 2º Para os **registros de nascimento** e de natimorto, constarão das informações, **obrigatoriamente**, a inscrição no Cadastro de Pessoas Físicas (CPF), o sexo, a data e o local de nascimento do registrado, **bem como o nome completo, o sexo, a data e o local de nascimento e a inscrição no CPF da filiação.**

CNJ, Provimento 122, de 13 de agosto de 2021

Art. 2º Verificado que, na Declaração de Nascido Vivo (DNV), o campo sexo foi preenchido [ignorado], **o assento de nascimento será lavrado registrando o sexo [ignorado].**

§ 1º O oficial recomendará ao declarante a escolha de prenome comum aos dois sexos.

§ 2º Recusada a sugestão, o registro deve ser feito com o prenome indicado pelo declarante.

§ 3º Verificado que, na Declaração de Óbito (DO) fetal, o campo sexo foi preenchido [ignorado], o assento de óbito será lavrado registrando o sexo [ignorado].

1.2.2 Roteiro para redação do assento de nascimento

Como sugestão, apresenta-se o modelo de assento de nascimento abaixo redigido seguindo o roteiro ora proposto:

1.2.2.1 *Abertura do assento*

Aos (data), nesta Serventia de Registro Civil das Pessoas Naturais do (município) e (comarca) do Estado de (Estado da Federação), sito na (endereço), perante mim Oficial do Registro Civil ...

No dia ( ), do mês de ( ), do ano de ( ), nesta Serventia de Registro Civil das Pessoas Naturais do (município) e (comarca) do Estado de (Estado da Federação), sito na (endereço), perante mim Oficial do Registro Civil ...

No (dia) de (mês) de (ano), nesta Serventia de Registro Civil das Pessoas Naturais do (município) e (comarca) do Estado de (Estado da Federação), sito na (endereço), perante mim Oficial do Registro Civil, ...

Em (data), nesta Serventia de Registro Civil das Pessoas Naturais do (município) e (comarca) do Estado de (Estado da Federação), sito na (endereço), perante mim Oficial do Registro Civil, ...

1.2.2.2 *Comparecimento do declarante*

A atuação do Oficial de Registro Civil é regida pelo *princípio da rogação*, ou seja, fora das anotações, os atos de inscrição são praticados a requerimento verbal ou escrito dos interessados ou por determinação judicial.

Logo, a declaração do nascimento será feita observada a ordem legal de legitimados, estabelecida pelo artigo 52 da LRP, senão vejamos:

Art. 52. São obrigados a fazer declaração de nascimento:

1º) o pai ou a mãe, isoladamente ou em conjunto, observado o disposto no § 2º do art. 54;

2º) no caso de falta ou de impedimento de um dos indicados no item 1º, outro indicado, que terá o prazo para declaração prorrogado por 45 (quarenta e cinco) dias;

3º) no impedimento de ambos, o parente mais próximo, sendo maior achando-se presente;

4º) em falta ou impedimento do parente referido no número anterior os administradores de hospitais ou os médicos e parteiras, que tiverem assistido o parto;

5º) pessoa idônea da casa em que ocorrer, sendo fora da residência da mãe;

6º) finalmente, as pessoas (Vetado) encarregadas da guarda do menor.

O Oficial de Registro deverá verificar a legitimidade para a declaração e, conforme estabelecem alguns códigos de normas estaduais, deve ser consignado no assento o motivo da não observância da ordem sucessiva de legitimados a declarar o nascimento:

Amazonas

Art. 256. A obrigação de fazer a declaração de nascimento considera-se sucessiva na ordem prevista no art. 52 da Lei dos Registros Públicos.

§ 1º A declaração em desacordo com a ordem legal será feita por motivo justificado ou impedimento dos precedentes, **devidamente consignado no assento.**

Ceará

Art. 74. A obrigação de fazer a declaração de nascimento considera-se sucessiva na ordem prevista no art. 52 da Lei dos Registros Públicos.

Parágrafo único – A declaração por pessoa que não tenha precedência na ordem legal será feita com a comprovação da falta ou do impedimento do ascendente ou dos ascendentes, mediante solicitação e autorização do juiz competente.

Espírito Santo

Art. 131. A obrigação de fazer a declaração de nascimento é conjunta do pai e da mãe, os quais poderão realizar a declaração isoladamente, observados os prazos legais.

§ 1º Havendo a apresentação da DNV, a declaração de nascimento poderá ser feita por qualquer dos legitimados indicados no art. 52 da Lei de Registros Públicos, **consignando-se no assento o motivo justificado ou impedimento dos legitimados precedentes, quando desobedecida a ordem legal.**

Paraná

Art. 166. A obrigação de fazer a declaração de nascimento é sucessiva na ordem legal, nos termos do art. 52 da Lei 6.015/73.34

§ 1º A declaração por pessoa que não tenha precedência na ordem legal será prestada somente com a comprovação da falta ou do impedimento do obrigado, **fato este que constará do termo.**

Rio de Janeiro

Art. 734. Na lavratura de registro de nascimento deverá ser observada a ordem prevista no art. 52 da Lei 6.015/73, respeitado o disposto no inciso I do art. 5º da Constituição Federal.

Parágrafo único. A declaração por pessoa que não tenha precedência na ordem legal será feita com **a comprovação da falta ou do impedimento do ascendente, ou ascendentes,** mediante solicitação e autorização do Juiz competente.

Santa Catarina

Art. 541. A inobservância da ordem do artigo 52 da Lei 6.015/1973 somente será possível por motivo justificado ou impedimento dos precedentes, **circunstância a ser consignada no assento.**

Assim, o candidato, na redação da peça prática, ao indicar qual legitimado está declarando o nascimento, demonstrará conhecimento da ordem sucessiva trazida pela lei.

... **compareceu** o *pai* do registrando (PRENOME E SOBRENOME) ....

... **compareceu** a *mãe* do registrando (PRENOME E SOBRENOME) ....

... **compareceu** a *avó materna* do registrando (PRENOME E SOBRENOME E QUALIFICAÇÃO), em virtude do impedimento da mãe por motivo de saúde ....

1.2.2.3 Declaração do nascimento

Na sequência deve-se constar os elementos obrigatórios referentes ao fato nascimento (quando e onde nasceu), cumprindo o que determina o item 1º do art. 54 da Lei 6.015/1973.

... **e declarou** que aos (dia) de (mês) de (ano), às (horas), no (unidade de saúde), no (município), (Estado) ...

Em seguida serão lançados os dados relativos à pessoa do recém-nascido: prenome e sobrenome (item 4º), sexo (item 2º), a naturalidade (item 11), inscrição no cadastro de pessoa física (CNJ, Provimento 63/2017) e, ainda, se morreu logo após o parto (item 5º), caso a prova apresente tal informação.

... **nasceu** uma criança do sexo (sexo), que recebeu o nome de (PRENOME E SOBRENOME), natural de (município e Estado), inscrito no CPF sob o n. (número), falecido logo após o parto ...

1.2.2.4 Ascendência

O item 7º do art. 54 da Lei 6.015/73 estabelece os dados referentes à qualificação dos genitores, quais sejam, nomes (prenomes e sobrenomes), naturalidade, profissão, idade da mãe por ocasião do parto e domicílio de ambos.

No entanto, conforme estudado (1.1.3 Qualificação das partes), além desses dados, para melhor identificação das partes, faz-se necessário constar também a data de nascimento, sexo, número da cédula de identidade e, se existente, da inscrição no cadastro das pessoas físicas – CPF dos pais, demonstrando o candidato conhecimento, além da prática registral, também da Lei 8.212/1991, que instituiu o Sistema

Nacional de Informações de Registro Civil – SIRC e estabelece os dados de envio obrigatório pelos registradores civis.

Ressalte-se que, os dados dos genitores estão relacionados com o estabelecimento da maternidade e da paternidade, e somente podem ser lançados no assento se provado na forma da lei, seja por presunção ou por reconhecimento. O candidato deve estar atento ao caso concreto proposto na prova.

> ... **filho(a)** de (PRENOME E SOBRENOME), (nacionalidade), natural de (município e Estado), (profissão), do sexo (sexo), nascido aos (data), portador da cédula de identidade (número) e inscrito no CPF sob o n. (CPF), residente e domiciliado na (endereço) e de (PRENOME E SOBRENOME), com (número) anos de idade por ocasião do parto, (nacionalidade), natural de (município e Estado), (profissão), do sexo (sexo), nascida aos (data), portadora da cédula de identidade n. (número) e inscrita no CPF sob o n. (CPF), residente e domiciliado na (endereço).

Estabelecida a filiação, o item 8º do supracitado artigo, determina a menção dos avós paternos e maternos.

Cabe destacar que, conforme Provimento CNJ 63/2017, em se tratando de assento de nascimento de filho havido por técnica de reprodução assistida de casais homoafetivos, os campos dos ascendentes devem ser adequados para não fazerem distinção quanto à ascendência materna e paterna (art. 16, § 2º).

> ... **São avós paternos** (PRENOME E SOBRENOME) e **maternos** (PRENOME E SOBRENOME).

> ... **São avós** (PRENOME E SOBRENOME) e (PRENOME E SOBRENOME) e (PRENOME E SOBRENOME) e (PRENOME E SOBRENOME).

1.2.2.5 Informações complementares do recém-nascido

Para melhor individualização do registrado, a lei exige a menção do fato de ser gêmeo, se tal tiver acontecido (item 3º do art. 54, da LRP).

A questão gemelar nos registros públicos é de grande importância, na medida que dar publicidade ao fato de existirem duas pessoas nascidas da mesma gestação da mãe (mesmo dia, mês e ano) e assim evitar confusões e divergências.

Deve-se, ainda, mencionar a ordem de nascimento entre os irmãos gêmeos, conforme estabelece o art. 63 da Lei de Registros Públicos.

> ... O registrado **é gêmeo de** (nome e matrícula), sendo **o primeiro** de parto duplo.

1.2.2.6 Comprovação do nascimento

Conforme estabelece a Lei 12.662/2012, em seu art. 2º a "Declaração de Nascido Vivo será emitida para todos os nascimentos com vida ocorridos no País e será válida exclusivamente para fins de elaboração de políticas públicas e lavratura do as-

1 • REGISTRO CIVIL DAS PESSOAS NATURAIS   **17**

sento de nascimento", devendo, portanto, ser mencionado no assento de nascimento "o número de identificação da Declaração de Nascido Vivo, com controle do dígito verificador" (item 10, do art. 54, LRP).

> ... O declarante **apresentou Declaração de Nascido Vivo – DNV** (número), expedida por (nome e unidade de saúde), na qual se pode conferir os dados do nascido, aqui arquivada.

1.2.2.7 Fechamento do assento de nascimento

Conforme estudado no item 1.1.5, sugere-se o seguinte modelo de fechamento do assento, o qual poderá ser utilizado para a escrituração dos demais assentamentos do Registro Civil:

> ... **Nada mais declarou**. **Lido em alta voz** perante o declarante, sendo por ele achado em tudo conforme e assina. O **declarante foi cientificado** que será procedido o cadastro do presente ato, no prazo legal, junto à Central Nacional do Registro Civil – CRC, conforme estabelece o art. 6º do Provimento 46/2015 do Conselho Nacional de Justiça, junto ao Sistema Nacional de Informações de Registro Civil – SIRC, conforme estabelece o art. 68 da Lei 8.212/1991 e junto à Fundação Instituto Brasileiro de Geografia e Estatística – IBGE, conforme estabelece o art. 49 da Lei 6.015/1973. Eu _____ Oficial de Registro Civil, que lavrei, conferi, assino em público e raso e dou fé, encerrando o presente ato. **Isento de emolumentos**. **Selo de fiscalização** (número)[6]. Certidão primeira via emitida e entregue em seguida ao declarante.
>
> _____
> Assinatura do declarante
>
> _____
> Assinatura do Oficial de Registro Civil

1.2.3   Modelo de assento – livro dividido em três partes

(Brasão da República)[7]

República Federativa do Brasil

(Estado da Federação)

(Comarca)

(Município)

REGISTRO CIVIL DAS PESSOAS NATURAIS

Livro A (número)   Folha (número)

---

6. Em alguns Estados é denominado "Selo de Autenticidade".
7. Vide item 1.1.4.

Ou

REGISTRO CIVIL DAS PESSOAS NATURAIS
(Estado da Federação)
(Comarca)
(Município)

Livro A (número)   Folha (número)

Número de ordem	Assento de Nascimento	Notas, Averbações e Retificações
(Número)	Aos (data), nesta Serventia de Registro Civil das Pessoas Naturais da (Comarca de) do (Estado), localizada na (endereço), perante mim Oficial de Registro Civil **compareceu** o pai do registrando (NOME) e **declarou** que, na (data), no (local), no (endereço), às (horas), nasceu uma criança do sexo (sexo), que recebeu o nome de **(PRENOME E SOBRENOME DO REGISTRANDO)**, natural de (município e Estado), inscrito no CPF sob o n. (número), falecido logo após o parto, **filho(a) dele** declarante **(PRENOME E SOBRENOME)**, (nacionalidade), natural de (município e Estado), (profissão), do sexo (sexo), nascido aos (data), portador da cédula de identidade (número) e inscrito no CPF sob o n. (CPF), residente e domiciliado na (endereço) e de **(PRENOME SE SOBRENOME)**, com (número) anos de idade por ocasião do parto, (nacionalidade), natural de (município e Estado), (profissão), do sexo (sexo), nascida aos (data), portadora da cédula de identidade (número) e inscrita no CPF sob o n. (CPF), residente e domiciliado na (endereço). São **avós paternos** (nomes) e **maternos** (nomes). O registrado **é gêmeo** de (nome e matrícula), sendo **o primeiro** de parto duplo. O **declarante apresentou Declaração de Nascido Vivo** – DNV (número), expedida por (nome e unidade de saúde), na qual se pode conferir os dados do nascido, aqui arquivada. **Nada mais declarou. Lido em alta voz** perante o declarante, sendo por ele achado em tudo conforme e assina. O declarante **foi cientificado** que será procedido o cadastro do presente ato, no prazo legal, junto à Central Nacional do Registro Civil – CRC, conforme estabelece o art. 6º do Provimento 63/2017 do Conselho Nacional de Justiça, junto ao Sistema Nacional de Informações de Registro Civil – SIRC, conforme estabelece o art. 68 da Lei 8.212/1991 e junto à Fundação Instituto Brasileiro de Geografia e Estatística – IBGE, conforme estabelece o art. 49 da Lei 6.015/1973.	

Número de ordem	Assento de Nascimento	Notas, Averbações e Retificações
	Eu _____ Oficial de Registro Civil, que lavrei, conferi, assino em público e raso e dou fé, encerrando o presente ato. **Isento de emolumentos**. **Selo de fiscalização** (número). _____ Assinatura do declarante _____ Assinatura do Oficial de Registro Civil	

1.2.4 Modelo de assento – dissertação

(Brasão da República)

República Federativa do Brasil

(Estado da Federação)

(Comarca)

(Município)

REGISTRO CIVIL DAS PESSOAS NATURAIS

Ou

REGISTRO CIVIL DAS PESSOAS NATURAIS

(Estado da Federação)

(Comarca)

(Município)

Livro A (número)

Folha (número)

N. de ordem (número)

ASSENTO DE NASCIMENTO

Aos (data), nesta Serventia de Registro Civil das Pessoas Naturais da (Comarca de) do (Estado), localizada na (endereço), perante mim Oficial de Registro Civil **compareceu** o pai do registrando (NOME) e **declarou** que, na (data), no (local), no (endereço), às (horas), nasceu uma criança do sexo (sexo), que recebeu o nome de **(PRENOME E SOBRENOME DO REGISTRANDO)**, natural de (município e Estado), inscrito no CPF sob o (número), falecido logo após o parto, **filho(a) dele** declarante **(PRENOME E SOBRENOME)**, (nacionalidade), natural de (município e Estado), (profissão), do sexo (sexo), nascido aos (data), portador da cédula de identidade (número) e inscrito no CPF sob o n. (CPF), residente e domiciliado na (endereço) e de **(PRENOME E SOBRENOME)**, com (número) anos de idade por ocasião do parto, (nacionalidade), natural de (município e Estado), (profissão), do sexo (sexo), nascida aos (data), portadora da cédula de identidade (número) e inscrita no CPF sob o n. (CPF), residente e domiciliado na (endereço). São **avós paternos** (nomes) e **maternos** (nomes). O registrado **é gêmeo** de (nome e matrícula), sendo **o primeiro** de parto duplo. O **declarante apresentou Declaração de Nascido Vivo** – DNV (número), expedida por (nome e unidade de saúde), na qual se pode conferir os dados do nascido, aqui arquivada. **Nada mais declarou. Lido em alta voz** perante o declarante, sendo por ele achado em tudo conforme e assina. O declarante **foi cientificado** que será procedido o cadastro do presente ato, no prazo legal, junto à Central Nacional do Registro Civil – CRC, conforme estabelece o art. 6º do Provimento 63/2017 do Conselho Nacional de Justiça, junto ao Sistema Nacional de Informações de Registro Civil – SIRC, conforme estabelece o art. 68 da Lei 8.212/1991 e junto à Fundação Instituto Brasileiro de Geografia e Estatística – IBGE, conforme estabelece o art. 49 da Lei 6.015/1973. Eu _____ Oficial de Registro Civil, que lavrei, conferi, assino em público e raso e dou fé, encerrando o presente ato. **Isento de emolumentos. Selo de fiscalização** (número).

_____

Assinatura do declarante

_____

Assinatura do Oficial de Registro Civil

1.2.5 Modelo de assento de nascimento de filho havido por técnicas de reprodução assistida – dissertação

"Têm repercussão no direito de filiação e, por conseguinte, no registro civil as técnicas de reprodução assistida referentes à inseminação artificial heteróloga, a inseminação artificial homóloga *post mortem* e a gestação por substituição (VELOSO, 2019, p. 83).

Com objetivo de uniformizar o procedimento para lavratura do assento de nascimento de filhos havidos por técnica de reprodução assistida, o Conselho Nacional de Justiça editou o Provimento 63, de 14 de novembro de 2017.

Assim, o assento de nascimento será feito no livro "A", independente de autorização judicial, observando a legislação em vigor no que for pertinente, mediante comparecimento de ambos os pais (art. 16) ou apenas um deles se forem casados ou conviverem em união estável formalizada por escritura pública ou declarada por sentença (art. 16, § 1º).

Devem ser apresentados os seguintes documentos:

Art. 17. Será indispensável, para fins de registro e de emissão da certidão de nascimento, a apresentação dos seguintes documentos:
I – declaração de nascido vivo (DNV);
II – declaração, com firma reconhecida, do diretor técnico da clínica, centro ou serviço de reprodução humana em que foi realizada a reprodução assistida, indicando que a criança foi gerada por reprodução assistida heteróloga, assim como o nome dos beneficiários;

III – certidão de casamento, certidão de conversão de união estável em casamento, escritura pública de união estável ou sentença em que foi reconhecida a união estável do casal.

§ 1º Na hipótese de gestação por substituição, não constará do registro o nome da parturiente, informado na declaração de nascido vivo, devendo ser apresentado termo de compromisso firmado pela doadora temporária do útero, esclarecendo a questão da filiação.

§ 2º Nas hipóteses de reprodução assistida *post mortem*, além dos documentos elencados nos incisos do *caput* deste artigo, conforme o caso, deverá ser apresentado termo de autorização prévia específica do falecido ou falecida para uso do material biológico preservado, lavrado por instrumento público ou particular com firma reconhecida.

§ 3º O conhecimento da ascendência biológica não importará no reconhecimento do vínculo de parentesco e dos respectivos efeitos jurídicos entre o doador ou a doadora e o filho gerado por meio da reprodução assistida.

É importante ressaltar que no assento de nascimento não deve constar o estado civil dos pais, bem como o lugar e cartório do casamento (Lei 8.560/1992, art. 6º, § 1º), logo, não se fará menção no termo, da apresentação da certidão de casamento ou da escritura de união estável.

(Brasão da República)

República Federativa do Brasil

(Estado da Federação)

(Comarca)

(Município)

REGISTRO CIVIL DAS PESSOAS NATURAIS

Ou

REGISTRO CIVIL DAS PESSOAS NATURAIS

(Estado da Federação)

(Comarca)

(Município)

Livro A (número)

Folha (número)

N. de ordem (número)

ASSENTO DE NASCIMENTO

Aos (data), nesta Serventia de Registro Civil das Pessoas Naturais da (Comarca de) do (Estado), localizada na (endereço), perante mim Oficial de Registro Civil **compareceram** (NOME) e (NOME) e **declararam** que, na (data), no (local), no (endereço), às (horas), nasceu uma criança do sexo

(sexo), que recebeu o nome de **(PRENOME E SOBRENOME DO REGISTRANDO)**, natural de (município e Estado), inscrito no CPF sob o (número), **filho(a) deles** declarantes: **(PRENOME E SOBRENOME)**, (nacionalidade), natural de (município e Estado), (profissão), do sexo (sexo), nascido aos (data), portador da cédula de identidade (número) e inscrito no CPF sob o n. (CPF), residente e domiciliado na (endereço) e **(PRENOME E SOBRENOME)**, (nacionalidade), natural de (município e Estado), (profissão), do sexo (sexo), nascida aos (data), portadora da cédula de identidade (número) e inscrita no CPF sob o n. (CPF), residente e domiciliadao na (endereço). São **avós** (prenome e sobrenome) e (prenome e sobrenome) e (prenome e sobrenome) e (prenome e sobrenome). Os **declarantes apresentaram Declaração de Nascido Vivo** – DNV (número), expedida por (nome e unidade de saúde), na qual se pode conferir os dados do nascido e, ainda, **declaração**, com firma reconhecida, **do diretor técnico da clínica** (nome da clínica) **em que foi realizada a reprodução assistida**, indicando que a criança foi gerada por reprodução assistida heteróloga, com o nome deles declarantes como beneficiários, bem como **termo de compromisso firmado pela doadora temporária do útero**, esclarecendo a questão da filiação, aqui arquivados. **Nada mais declarou. Lido em alta voz** perante os declarantes, sendo por eles achado em tudo conforme e assinam. Os declarantes **foram cientificados** que será procedido o cadastro do presente ato, no prazo legal, junto à Central Nacional do Registro Civil – CRC, conforme estabelece o art. 6º do Provimento 63/2017 do Conselho Nacional de Justiça, junto ao Sistema Nacional de Informações de Registro Civil – SIRC, conforme estabelece o art. 68 da Lei 8.212/1991 e junto à Fundação Instituto Brasileiro de Geografia e Estatística – IBGE, conforme estabelece o art. 49 da Lei 6.015/1973. Eu _____ Oficial de Registro Civil, que lavrei, conferi, assino em público e raso e dou fé, encerrando o presente ato. **Isento de emolumentos. Selo de fiscalização** (número)[8].

_____

Assinatura do declarante

_____

Assinatura do declarante

_____

Assinatura do Oficial de Registro Civil

1.3   ASSENTO DE CASAMENTO

O casamento civil após sua celebração é registrado no livro designado pela letra "B", conforme art. 33, inciso II da Lei 6.015/1973.

1.3.1   Dados do assento

Para lavratura do assento de casamento o Código Civil e a Lei de Registros Públicos estabelecem os dados obrigatórios:

_____

8. Em alguns Estados é denominado "Selo de Autenticidade".

Código Civil
Art. 1.536. Do casamento, logo depois de celebrado, lavrar-se-á o assento no livro de registro. No assento, assinado pelo presidente do ato, pelos cônjuges, as testemunhas, e o oficial do registro, serão exarados:

I – os prenomes, sobrenomes, datas de nascimento, profissão, domicílio e residência atual dos cônjuges;

II – os prenomes, sobrenomes, datas de nascimento ou de morte, domicílio e residência atual dos pais;

III – o prenome e sobrenome do cônjuge precedente e a data da dissolução do casamento anterior;

IV – a data da publicação dos proclamas e da celebração do casamento;

V – a relação dos documentos apresentados ao oficial do registro;

VI – o prenome, sobrenome, profissão, domicílio e residência atual das testemunhas;

VII – o regime do casamento, com a declaração da data e do cartório em cujas notas foi lavrada a escritura antenupcial, quando o regime não for o da comunhão parcial, ou o obrigatoriamente estabelecido.

Lei 6.015/1973
Art. 70. Do matrimônio, logo depois de celebrado, será lavrado assento, assinado pelo presidente do ato, os cônjuges, as testemunhas e o oficial, sendo exarados:

1º) os nomes, prenomes, nacionalidade, naturalidade, data de nascimento, profissão, domicílio e residência atual dos cônjuges;

2º) os nomes, prenomes, nacionalidade, data de nascimento ou de morte, domicílio e residência atual dos pais;

3º) os nomes e prenomes do cônjuge precedente e a data da dissolução do casamento anterior, quando for o caso;

4º) a data da publicação dos proclamas e da celebração do casamento;

5º) a relação dos documentos apresentados ao oficial do registro;

6º) os nomes, prenomes, nacionalidade, profissão, domicílio e residência atual das testemunhas;

7º) o regime de casamento, com declaração da data e do cartório em cujas notas foi tomada a escritura antenupcial, quando o regime não for o da comunhão ou o legal que sendo conhecido, será declarado expressamente;

8º) o nome, que passa a ter a mulher, em virtude do casamento;

9º) os nomes e as idades dos filhos havidos de matrimônio anterior ou legitimados pelo casamento.

10º) à margem do termo, a impressão digital do contraente que não souber assinar o nome.

Parágrafo único. As testemunhas serão, pelo menos, duas, não dispondo a lei de modo diverso.

1.3.2   Roteiro para redação do assento de casamento

1.3.2.1   *Abertura do assento*

A abertura do assento de casamento inicia com a indicação da data e hora marcada para a celebração do matrimônio. Em relação as datas chamamos atenção do leitor ao que foi explicado no item "1.1.5".

Estabelece o Código Civil:

Art. 1.533. Celebrar-se-á o casamento, **no dia, hora e lugar previamente designados pela autoridade que houver de presidir o ato**, mediante petição dos contraentes, que se mostrem habilitados com a certidão do art. 1.531.

Esclarece, ainda, a lei civil que a solenidade realizar-se-á na sede do cartório ou, ainda, noutro edifício público ou particular, com toda publicidade, a portas abertas (CC, art. 1.535).

Dessa forma, tem-se a seguinte redação inicial do termo de casamento:

Aos (data), às (horário), nesta Serventia de Registro Civil das Pessoas Naturais do (município) e (comarca) do Estado de (Estado da Federação), as portas abertas e com toda publicidade, ...

No dia ( ), do mês de ( ), do ano de ( ), às (horário), nesta Serventia de Registro Civil das Pessoas Naturais do (município) e (comarca) do Estado de (Estado da Federação), sito na (endereço), as portas abertas e com toda publicidade, ...

No (dia) de (mês) de (ano), às (horário), nesta Serventia de Registro Civil das Pessoas Naturais do (município) e (comarca) do Estado de (Estado da Federação), sito na (endereço), as portas abertas e com toda publicidade, ...

Em (data), às (horário), nesta Serventia de Registro Civil das Pessoas Naturais do (município) e (comarca) do Estado de (Estado da Federação), sito na (endereço), as portas abertas e com toda publicidade, ...

1.3.2.2 Comparecimento dos nubentes, testemunhas e autoridade que presidir o ato

Quanto aos participantes da solenidade do casamento, o Código Civil estabelece:

Art. 1.535. **Presentes os contraentes, em pessoa ou por procurador especial, juntamente com as testemunhas e o oficial do registro, o presidente do ato,** ouvida aos nubentes a afirmação de que pretendem casar por livre e espontânea vontade, declarará efetuado o casamento, nestes termos: "De acordo com a vontade que ambos acabais de afirmar perante mim, de vos receberdes por marido e mulher, eu, em nome da lei, vos declaro casados."

O presidente do ato será o Juiz de Paz ou Juiz de Casamentos, conforme disposição das normas estaduais.

As testemunhas serão duas, quando a cerimônia é realizada na sede física da Serventia, ou quatro, quando o casamento for em edifício particular ou, ainda, se um dos nubentes ou ambos não souber assinar. Sendo lançados no assento os seguintes dados[9]:

Lei 6.015/1973

Art. 70.

6º) os nomes, prenomes, nacionalidade, profissão, domicílio e residência atual das testemunhas;

---

9. Ressalte-se que o Código Civil de 2002 deixou de exigir a nacionalidade das testemunhas: Art. 1.536. [...] VI – o prenome, sobrenome, profissão, domicílio e residência atual das testemunhas. No entanto, como mencionado, para melhor individualização das partes, orienta-se mencionar a nacionalidade na sua qualificação.

Quando os contraentes ou um deles for representado por procurador especial, este deverá apresentar procuração por instrumento público, com validade de noventa dias (CC, art. 1.542, § 3º).

Continuando a redação proposta do termo de casamento civil:

... observada a prescrição dos artigos 1.534 e 1.535 do Código Civil, perante o Juiz de Paz (ou Juiz de Casamentos) (NOME), comigo Oficial de Registro Civil, no fim nomeado e assinado, depois de legalmente habilitados, na presença das testemunhas: TESTEMUNHA 1 (PRENOME E SOBRENOME), (nacionalidade), (profissão), residente e domiciliada atualmente na (endereço) e TESTEMUNHA 2 (PRENOME E SOBRENOME), (nacionalidade), (profissão), residente e domiciliada atualmente na (endereço), após manifestação livre e espontânea com que responderam ao celebrante, receberam-se em matrimônio, sendo pelo Juiz declarados casados, os nubentes (NOME NUBENTE 1) e (NOME NUBENTE 2).

1.3.2.3 Qualificação dos nubentes

Depois de celebrado o casamento, será lavrado o assento no livro de registro "B", devendo consignar os seguintes dados dos contraentes:

Lei 6.015/1973
Art. 70.
1º) os nomes, prenomes, nacionalidade, naturalidade, data de nascimento, profissão, domicílio e residência atual dos cônjuges;
2º) os nomes, prenomes, nacionalidade, data de nascimento ou de morte, domicílio e residência atual dos pais;
3º) os nomes e prenomes do cônjuge precedente e a data da dissolução do casamento anterior, quando for o caso;
[...]
8º) o nome, que passa a ter a mulher, em virtude do casamento;

Código Civil
Art. 1.536.
I – os prenomes, sobrenomes, datas de nascimento, profissão, domicílio e residência atual dos cônjuges;
II – os prenomes, sobrenomes, datas de nascimento ou de morte, domicílio e residência atual dos pais;
III – o prenome e sobrenome do cônjuge precedente e a data da dissolução do casamento anterior;

Quanto ao item 8º da lei registrária, cabe ressaltar que, conforme art. 1.565, § 1º do Código Civil, não apenas a mulher, mas o homem também poderá adotar o sobrenome da esposa:

Código Civil
Art. 1.565. [...]
§ 1º Qualquer dos nubentes, querendo, poderá acrescer ao seu o sobrenome do outro.

Assim, segue-se a redação ora proposta do assento de casamento:

O contraente: (PRENOME E SOBRENOME), (nacionalidade), (estado civil), (profissão), (naturalidade), nascido em (data), portador do CPF (número), residente e domiciliado na (endereço), filho de (PRENOME E SOBRENOME), (nacionalidade), nascido em (data), residente e domiciliado na (endereço) e de (PRENOME E SOBRENOME), (nacionalidade), falecida em (data). Após o casamento o contraente continuará a assinar o mesmo nome. **A contraente**: (PRENOME E SOBRENOME), (nacionalidade), (estado civil), (profissão), (naturalidade), nascida em (data), portadora do CPF (número), residente e domiciliada na (endereço), filha de (PRENOME E SOBRENOME), (nacionalidade), nascido em (data), residente e domiciliado na (endereço) e de (PRENOME E SOBRENOME), (nacionalidade), falecida em (data). Após o casamento a contraente passará a assinar (NOME DE CASADA).

1.3.2.4 *Regime de bens*

Outro dado a ser lançado no assento de casamento é o relativo ao regime de bens escolhido pelo casal:

Lei 6.015/1973
Art. 70.
7º) o regime de casamento, com declaração da data e do cartório em cujas notas foi tomada a escritura antenupcial, quando o regime não for o da comunhão ou o legal que sendo conhecido, será declarado expressamente;

Código Civil
Art. 1.536.
VII – o regime do casamento, com a declaração da data e do cartório em cujas notas foi lavrada a escritura antenupcial, quando o regime não for o da comunhão parcial, ou o obrigatoriamente estabelecido.

Art. 1.640. Não havendo convenção, ou sendo ela nula ou ineficaz, vigorará, quanto aos bens entre os cônjuges, o regime da comunhão parcial.
Parágrafo único. Poderão os nubentes, no processo de habilitação, optar por qualquer dos regimes que este código regula. **Quanto à forma, reduzir-se-á a termo a opção pela comunhão parcial, fazendo-se o pacto antenupcial por escritura pública, nas demais escolhas.**

Art. 1.641. É obrigatório o regime da separação de bens no casamento:
I – das pessoas que o contraírem com inobservância das causas suspensivas da celebração do casamento;
II – da pessoa maior de 70 (setenta) anos;
III – de todos os que dependerem, para casar, de suprimento judicial.

Continuando a redação ora proposta do assento de casamento:

O **regime de bens** será o da SEPARAÇÃO LEGAL DE BENS, nos termos do art. 1.641, inciso II do Código Civil, por ter o nubente setenta anos de idade.

O **regime de bens** adotado é o da COMUNHÃO PARCIAL DE BENS, nos termos do art. 1.640, parágrafo único, do Código Civil.

O **regime de bens** adotado é o da COMUNHÃO UNIVERSAL DE BENS, conforme escritura pública de pacto antenupcial, lavrada em (data), no livro (número), folha (número) do Tabelionato de Notas de (Município, Comarca e Estado).

1.3.2.5 *Relação de documentos apresentados e publicação dos editais*

Tanto a lei civil quanto a lei registrária exigem que seja lançado no assento do casamento os documentos apresentados na habilitação, bem como a data da publicação dos proclamas e da celebração. Senão, vejamos:

Lei 6.015/1973
Art. 70.
4º) a data da publicação dos proclamas e da celebração do casamento;
5º) a relação dos documentos apresentados ao oficial do registro;

Código Civil
Art. 1.536.
IV – a data da publicação dos proclamas e da celebração do casamento;
V – a relação dos documentos apresentados ao oficial do registro;

Ressalte-se que, a data da celebração do casamento civil é a mesma data da lavratura do termo de casamento, visto que "logo depois de celebrado, lavrar-se-á o assento no livro de registro", logo, será a data da abertura do assento (CC, art. 1536).

Os documentos a serem apresentados pelos nubentes são os exigidos na lei civil:

Art. 1.525. O requerimento de habilitação para o casamento será firmado por ambos os nubentes, de próprio punho, ou, a seu pedido, por procurador, e deve ser instruído com os seguintes documentos:
I – certidão de nascimento ou documento equivalente;
II – autorização por escrito das pessoas sob cuja dependência legal estiverem, ou ato judicial que a supra;
III – declaração de duas testemunhas maiores, parentes ou não, que atestem conhecê-los e afirmem não existir impedimento que os iniba de casar;
IV – declaração do estado civil, do domicílio e da residência atual dos contraentes e de seus pais, se forem conhecidos;

V – certidão de óbito do cônjuge falecido, de sentença declaratória de nulidade ou de anulação de casamento, transitada em julgado, ou do registro da sentença de divórcio.

Quanto aos editais de proclamas estes deverão ser afixados na Serventia e publicados na imprensa local, se houver. Nesse sentido:

Código Civil
Art. 1.527. Estando em ordem a documentação, o oficial extrairá o edital, que **se afixará durante quinze dias nas circunscrições do Registro Civil** de ambos os nubentes, e, obrigatoriamente, **se publicará na imprensa local, se houver.**

Lei 6.015/1973
Art. 67. [...]
§ 1º Autuada a petição com os documentos, o oficial mandará **afixar proclamas de casamento em lugar ostensivo de seu cartório e fará publicá-los na imprensa local, se houver** [...].

Segue-se a redação do assento ora proposta:

Os contraentes **apresentaram os documentos** exigidos pelo art. 1.525 do Código Civil, a saber: certidões de nascimento, declaração de duas testemunhas que atestaram conhecê-los e afirmaram não existir impedimento que os iniba de casar; requerimento constando declaração de estado civil, do domicílio e residência atual dos contraentes e de seus pais. Foi expedido o **edital de proclamas**, afixado no local de ostensivo da Serventia em (data) e publicado em (data) no jornal (denominação), decorrendo-se o prazo legal sem que fosse oposto impedimento algum e expedida a certidão de habilitação em (data).

Chamamos a atenção do candidato aos Códigos de Normas de Minas Gerais (art. 606, § 2º), do Pará (art. 662, § 2º) e da Paraíba (art. 599, § 2º), os quais estabelecem que, no que concerne a relação dos documentos apresentados ao oficial de registro, "bastará a simples referência aos respectivos dispositivos legais ou normativos".

1.3.2.6 Fechamento do assento de casamento

Conforme estudado no item 1.1.5, sugere-se para o encerramento do assento de casamento, o seguinte modelo:

... **Nada mais foi declarado. Lido em alta voz** perante os presentes e achado conforme em todos os termos, assinam o Juiz de Paz (ou Juiz de Casamentos), os nubentes e as testemunhas. Os **contraentes foram cientificados** que será procedido o cadastro do presente ato, no prazo legal, junto à Central Nacional do Registro Civil – CRC, conforme estabelece o art. 6º do Provimento 46/2015 do Conselho Nacional de Justiça, junto ao Sistema Nacional de Informações de Registro Civil – SIRC, conforme estabelece o art. 68 da Lei 8.212/1991 e junto à Fundação Instituto Brasileiro de Geografia e Estatística – IBGE, conforme estabelece o art. 49 da Lei 6.015/1973. Eu _____ Oficial de Registro Civil, que lavrei, conferi, assino em público e raso e dou fé, encerrando o presente ato. **Emolumentos** (valor). **Selo de fiscalização** (número)[10]. Certidão primeira via emitida e entregue em seguida aos contraentes.

_____

Assinatura Contraente

_____

Assinatura Contraente

_____

Assinatura Testemunha

_____

Assinatura Testemunha

_____

Assinatura Presidente do ato

_____

Assinatura do Oficial de Registro Civil

1.3.3 Modelo de assento – livro dividido em três partes

(Brasão da República)

República Federativa do Brasil

(Estado da Federação)

(Comarca)

(Município)

REGISTRO CIVIL DAS PESSOAS NATURAIS

Livro B (número)   Folha (número)

Ou

_____

10. Em alguns Estados é denominado "Selo de Autenticidade".

REGISTRO CIVIL DAS PESSOAS NATURAIS
(Estado da Federação)
(Comarca)
(Município)

Livro B (número)   Folha (número)

Número de ordem	Assento de Casamento	Notas, Averbações e Retificações
(Número)	Aos (**data**), às (**horário**), nesta Serventia de Registro Civil das Pessoas Naturais do (município) e (comarca) do Estado de (Estado da Federação), as **portas abertas e com toda publicidade**, observada a prescrição dos artigos 1.534 e 1.535 do Código Civil, perante o Juiz de Paz (ou Juiz de Casamentos) (NOME), comigo Oficial de Registro Civil, no fim nomeado e assinado, depois de legalmente habilitados, na presença das **testemunhas**: (NOME E QUALIFICAÇÃO), após manifestação livre e espontânea com que responderam ao celebrante, receberam-se em matrimônio, **sendo pelo Juiz declarados casados, os nubentes** (NOME NUBENTE 1) e (NOME NUBENTE 2). **O contraente**: (PRENOME E SOBRENOME), (nacionalidade), (estado civil), (profissão), (naturalidade), nascido em (data), portador do CPF (número), residente e domiciliado na (endereço), filho de (PRENOME E SOBRENOME), (nacionalidade), nascido em (data), residente e domiciliado na (endereço) e de (PRENOME E SOBRENOME), (nacionalidade), falecida em (data). Após o casamento o contraente continuará a assinar o mesmo nome. **A contraente**: (PRENOME E SOBRENOME), (nacionalidade), (estado civil), (profissão), (naturalidade), nascida em (data), portadora do CPF (número), residente e domiciliada na (endereço), filha de (PRENOME E SOBRENOME), (nacionalidade), nascido em (data), residente e domiciliado na (endereço) e de (PRENOME E SOBRENOME), (nacionalidade), falecida em (data). Após o casamento a contraente passará a assinar (NOME DE CASADA). O **regime de bens** será o da SEPARAÇÃO LEGAL DE BENS, nos termos do art. 1.641, inciso II do Código Civil, por ter o nubente setenta anos de idade. Os contraentes **apresentaram os documentos** exigidos pelo art. 1.525 do Código Civil, a saber: certidões de nascimento, declaração de duas testemunhas que atestaram conhecê-los e afirmaram não existir impedimento que os iniba de casar; requerimento constando declaração de estado civil, do domicílio e residência atual dos contraentes e de seus pais. Foi expedido o **edital de proclamas**, afixado no local de ostensivo da Serventia em (data) e publicado em (data) no jornal (denominação), decorrendo-se o prazo legal sem que fosse oposto impedimento algum e expedida a certidão de habilitação em (data).	

Número de ordem	Assento de Casamento	Notas, Averbações e Retificações
	Nada mais foi declarado. Lido em alta voz perante os presentes e achado conforme em todos os termos, **assinam** o Juiz de Paz (ou Juiz de Casamentos), os nubentes e as testemunhas. Os **contraentes foram cientificados** que será procedido o cadastro do presente ato, no prazo legal, junto à Central Nacional do Registro Civil – CRC, conforme estabelece o art. 6º do Provimento 46/2015 do Conselho Nacional de Justiça, junto ao Sistema Nacional de Informações de Registro Civil – SIRC, conforme estabelece o art. 68 da Lei 8.212/1991 e junto à Fundação Instituto Brasileiro de Geografia e Estatística – IBGE, conforme estabelece o art. 49 da Lei 6.015/1973. Eu _____ Oficial de Registro Civil, que lavrei, conferi, assino em público e raso e dou fé, encerrando o presente ato. **Emolumentos** (valor). **Selo de fiscalização** (número). Certidão primeira via emitida e entregue em seguida aos contraentes. _____ Assinatura Contraente _____ Assinatura Contraente _____ Assinatura Testemunha _____ Assinatura Testemunha _____ Assinatura Presidente do ato _____ Assinatura do Oficial de Registro Civil	

1.3.4 Modelo de assento – Dissertação

(Brasão da República)

República Federativa do Brasil

(Estado da Federação)

(Comarca)

(Município)

REGISTRO CIVIL DAS PESSOAS NATURAIS

Ou

REGISTRO CIVIL DAS PESSOAS NATURAIS

(Estado da Federação)

(Comarca)

(Município)

Livro B (número)

Folha (número)

N. de ordem (número)

ASSENTO DE CASAMENTO

Aos (**data**), às (**horário**), nesta Serventia de Registro Civil das Pessoas Naturais do (município) e (comarca) do Estado de (Estado da Federação), as **portas abertas e com toda publicidade**, observada a prescrição dos artigos 1.534 e 1.535 do Código Civil, perante o Juiz de Paz (ou Juiz de Casamentos) (NOME), comigo Oficial de Registro Civil, no fim nomeado e assinado, depois de legalmente habilitados, na presença das **testemunhas**: (NOME E QUALIFICAÇÃO), após manifestação livre e espontânea com que responderam ao celebrante, receberam-se em matrimônio, **sendo pelo Juiz declarados casados, os nubentes** (NOME NUBENTE 1) e (NOME NUBENTE 2). **O contraente**: (PRENOME E SOBRENOME), (nacionalidade), (estado civil), (profissão), (naturalidade), nascido em (data), portador do CPF (número), residente e domiciliado na (endereço), filho de (PRENOME E SOBRENOME), (nacionalidade), nascido em (data), residente e domiciliado na (endereço) e de (PRENOME E SOBRENOME), (nacionalidade), falecida em (data). Após o casamento o contraente continuará a assinar o mesmo nome. **A contraente**: (PRENOME E SOBRENOME), (nacionalidade), (estado civil), (profissão), (naturalidade), nascida em (data), portadora do CPF (número), residente e domiciliada na (endereço), filha de (PRENOME E SOBRENOME), (nacionalidade), nascido em (data), residente e domiciliado na (endereço) e de (PRENOME E SOBRENOME), (nacionalidade), falecida em (data). Após o casamento a contraente passará a assinar (NOME DE CASADA). O **regime de bens** será o da SEPARAÇÃO LEGAL DE BENS, nos termos do art. 1.641, inciso II do Código Civil, por ter o nubente setenta anos de idade. Os contraentes **apresentaram os documentos** exigidos pelo art. 1.525 do Código Civil, a saber: certidões de nascimento, declaração de duas testemunhas que atestaram conhecê-los e afirmaram não existir impedimento que os iniba de casar; requerimento constando declaração de estado civil, do domicílio e residência atual dos contraentes e de seus pais. Foi expedido o **edital de proclamas**, afixado no local de ostensivo da Serventia em (data) e publicado em (data) no jornal (denominação), decorrendo-se o prazo legal sem que fosse oposto impedimento algum e expedida a certidão de habilitação em (data). **Nada mais foi declarado. Lido em alta voz** perante os presentes e achado conforme em todos os termos, **assinam** o Juiz de Paz (ou Juiz de Casamentos), os nubentes e as testemunhas. Os **contraentes foram cientificados** que será procedido o cadastro do presente ato, no prazo legal, junto à Central Nacional do Registro Civil – CRC, conforme estabelece o art. 6º do Provimento 46/2015 do Conselho Nacional de Justiça, junto ao Sistema Nacional de Informações de Registro Civil – SIRC, conforme estabelece o art. 68 da Lei 8.212/1991 e junto à Fundação Instituto Brasileiro de Geografia e Estatística – IBGE, conforme estabelece o art. 49

da Lei 6.015/1973. Eu _____ Oficial de Registro Civil, que lavrei, conferi, assino em público e raso e dou fé, encerrando o presente ato. **Emolumentos** (valor). **Selo de fiscalização** (número). Certidão primeira via emitida e entregue em seguida aos contraentes.

_____
Assinatura Contraente

_____
Assinatura Contraente

_____
Assinatura Testemunha

_____
Assinatura Testemunha

_____
Assinatura Presidente do ato

_____
Assinatura do Oficial de Registro Civil

1.4 ASSENTO DE CASAMENTO RELIGIOSO PARA EFEITOS CIVIS

Inicialmente cabe esclarecer que a denominação correta trazida pela lei registrária (Capítulo VII, artigos 71 a 75) é "casamento religioso *para* efeitos civis" e não "*com* efeitos civis". Estabelece a lei civil que o "*casamento religioso, que **atender às exigências da lei para a validade do casamento civil, equipara-se a este,** desde que registrado no registro próprio, **produzindo efeitos** a partir da data de sua celebração*" (CC, art. 1.515).

Logo, "*o registro do casamento religioso submete-se aos mesmos requisitos exigidos para o casamento civil*" (CC, art. 1.516).

O casamento religioso é lançado no livro designado como "B Auxiliar" ou "BA", conforme art. 33, inciso III da Lei 6.015/1973, cujo registro sempre dependerá de prévia habilitação, ainda que a celebrado sem esta. Nesse sentido:

Código Civil

Art. 1.516. [...]

1º O registro civil do casamento religioso deverá ser promovido dentro de **noventa dias de sua realização**, mediante comunicação do celebrante ao ofício competente, ou por iniciativa de qualquer interessado, **desde que haja sido homologada previamente a habilitação regulada neste Código.** Após o referido prazo, o registro **dependerá de nova habilitação.**

§ 2º O casamento religioso, celebrado **sem as formalidades** exigidas neste Código, terá efeitos civis se, a requerimento do casal, for registrado, a qualquer tempo, no registro civil, **mediante prévia habilitação** perante a autoridade competente e observado o prazo do art. 1.532.

§ 3º Será nulo o registro civil do casamento religioso se, antes dele, qualquer dos consorciados houver contraído com outrem casamento civil.

1.4.1 Dados do registro de casamento religioso para efeitos civis

A Lei de Registros Públicos ao tratar do "termo ou assento do casamento religioso", em seus artigos 72 e 73, refere-se à **prova do ato da celebração religiosa,** ou seja, ao termo de casamento emitido pela autoridade religiosa.

> **Art. 72.** O termo ou assento do casamento religioso, **subscrito pela autoridade ou ministro que o celebrar, pelos nubentes e por duas testemunhas,** conterá os requisitos do artigo 71, exceto o 5º.
>
> **Art. 73.** No prazo de trinta dias a contar da realização, o celebrante ou qualquer interessado poderá, **apresentando o assento ou termo do casamento religioso,** requerer-lhe o registro ao oficial do cartório que expediu a certidão.
>
> § 1º O assento ou termo **conterá a data da celebração, o lugar, o culto religioso, o nome do celebrante, sua qualidade, o cartório que expediu a habilitação, sua data, os nomes, profissões, residências, nacionalidades das testemunhas que o assinarem e os nomes dos contraentes.**

Assim, o termo de casamento religioso emitido pela autoridade que celebrar o ato não fará menção aos documentos apresentados na habilitação para casamento (art. 72), isso porque a celebração poderá ocorrer sem qualquer formalidade exigida pela lei civil, ou seja, sem prévia habilitação (CC, art. 1.516, § 2º). Não sendo, portanto, da competência da autoridade religiosa a análise ou menção de tais documentos.

Já em relação ao registro do casamento religioso para efeitos civis a ser lançado no livro "B Auxiliar", deve o Oficial de Registro Civil assentá-lo com os mesmos elementos e requisitos exigidos para a espécie civil, conforme estabelece o art. 74, parágrafo único, parte final. Logo, se a formalização civil do casamento religioso somente ocorre após habilitação, necessariamente, seu assento deverá mencionar os documentos apresentados (art. 70, item 5º).

1.4.2 Roteiro para redação do assento de casamento religioso para efeitos civis

1.4.2.1 Abertura do assento

O registro do casamento religioso para efeitos civis é feito mediante requerimento do celebrante do ato ou qualquer interessado, no prazo de noventa dias a

1 • REGISTRO CIVIL DAS PESSOAS NATURAIS | **35**

contar de sua celebração, quando houver prévia habilitação para casamento perante o Oficial competente[11] (CC, art. 1.516, § 1º[12]).

Ou seja, caso haja prévia habilitação, o casamento religioso poderá ser registrado a pedido de qualquer interessado, devendo ser apresentado ao Oficial o termo de casamento religioso assinado pelo celebrante do ato, pelos nubentes e pelas testemunhas.

Se não houve prévia habilitação, o casamento religioso somente poderá ser registrado por iniciativa de ambos os nubentes em pedido formal de habilitação perante Oficial de Registro Civil competente.

Modelo com prévia habilitação para casamento:

Aos (data), nesta Serventia de Registro Civil das Pessoas Naturais do (município) e (comarca) do Estado de (Estado da Federação), nos termos do art. 73 da Lei 6.015/1973 c/c arts. 1.515 e 1.516 do Código Civil, faço a inscrição do **casamento religioso** de (PRENOME E SOBRENOME DO NUBENTE 1) e (PRENOME E SOBRENOME NUBENTE 2), **celebrado** pelo (qualidade e nome do celebrante), na **Igreja** (denominação e endereço), no (dia) de (mês) de (ano), às (horário), conforme prova do ato religioso juntada aos autos, apresentada por (PRENOME E SOBRENOME DO INTERESSADO), dentro do prazo de validade da certidão de habilitação, emitida por esta Serventia em (data). ...

No dia ( ), do mês de ( ), do ano de ( ), nesta Serventia de Registro Civil das Pessoas Naturais do (município) e (comarca) do Estado de (Estado da Federação), sito na (endereço), faço a inscrição do **casamento religioso** de (PRENOME E SOBRENOME DO NUBENTE 1) e (PRENOME E SOBRENOME NUBENTE 2), **celebrado** pelo (qualidade e nome do celebrante), na **Igreja** (denominação e endereço), no (dia) de (mês) de (ano), às (horário), conforme prova do ato religioso juntada aos autos, apresentada por (PRENOME E SOBRENOME DO INTERESSADO), dentro do prazo de validade da certidão de habilitação, emitida por esta Serventia em (data). ...

No (dia) de (mês) de (ano), nesta Serventia de Registro Civil das Pessoas Naturais do (município) e (comarca) do Estado de (Estado da Federação), sito na (endereço), faço a inscrição do **casamento religioso** de (PRENOME E SOBRENOME DO NUBENTE 1) e (PRENOME E SOBRENOME NUBENTE 2), **celebrado** pelo (qualidade e nome do celebrante), na **Igreja** (denominação e endereço), no (dia) de (mês) de (ano), às (horário), conforme prova do ato religioso juntada aos autos, apresentada por (PRENOME E SOBRENOME DO INTERESSADO), dentro do prazo de validade da certidão de habilitação, emitida por esta Serventia em (data). ...

Em (data), nesta Serventia de Registro Civil das Pessoas Naturais do (município) e (comarca) do Estado de (Estado da Federação), sito na (endereço), faço a inscrição do **casamento religioso** de (PRENOME E SOBRENOME DO NUBENTE 1) e (PRENOME E SOBRENOME NUBENTE 2), **celebrado**

---

11. O Oficial de Registro Civil competente para registrar o casamento religioso é aquele que expediu a certidão de habilitação, nos termos do art. 73, da Lei 6.015/1973.

12. Art. 1.516. O registro do casamento religioso submete-se aos mesmos requisitos exigidos para o casamento civil.

§ 1º O registro civil do casamento religioso deverá ser promovido dentro de noventa dias de sua realização, mediante comunicação do celebrante ao ofício competente, ou por iniciativa de qualquer interessado, desde que haja sido homologada previamente a habilitação regulada neste Código. Após o referido prazo, o registro dependerá de nova habilitação.

pelo (qualidade e nome do celebrante), na **Igreja** (denominação e endereço), no (dia) de (mês) de (ano), às (horário), conforme prova do ato religioso juntada aos autos, apresentada por (PRENOME E SOBRENOME DO INTERESSADO), dentro do prazo de validade da certidão de habilitação, emitida por esta Serventia em (data). ...

Modelo sem habilitação prévia:

Aos (data), nesta Serventia de Registro Civil das Pessoas Naturais do (município) e (comarca) do Estado de (Estado da Federação), nos termos do art. 73 da Lei 6.015/1973 c/c arts. 1.515 e 1.516 do Código Civil, faço a inscrição do **casamento religioso** de (PRENOME E SOBRENOME DO NUBENTE 1) e (PRENOME E SOBRENOME NUBENTE 2), **celebrado** pelo (qualidade e nome do celebrante), na **Igreja** (denominação e endereço), no (dia) de (mês) de (ano), às (horário), conforme prova do ato religioso juntada ao requerimento de habilitação pelos nubentes, autuado em (data), tendo sido emitida a competente certidão de habilitação em (data). ...

No dia ( ), do mês de ( ), do ano de ( ), nesta Serventia de Registro Civil das Pessoas Naturais do (município) e (comarca) do Estado de (Estado da Federação), sito na (endereço), faço a inscrição do **casamento religioso** de (PRENOME E SOBRENOME DO NUBENTE 1) e (PRENOME E SOBRENOME NUBENTE 2), **celebrado** pelo (qualidade e nome do celebrante), na **Igreja** (denominação e endereço), no (dia) de (mês) de (ano), às (horário), conforme prova do ato religioso juntada ao requerimento de habilitação pelos nubentes, autuado em (data), tendo sido emitida a competente certidão de habilitação em (data). ...

No (dia) de (mês) de (ano), nesta Serventia de Registro Civil das Pessoas Naturais do (município) e (comarca) do Estado de (Estado da Federação), sito na (endereço), faço a inscrição do **casamento religioso** de (PRENOME E SOBRENOME DO NUBENTE 1) e (PRENOME E SOBRENOME NUBENTE 2), **celebrado** pelo (qualidade e nome do celebrante), na **Igreja** (denominação e endereço), no (dia) de (mês) de (ano), às (horário), conforme prova do ato religioso juntada ao requerimento de habilitação pelos nubentes, autuado em (data), tendo sido emitida a competente certidão de habilitação em (data). ...

Em (data), nesta Serventia de Registro Civil das Pessoas Naturais do (município) e (comarca) do Estado de (Estado da Federação), sito na (endereço), faço a inscrição do **casamento religioso** de (PRENOME E SOBRENOME DO NUBENTE 1) e (PRENOME E SOBRENOME NUBENTE 2), **celebrado** pelo (qualidade e nome do celebrante), na **Igreja** (denominação e endereço), no (dia) de (mês) de (ano), às (horário), conforme prova do ato religioso juntada ao requerimento de habilitação pelos nubentes, autuado em (data), tendo sido emitida a competente certidão de habilitação em (data). ...

1.4.2.2 *Qualificação dos nubentes*

Estabelece o parágrafo único do artigo 74 da lei registrária que "processada a habilitação com a publicação dos editais e certificada a inexistência de impedimentos, **o oficial fará o registro do casamento religioso**, de acordo com a prova do ato e os dados constantes do processo, **observado o disposto no artigo 70**".

Logo, os dados do assento de casamento religioso para efeitos civis, lançado no livro "B Auxiliar" serão aqueles estabelecidos no art. 70 da LRP. Assim, quanto à qualificação dos nubentes remetemos o leitor ao item 1.3.2.3 deste capítulo.

O contraente: (PRENOME E SOBRENOME), (nacionalidade), (estado civil), (profissão), (naturalidade), nascido em (data), portador do CPF (número), residente e domiciliado na (endereço), filho de (PRENOME E SOBRENOME), (nacionalidade), nascido em (data), residente e domiciliado na (endereço) e de (PRENOME E SOBRENOME), (nacionalidade), falecida em (data). Após o casamento o contraente continuará a assinar o mesmo nome. **A contraente**: (PRENOME E SOBRENOME), (nacionalidade), (estado civil), (profissão), (naturalidade), nascida em (data), portadora do CPF (número), residente e domiciliada na (endereço), filha de (PRENOME E SOBRENOME), (nacionalidade), nascido em (data), residente e domiciliado na (endereço) e de (PRENOME E SOBRENOME), (nacionalidade), falecida em (data). Após o casamento a contraente passará a assinar (NOME DE CASADA).

1.4.2.3 Regime de bens

Outro dado a ser lançado no assento de casamento religioso para efeitos civis é o relativo ao regime de bens escolhido pelo casal, conforme estabelece o art. 70, item 7º da lei registrária e art. 1.536, inciso VII da lei civil, conforme estudado no item 1.3.2.4.

O **regime de bens** será o da SEPARAÇÃO LEGAL DE BENS, nos termos do art. 1.641, inciso II do Código Civil, por ter o nubente setenta anos de idade. ...

O **regime de bens** adotado é o da COMUNHÃO PARCIAL DE BENS, nos termos do art. 1.640, parágrafo único, do Código Civil. ...

O **regime de bens** adotado é o da COMUNHÃO UNIVERSAL DE BENS, conforme escritura pública de pacto antenupcial, lavrada em (data), no livro (número), folha (número) do Tabelionato de Notas de (Município, Comarca e Estado). ...

1.4.2.4 Testemunhas da celebração religiosa

A prova da celebração do ato religioso a ser apresentada é o termo de casamento religioso **subscrito** pela autoridade ou ministro que o celebrar, pelos nubentes e **por duas testemunhas**, conforme estabelece o art. 72 da Lei 6.015/1973.

E conforme dispõe o art. 70, o assento de casamento lavrado pelo Oficial deverá conter os seguintes dados das testemunhas[13]:

Lei 6.015/1973
Art. 70.
6º) os nomes, prenomes, nacionalidade, profissão, domicílio e residência atual das testemunhas;

Continuando a redação ora proposta:

---

13. No mesmo sentido o art. 1.536, inciso VI do Código Civil: "o prenome, sobrenome, profissão, domicílio e residência atual das testemunhas".

Foram testemunhas do ato religioso: TESTEMUNHA 1 (PRENOME E SOBRENOME), (nacionalidade), (profissão), residente e domiciliada atualmente na (endereço) e TESTEMUNHA 2 (PRENOME E SOBRENOME), (nacionalidade), (profissão), residente e domiciliada atualmente na (endereço). ...

1.4.2.5 Relação de documentos apresentados e publicação dos editais

Conforme estudado no item 1.3.2.5 ao tratarmos do assento do casamento civil, tanto a lei civil quanto a lei registrária exigem que seja lançado no assento do casamento os documentos apresentados na habilitação, bem como a data da publicação dos proclamas e da celebração.

Ressalte-se, mais uma vez, que o art. 72 da Lei 6.015/1973 ao dispor que "o termo ou assento do casamento religioso" deverá conter "os requisitos do artigo 71, exceto o 5º", refere-se ao termo de casamento emitido e assinado pela autoridade religiosa.

Ora, já que a celebração do casamento religioso poderá ocorrer sem prévia habilitação, não há que se falar em menção aos documentos apresentados na habilitação.

No entanto, ao registrar o termo do casamento religioso, ou seja, ao lavrar o assento de casamento religioso para efeitos civis, em livro próprio ("B Auxiliar"), deve o Oficial de Registro mencionar "a relação dos documentos apresentados ao oficial do registro" e "a data da publicação dos proclamas e da celebração do casamento" (art. 74 c/c art. 70 da Lei 6.015/1973), uma vez que tal registro somente poderá ser feito após a competente habilitação (art. 1.516, §§ 1º e 2º, do Código Civil).

Segue-se a redação do assento ora proposta:

Os contraentes **apresentaram os documentos** exigidos pelo art. 1.525 do Código Civil, a saber: certidões de nascimento, declaração de duas testemunhas que atestaram conhecê-los e afirmaram não existir impedimento que os iniba de casar; requerimento constando declaração de estado civil, do domicílio e residência atual dos contraentes e de seus pais. Foi expedido o **edital de proclamas**, afixado no local de ostensivo da Serventia em (data) e publicado em (data) no jornal (denominação), decorrendo-se o prazo legal sem que fosse oposto impedimento algum e expedida a competente certidão de habilitação.

1.4.2.6 Fechamento do assento de casamento religioso para efeitos civis

A lavratura do assento de casamento religioso para efeitos civis é feita mediante apresentação da prova do ato religioso, juntada aos autos da habilitação. Não se tratando de declarações, tal como ocorre nos assentos de nascimento ou de óbito, nem de manifestação de vontade perante o Oficial de Registro Civil como ocorre no casamento civil.

Logo, sendo apresentado "documento para registro, apenas o registrador firma o ato" (TIZIANI, 2017, p. 202). Contudo, havendo prévia habilitação e sendo o

1 • REGISTRO CIVIL DAS PESSOAS NATURAIS

termo religioso apresentado pela autoridade celebrante ou outro interessado, este assinará o assento com o Oficial.

> ... **Nada mais havendo**. **Lido em alta voz** perante o apresentante e achado conforme em todos os termos. Será procedido o cadastro do presente ato, no prazo legal, junto à Central Nacional do Registro Civil – CRC, conforme estabelece o art. 6º do Provimento 46/2015 do Conselho Nacional de Justiça, junto ao Sistema Nacional de Informações de Registro Civil – SIRC, conforme estabelece o art. 68 da Lei 8.212/1991 e junto à Fundação Instituto Brasileiro de Geografia e Estatística – IBGE, conforme estabelece o art. 49 da Lei 6.015/1973. Eu _____ Oficial de Registro Civil, que lavrei, conferi, assino em público e raso e dou fé, encerrando o presente ato. **Emolumentos** (valor). **Selo de fiscalização** (número). Certidão primeira via emitida e entregue em seguida.

_____

Assinatura do Apresentante

_____

Assinatura do Oficial de Registro Civil

1.4.3 Modelo de assento – Livro dividido em três partes

(Brasão da República)

República Federativa do Brasil

(Estado da Federação)

(Comarca)

(Município)

REGISTRO CIVIL DAS PESSOAS NATURAIS

Livro B Auxiliar (número)   Folha (número)

Ou

REGISTRO CIVIL DAS PESSOAS NATURAIS

(Estado da Federação)

(Comarca)

(Município)

Livro B Auxiliar (número)   Folha (número)

Número de ordem	Assento de Casamento Religioso para efeitos civis	Notas, Averbações e Retificações
(Número)	Aos (**data**), nesta Serventia de Registro Civil das Pessoas Naturais do (município) e (comarca) do Estado de (Estado da Federação), nos termos do art. 73 da Lei 6.015/1973 c/c arts. 1.515 e 1.516 do Código Civil, **faço a inscrição do casamento religioso** de (PRENOME E SOBRENOME DO NUBENTE 1) e (PRENOME E SOBRENOME NUBENTE 2), **celebrado pelo** (qualidade e nome do celebrante), na **Igreja** (denominação e endereço), no (dia) de (mês) de (ano), às (horário), **conforme prova do ato religioso** juntada aos autos, **apresentada por** (PRENOME E SOBRENOME DO INTERESSADO), **dentro do prazo de validade da certidão de habilitação**, emitida por esta Serventia em (data). **O contraente**: (PRENOME E SOBRENOME), (nacionalidade), (estado civil), (profissão), (naturalidade), nascido em (data), portador do CPF (número), residente e domiciliado na (endereço), filho de (PRENOME E SOBRENOME), (nacionalidade), nascido em (data), residente e domiciliado na (endereço) e de (PRENOME E SOBRENOME), (nacionalidade), falecida em (data). Após o casamento o contraente continuará a assinar o mesmo nome. **A contraente**: (PRENOME E SOBRENOME), (nacionalidade), (estado civil), (profissão), (naturalidade), nascida em (data), portadora do CPF (número), residente e domiciliada na (endereço), filha de (PRENOME E SOBRENOME), (nacionalidade), nascido em (data), residente e domiciliado na (endereço) e de (PRENOME E SOBRENOME), (nacionalidade), falecida em (data). Após o casamento a contraente passará a assinar (NOME DE CASADA). O **regime de bens adotado** é o da COMUNHÃO UNIVERSAL DE BENS, conforme escritura pública de pacto antenupcial, lavrada em (data), no livro (número), folha (número) do Tabelionato de Notas de (Município, Comarca e Estado). **Foram testemunhas do ato religioso**: TESTEMUNHA 1 (PRENOME E SOBRENOME), (nacionalidade), (profissão), residente e domiciliada atualmente na (endereço) e TESTEMUNHA 2 (PRENOME E SOBRENOME), (nacionalidade), (profissão), residente e domiciliada atualmente na (endereço). **Nada mais havendo. Lido em alta voz perante o apresentante** e achado conforme em todos os termos. Será procedido o cadastro do presente ato, no prazo legal, junto à Central Nacional do Registro Civil – CRC, conforme estabelece o art. 6º do Provimento 46/2015 do Conselho Nacional de Justiça, junto ao Sistema Nacional de Informações de Registro Civil – SIRC, conforme estabelece o art. 68 da Lei 8.212/1991 e junto à Fundação Instituto Brasileiro de Geografia e Estatística – IBGE, conforme estabelece o art. 49 da Lei 6.015/1973.	

Número de ordem	Assento de Casamento Religioso para efeitos civis	Notas, Averbações e Retificações
	Eu _____ Oficial de Registro Civil, que lavrei, conferi, assino em público e raso e dou fé, encerrando o presente ato. **Emolumentos** (valor). **Selo de fiscalização** (número). Certidão primeira via emitida e entregue em seguida. _____ Assinatura do Apresentante _____ Assinatura do Oficial de Registro Civil	

1.4.4 Modelo de assento – Dissertação

(Brasão da República)

República Federativa do Brasil

(Estado da Federação)

(Comarca)

(Município)

REGISTRO CIVIL DAS PESSOAS NATURAIS

Ou

REGISTRO CIVIL DAS PESSOAS NATURAIS

(Estado da Federação)

(Comarca)

(Município)

Livro B Auxiliar (número)

Folha (número)

N. de ordem (número)

ASSENTO DE CASAMENTO RELIGIOSO PARA EFEITOS CIVIS

Aos (**data**), nesta Serventia de Registro Civil das Pessoas Naturais do (município) e (comarca) do Estado de (Estado da Federação), nos termos do art. 73 da Lei 6.015/1973 c/c arts. 1.515 e 1.516 do Código Civil, **faço a inscrição do casamento religioso** de (PRENOME E SOBRENOME DO NUBEN-

TE 1) e (PRENOME E SOBRENOME NUBENTE 2), **celebrado pelo** (qualidade e nome do celebrante), na **Igreja** (denominação e endereço), no (dia) de (mês) de (ano), às (horário), **conforme prova do ato religioso juntada aos autos, apresentada por** (PRENOME E SOBRENOME DO INTERESSA-DO), **dentro do prazo de validade da certidão de habilitação**, emitida por esta Serventia em (data). **O contraente**: (PRENOME E SOBRENOME), (nacionalidade), (estado civil), (profissão), (naturalidade), nascido em (data), portador do CPF (número), residente e domiciliado na (endereço), filho de (PRENOME E SOBRENOME), (nacionalidade), nascido em (data), residente e domiciliado na (endereço) e de (PRENOME E SOBRENOME), (nacionalidade), falecida em (data). Após o casamento o contraente continuará a assinar o mesmo nome. **A contraente**: (PRENOME E SOBRENOME), (nacionalidade), (estado civil), (profissão), (naturalidade), nascida em (data), portadora do CPF (número), residente e domiciliada na (endereço), filha de (PRENOME E SOBRENOME), (nacionalidade), nascido em (data), residente e domiciliado na (endereço) e de (PRENOME E SOBRENOME), (nacionalidade), falecida em (data). Após o casamento a contraente passará a assinar (NOME DE CASADA). O **regime de bens adotado** é o da COMUNHÃO UNIVERSAL DE BENS, conforme escritura pública de pacto antenupcial, lavrada em (data), no livro (número), folha (número) do Tabelionato de Notas de (Município, Comarca e Estado). **Foram testemunhas do ato religioso**: TESTEMUNHA 1 (PRENOME E SOBRENOME), (nacionalidade), (profissão), residente e domiciliada atualmente na (endereço) e TESTEMUNHA 2 (PRENOME E SOBRENOME), (nacionalidade), (profissão), residente e domiciliada atualmente na (endereço). **Nada mais havendo. Lido em alta voz perante o apresentante** e achado conforme em todos os termos. Será procedido o cadastro do presente ato, no prazo legal, junto à Central Nacional do Registro Civil – CRC, conforme estabelece o art. 6º do Provimento 46/2015 do Conselho Nacional de Justiça, junto ao Sistema Nacional de Informações de Registro Civil – SIRC, conforme estabelece o art. 68 da Lei 8.212/1991 e junto à Fundação Instituto Brasileiro de Geografia e Estatística – IBGE, conforme estabelece o art. 49 da Lei 6.015/1973. Eu _____ Oficial de Registro Civil, que lavrei, conferi, assino em público e raso e dou fé, encerrando o presente ato. **Emolumentos** (valor). **Selo de fiscalização** (número). Certidão primeira via emitida e entregue em seguida.

Assinatura do Apresentante

Assinatura do Oficial de Registro Civil

1.5 ASSENTO DE ÓBITO

1.5.1 Dados do assento

Para lavratura do assento de óbito o artigo 80 da Lei 6.015/1973 estabelece os dados necessários:

Art. 80. O assento de óbito deverá conter:

1º) a hora, se possível, dia, mês e ano do falecimento;

2º) o lugar do falecimento, com indicação precisa;

3º) o prenome, nome, sexo, idade, cor, estado, profissão, naturalidade, domicílio e residência do morto;

4º) se era casado, o nome do cônjuge sobrevivente, mesmo quando desquitado; se viúvo, o do cônjuge pré-defunto; e o cartório de casamento em ambos os casos;

5º) os nomes, prenomes, profissão, naturalidade e residência dos pais;

6º) se faleceu com testamento conhecido;

7º) se deixou filhos, nome e idade de cada um;

8º) se a morte foi natural ou violenta e a causa conhecida, com o nome dos atestantes;

9º) lugar do sepultamento;

10º) se deixou bens e herdeiros menores ou interditos;

11º) se era eleitor.

12º) pelo menos uma das informações a seguir arroladas: número de inscrição do PIS/PA-SEP; número de inscrição no Instituto Nacional do Seguro Social – INSS, se contribuinte individual; número de benefício previdenciário – NB, se a pessoa falecida for titular de qualquer benefício pago pelo INSS; número do CPF; número de registro da Carteira de Identidade e respectivo órgão emissor; número do título de eleitor; número do registro de nascimento, com informação do livro, da folha e do termo; número e série da Carteira de Trabalho.

No entanto, "sendo o finado desconhecido, o assento deverá conter declaração de estatura ou medida, se for possível, cor, sinais aparentes, idade presumida, vestuário e qualquer outra indicação que possa auxiliar de futuro o seu reconhecimento; e, no caso de ter sido encontrado morto, serão mencionados esta circunstância e o lugar em que se achava e o da necropsia, se tiver havido" (art. 81, Lei 6.015/1973).

1.5.2 Roteiro para redação do assento de óbito

1.5.2.1 Abertura do assento

Aos (data), nesta Serventia de Registro Civil das Pessoas Naturais do (município) e (comarca) do Estado de (Estado da Federação), sito na (endereço), perante mim Oficial do Registro Civil ...

No dia ( ), do mês de ( ), do ano de ( ), nesta Serventia de Registro Civil das Pessoas Naturais do (município) e (comarca) do Estado de (Estado da Federação), sito na (endereço), perante mim Oficial do Registro Civil ...

No (dia) de (mês) de (ano), nesta Serventia de Registro Civil das Pessoas Naturais do (município) e (comarca) do Estado de (Estado da Federação), sito na (endereço), perante mim Oficial do Registro Civil, ...

Em (data), nesta Serventia de Registro Civil das Pessoas Naturais do (município) e (comarca) do Estado de (Estado da Federação), sito na (endereço), perante mim Oficial do Registro Civil, ...

1.5.2.2 Comparecimento do declarante

A declaração do óbito será feita observada a ordem legal de legitimados, estabelecida pelo artigo 79 da Lei de Registros Públicos, senão vejamos:

Art. 79. São obrigados a fazer declaração de óbitos:

1°) o chefe de família, a respeito de sua mulher, filhos, hóspedes, agregados e fâmulos;

2°) a viúva, a respeito de seu marido, e de cada uma das pessoas indicadas no número antecedente;

3°) o filho, a respeito do pai ou da mãe; o irmão, a respeito dos irmãos e demais pessoas de casa, indicadas no n. 1; o parente mais próximo maior e presente;

4°) o administrador, diretor ou gerente de qualquer estabelecimento público ou particular, a respeito dos que nele faleceram, salvo se estiver presente algum parente em grau acima indicado;

5°) na falta de pessoa competente, nos termos dos números anteriores, a que tiver assistido aos últimos momentos do finado, o médico, o sacerdote ou vizinho que do falecimento tiver notícia;

6°) a autoridade policial, a respeito de pessoas encontradas mortas.

Parágrafo único. A declaração poderá ser feita por meio de preposto, autorizando-o o declarante em escrito, de que constem os elementos necessários ao assento de óbito.

Assim, o candidato, na redação da peça prática, ao indicar qual legitimado está declarando o óbito, demonstrará conhecimento da ordem sucessiva trazida pela lei.

... **compareceu** a viúva do falecido (PRENOME SOBRENOME) ....

... **compareceu** a *mãe* do falecido (PRENOME E SOBRENOME) ....

... **compareceu** a *filho* do falecido (PRENOME E SOBRENOME), ...

1.5.2.3 Declaração do óbito

Na sequência deve-se constar os elementos obrigatórios referentes ao fato óbito (quando e onde morreu), cumprindo o que determinam os itens 1° e 2° do art. 80 da Lei 6.015/1973.

Quando a morte for atestada por médico, deve ser mencionado o nome do atestante, a natureza e a causa da morte (item 8°).

Conforme estabelece a Lei 11.9076/2009, "o documento oficial do Sistema Único de Saúde para atestar a morte de indivíduos, pacientes e não pacientes, é a Declaração de Óbito" (art. 1°). Embora, a LRP não exija sua a menção no assento de óbito, deve ser consignado o número da declaração de óbito com seu dígito verificador.

e apresentando a Declaração de Óbito (número), emitida e assinada por (nome do médico), inscrito no CRM (número), dando como causa da morte (causa) e natureza (natureza do óbito), **declarou** que aos (dia) de (mês) de (ano), às (horas), no (lugar do falecimento), no (município), (Estado) ...

1.5.2.4 Dados do falecido

Em seguida, serão lançados os dados do falecido relativo ao seu *estado pessoal* (nome, sexo, idade e domicílio), *estado civil* (se era casado, nome do cônjuge sobrevivente, mesmo quando desquitado; se viúvo, o do cônjuge pré-defunto; e o cartório de casamento em ambos os casos), *estado familiar* (nomes, profissão, naturalidade e residência dos pais), *estado político* (naturalidade) e *estado profissional*, cumprindo o que estabelecem os itens 3º a 5º do art. 80 da LRP.

> **faleceu** (PRENOME E SOBRENOME), do sexo (sexo), de cor (cor), de estado civil (casado com prenome e sobrenome, no Cartório de Registro Civil da Comarca de (município e Estado)), de profissão (profissão), natural de (município e estado), com (número) anos de idade, residente e domiciliado na (endereço), filho de (prenome e sobrenome), (profissão), (naturalidade), residente na (endereço) e de (prenome e sobrenome), (profissão), (naturalidade), residente na (endereço). ...

1.5.2.5 Informações complementares do falecido

No assento de óbito constará também os dados referentes a questões sucessórias do falecido: se faleceu com testamento conhecido (item 6º); se deixou filhos, nome e idade de cada um (item 7º) e se deixou bens e herdeiros menores ou interditos (item 10º).

Deve ainda ser consignado no assento o lugar do sepultamento (item 9º) e se o *de cujus* era eleitor (item 11). E, para garantir a segurança jurídica do assento de óbito, a lei registrária exige a apresentação de determinados documentos civis do falecido, tais como número da carteira de identidade, do título de eleitor, do CPF, da CTPS, da inscrição no PIS/PASEP, do benefício previdenciário (item 12).

> A declarante informa que o falecido não deixou testamento conhecido, não deixou herdeiros menores ou interditos, deixou (número) filho (prenome sobrenome), com (número) anos de idade. O *de cujus* era eleitor, conforme título de eleitor (número), seção (número), zona (número), e era portador da carteira de identidade (número), expedida por (órgão emissor), do CPF (número), da Carteira de Trabalho (número) e série (número), e registrado no livro A (número), folha (número), termo (número) do (Registro Civil das Pessoas Naturais) de (local). O sepultamento será no (lugar), localizado na (endereço).

Cabe destacar, ainda, conforme estabelece a maioria das normativas estaduais, caso não seja possível fazer constar do assento de óbito todos os elementos referidos, o Oficial de Registro ou preposto autorizado fará menção, no corpo do registro, de que o declarante ignorava os elementos faltantes.

1.5.2.6 Fechamento do assento

> ... **Nada mais declarou. Lido em alta voz** perante a declarante, sendo por ele achado em tudo conforme e assina. A **declarante foi cientificada** que será procedido o cadastro do presente ato, no prazo legal, junto à Central Nacional do Registro Civil – CRC, conforme estabelece o art. 6º do Provimento 46/2015 do Conselho Nacional de Justiça, junto ao Sistema Nacional de Informações

de Registro Civil – SIRC, conforme estabelece o art. 68 da Lei 8.212/1991 e junto à Fundação Instituto Brasileiro de Geografia e Estatística – IBGE, conforme estabelece o art. 49 da Lei 6.015/1973. Eu _____ Oficial de Registro Civil, que lavrei, conferi, assino em público e raso e dou fé, encerrando o presente ato. **Isento de emolumentos**. **Selo de fiscalização** (número). Certidão primeira via emitida e entregue em seguida ao declarante.

_____

Assinatura do declarante

_____

Assinatura do Oficial de Registro Civil

1.5.3 Modelo de assento – Livro dividido em três partes

(Brasão da República)[14]

República Federativa do Brasil

(Estado da Federação)

(Comarca)

(Município)

REGISTRO CIVIL DAS PESSOAS NATURAIS

Livro C (número)   Folha (número)

Ou

REGISTRO CIVIL DAS PESSOAS NATURAIS

(Estado da Federação)

(Comarca)

(Município)

Livro C (número)   Folha (número)

14.Vide item 1.1.4.

Número de ordem	Assento de Óbito	Notas, Averbações e Retificações
(Número)	Aos (data), nesta Serventia de Registro Civil das Pessoas Naturais do (município) e (comarca) do Estado de (Estado da Federação), sito na (endereço), perante mim Oficial do Registro Civil, **compareceu** o viúva do falecido (PRENOME SOBRENOME), e **apresentando a Declaração de Óbito** (número), emitida e **assinada por** (nome do médico), inscrito no CRM (número), dando como **causa da morte** (causa) e **natureza** (natureza do óbito), **declarou** que aos (dia) de (mês) de (ano), às (horas), no (lugar do falecimento), no (município), (Estado), **faleceu** (PRENOME E SOBRENOME), do sexo (sexo), de cor (cor), de estado civil (casado com prenome e sobrenome, no Cartório de Registro Civil da Comarca de (município e Estado)), de profissão (profissão), natural de (município e estado), com (número) anos de idade, residente e domiciliado na (endereço), filho de (prenome e sobrenome), (profissão), (naturalidade), residente na (endereço) e de (prenome e sobrenome), (profissão), (naturalidade), residente na (endereço). A declarante informa que o falecido não deixou testamento conhecido, não deixou herdeiros menores ou interditos, deixou (número) filho (prenome sobrenome), com (número) anos de idade. O *de cujus* era eleitor, conforme título de eleitor (número), seção (número), zona (número), e era portador da carteira de identidade (número), expedida por (órgão emissor), do CPF (número), da Carteira de Trabalho (número) e série (número), e registrado no livro A (número), folha (número), termo (número) do (Registro Civil das Pessoas Naturais) de (local). O sepultamento será no (lugar), localizado na (endereço). **Nada mais declarou. Lido em alta voz perante a declarante**, sendo por ele achado em tudo conforme e assina. A **declarante foi cientificada** que será procedido o cadastro do presente ato, no prazo legal, junto à Central Nacional do Registro Civil – CRC, conforme estabelece o art. 6º do Provimento 46/2015 do Conselho Nacional de Justiça, junto ao Sistema Nacional de Informações de Registro Civil – SIRC, conforme estabelece o art. 68 da Le 8.212/1991 e junto à Fundação Instituto Brasileiro de Geografia e Estatística – IBGE, conforme estabelece o art. 49 da Lei 6.015/1973. Eu _____ Oficial de Registro Civil, que lavrei, conferi, assino em público e raso e dou fé, encerrando o presente ato. **Isento de emolumentos. Selo de fiscalização** (número). Certidão primeira via emitida e entregue em seguida ao declarante. _____ Assinatura do declarante _____ Assinatura do Oficial de Registro Civil	

1.5.4 Modelo de assento – Dissertação

(Brasão da República)

República Federativa do Brasil

(Estado da Federação)

(Comarca)

(Município)

REGISTRO CIVIL DAS PESSOAS NATURAIS

Ou

REGISTRO CIVIL DAS PESSOAS NATURAIS

(Estado da Federação)

(Comarca)

(Município)

Livro C (número)

Folha (número)

N. de ordem (número)

ASSENTO DE ÓBITO

Aos (data), nesta Serventia de Registro Civil das Pessoas Naturais do (município) e (comarca) do Estado de (Estado da Federação), sito na (endereço), perante mim Oficial do Registro Civil, **compareceu a viúva do falecido** (PRENOME SOBRENOME), e **apresentando a Declaração de Óbito** (número), emitida e assinada por (nome do médico), inscrito no CRM (número), dando como causa da morte (causa) e natureza (natureza do óbito), **declarou** que aos (dia) de (mês) de (ano), às (horas), no (lugar do falecimento), no (município), (Estado), **faleceu** (PRENOME E SOBRENOME), do sexo (sexo), de cor (cor), de estado civil (casado com prenome e sobrenome, no Cartório de Registro Civil da Comarca de (município e Estado)), de profissão (profissão), natural de (município e estado), com (número) anos de idade, residente e domiciliado na (endereço), filho de (prenome e sobrenome), (profissão), (naturalidade), residente na (endereço) e de (prenome e sobrenome), (profissão), (naturalidade), residente na (endereço). A declarante informa que o falecido não deixou testamento conhecido, não deixou herdeiros menores ou interditos, deixou (número) filho (prenome sobrenome), com (número) anos de idade. O *de cujus* era eleitor, conforme título de eleitor (número), seção (número), zona (número), e era portador da carteira de identidade (número), expedida por (órgão emissor), do CPF (número), da Carteira de Trabalho (número) e série (número), e registrado no livro A (número), folha (número), termo (número) do (Registro Civil das Pessoas Naturais) de (local). O sepultamento será no (lugar), localizado na (endereço). **Nada mais declarou. Lido em alta voz perante a declarant**e, sendo por ele achado em tudo conforme e assina. A declarante foi cientificada que será procedido o cadastro do presente ato, no prazo legal, junto à Central Nacional do Registro Civil – CRC, conforme estabelece o art. 6º do Provimento 46/2015 do Conselho Nacional de Justiça, junto ao Sistema Nacional de Informações de Registro Civil – SIRC, conforme estabelece o art. 68 da Lei 8.212/1991 e junto à Fundação Instituto Brasileiro de Geografia e Estatística – IBGE, conforme estabelece o art. 49 da Lei 6.015/1973. Eu _____ Oficial de Registro Civil, que lavrei, conferi, assino em público e raso e dou fé, encerrando o presente ato. **Isento de emolumentos**. **Selo de fiscalização** (número). Certidão primeira via emitida e entregue em seguida ao declarante.

_____

Assinatura do declarante

_____

Assinatura do Oficial de Registro Civil

1.6 ASSENTO DE NATIMORTO

1.6.1 Dados do assento

O natimorto – nascido morto (morte intrauterina) deve ser registrado em livro próprio ("C Auxiliar"), "com os elementos que couberem", segundo art. 53, § 1º da LRP. Essa expressão vaga e aberta deixou para as normativas estaduais a tarefa de disciplinar os dados a serem lançados no assento do natimorto.

Por se tratar de um nascimento sem vida, há semelhança de elementos entre os registros de nascimento e de natimorto, pelo fato do registro de *natimorto* possuir uma íntima proximidade com o registro de *nascimento*, pois ambos têm como objetivo principal consignar o mesmo fato jurídico natural, qual seja, *nascimento*. Sendo assim, a LRP faz referência ao registro do natimorto no capítulo IV, destinado à disciplina do nascimento.

Conforme Resolução 1.779/2005 do Conselho Federal de Medicina, a definição de *natimorto* é: o ser intrauterino que falece quando a gestação atingir a "[...] duração igual ou superior a 20 semanas ou o feto tiver peso corporal igual ou superior a 500 (quinhentos) gramas e/ou estatura igual ou superior a 25 cm".

Logo, se o concepto nascer morto, os médicos que prestaram assistência à mãe ficam obrigados a fornecer a Declaração de Óbito (art. 19, inciso III, da Portaria da Secretaria de Vigilância em Saúde 116/2019.

Assim, a prova do fato (nascimento sem vida) será a Declaração de Óbito, o assento do natimorto consignará elementos que couberem, dentre os mencionados para o registro de nascimento (art. 54, LRP) e, ainda, dados relativos ao registro de óbito, tais como: causa da morte, nome do atestante, local do sepultamento ou da cremação.

Cabe ressaltar, por fim, que alguns Estados permitem a atribuição de nome ao natimorto, quais sejam: Acre, Alagoas, Bahia, Distrito Federal, Goiás, Mato Grosso,

Mato Grosso do Sul, Minas Gerais, Pará, Paraíba, Pernambuco, Piauí, Rio de Janeiro, Rio Grande do Norte, Rio Grande do Sul, Rondônia, Roraima, Santa Catarina, São Paulo e Sergipe.

1.6.2 Roteiro para redação do assento de natimorto

1.6.2.1 Abertura do assento

> Aos (data), nesta Serventia de Registro Civil das Pessoas Naturais do (município) e (comarca) do Estado de (Estado da Federação), sito na (endereço), perante mim Oficial do Registro Civil ...

> No dia ( ), do mês de ( ), do ano de ( ), nesta Serventia de Registro Civil das Pessoas Naturais do (município) e (comarca) do Estado de (Estado da Federação), sito na (endereço), perante mim Oficial do Registro Civil ...

> No (dia) de (mês) de (ano), nesta Serventia de Registro Civil das Pessoas Naturais do (município) e (comarca) do Estado de (Estado da Federação), sito na (endereço), perante mim Oficial do Registro Civil, ...

> Em (data), nesta Serventia de Registro Civil das Pessoas Naturais do (município) e (comarca) do Estado de (Estado da Federação), sito na (endereço), perante mim Oficial do Registro Civil, ...

1.6.2.2 Comparecimento do declarante

Como antes mencionado, o registro de quem nasceu morto (natimorto) está regrado no Capítulo IV da lei registrária, referente ao registro do nascimento.

Assim, chamamos a atenção do candidato ao quanto estudado no item 1.2.2.2 deste capítulo, sendo declarantes do assento de natimorto as pessoas legitimadas a declarar o nascimento, nos termos do art. 52:

> Art. 52. São obrigados a fazer declaração de nascimento:
> 1º) o pai ou a mãe, isoladamente ou em conjunto, observado o disposto no § 2º do art. 54;
> 2º) no caso de falta ou de impedimento de um dos indicados no item 1º, outro indicado, que terá o prazo para declaração prorrogado por 45 (quarenta e cinco) dias;
> 3º) no impedimento de ambos, o parente mais próximo, sendo maior achando-se presente;
> 4º) em falta ou impedimento do parente referido no número anterior os administradores de hospitais ou os médicos e parteiras, que tiverem assistido o parto;
> 5º) pessoa idônea da casa em que ocorrer, sendo fora da residência da mãe;
> 6º) finalmente, as pessoas (Vetado) encarregadas da guarda do menor.

Continuando a redação do modelo ora proposto:

> ... **compareceu** o *pai* do registrando (PRENOME E SOBRENOME) ....

> ... **compareceu** a *mãe* do registrando (PRENOME E SOBRENOME) ....

... **compareceu** a *avó materna* do registrando (PRENOME E SOBRENOME E QUALIFICAÇÃO), em virtude do impedimento da mãe por motivo de saúde ....

1.6.2.3 Declaração do nascimento sem vida

Na sequência deve-se constar os elementos que couberem dentre os elencados no art. 54: referente ao fato nascimento sem vida (quando e onde nasceu), cumprindo o que determina o item 1º do art. 54 da Lei 6.015/1973.

... **e declarou** que aos (dia) de (mês) de (ano), às (horas), no (unidade de saúde), no (município), (Estado) ...

Em seguida, serão lançados os dados relativos à pessoa do nascido morto: prenome e sobrenome[15] (item 4º), sexo (item 2º), a naturalidade (item 11) e, ainda, a duração da gestação e cor do natimorto, conforme estabelecem os Códigos de Normas do Piauí e da Bahia:

... **nasceu morta** uma criança do sexo (sexo), que recebeu o nome de (PRENOME E SOBRENOME), natural de (município e Estado), com (número) semanas de gestação, de cor (cor) ...

... **nasceu morta** uma criança do sexo (sexo), natural de (município e Estado), com (número) semanas de gestação, de cor (cor) ...

1.6.2.4 Ascendência

Vide item 1.2.2.4.

... **filho(a)** de (PRENOME E SOBRENOME), (nacionalidade), natural de (município e Estado), (profissão), do sexo (sexo), nascido aos (data), portador da cédula de identidade (número) e inscrito no CPF sob o (CPF), residente e domiciliado na (endereço) e de (PRENOME E SOBRENOME), com (número) anos de idade por ocasião do parto, (nacionalidade), natural de (município e Estado), (profissão), do sexo (sexo), nascida aos (data), portadora da cédula de identidade (número) e inscrita no CPF sob o (CPF), residente e domiciliado na (endereço).

... **São avós paternos** (PRENOME E SOBRENOME) e **maternos** (PRENOME E SOBRENOME).

... **São avós** (PRENOME E SOBRENOME) e (PRENOME E SOBRENOME) e (PRENOME E SOBRENOME) e (PRENOME E SOBRENOME).

---

15. Como mencionado no item 1.6.1, alguns Estados preveem a possibilidade de atribuir nome ao natimorto.

1.6.2.5 Informações complementares do natimorto

A menção ao fato de ser gêmeo, se tal tiver acontecido, também é dado obrigatório do assento de natimorto, nos termos do item 3º do art. 54 da LRP[16].

O registrado **é gêmeo de** (nome e matrícula), sendo **o primeiro** de parto duplo.

O assento deve mencionar, ainda, a natureza e causa do óbito fetal, com os nomes dos atestantes (LRP, art. 79, item 8º), bem como o lugar do sepultamento (LRP, art. 9º).

A morte foi natural e causada por (causa da morte), conforme Declaração de óbito (número), assinada pelo médico (PRENOME E SOBRENOME), inscrição CRM (número). O sepultamento será feito no cemitério (local).

1.6.2.6 Fechamento do assento de natimorto

Conforme estudado no item 1.1.5, sugere-se o seguinte modelo de fechamento do assento, o qual poderá ser utilizado para a escrituração dos demais assentamentos do Registro Civil:

Nada mais declarou. **Lido em alta voz** perante o declarante, sendo por ele achado em tudo conforme e assina. O **declarante foi cientificado** que será procedido o cadastro do presente ato, no prazo legal, junto à Central Nacional do Registro Civil – CRC, conforme estabelece o art. 6º do Provimento 46/2015 do Conselho Nacional de Justiça, junto ao Sistema Nacional de Informações de Registro Civil – SIRC, conforme estabelece o art. 68 da Lei 8.212/1991 e junto à Fundação Instituto Brasileiro de Geografia e Estatística – IBGE, conforme estabelece o art. 49 da Lei 6.015/1973. Eu _____ Oficial de Registro Civil, que lavrei, conferi, assino em público e raso e dou fé, encerrando o presente ato. **Isento de emolumentos**. **Selo de fiscalização** (número). Certidão primeira via emitida e entregue em seguida ao declarante.

_____

Assinatura do declarante

_____

Assinatura do Oficial de Registro Civil

---

16. Vide item 1.2.2.5.

1.6.3 Modelo de assento – Livro dividido em três partes

(Brasão da República)[17]

República Federativa do Brasil

(Estado da Federação)

(Comarca)

(Município)

REGISTRO CIVIL DAS PESSOAS NATURAIS

Livro C Auxiliar (número)   Folha (número)

Ou

REGISTRO CIVIL DAS PESSOAS NATURAIS

(Estado da Federação)

(Comarca)

(Município)

Livro C Auxiliar (número)   Folha (número)

Número de ordem	Assento de Natimorto	Notas, Averbações e Retificações
(Número)	Aos (data), nesta Serventia de Registro Civil das Pessoas Naturais do (município) e (comarca) do Estado de (Estado da Federação), sito na (endereço), perante mim Oficial do Registro Civil, **compareceu** o pai do registrando (PRENOME E SOBRENOME) e **declarou** que aos (dia) de (mês) de (ano), às (horas), no (unidade de saúde), no (município), (Estado), **nasceu morta** uma criança do sexo (sexo), que recebeu o nome de (PRENOME E SOBRENOME), natural de (município e Estado), com (número) semanas de gestação, de cor (cor), **filho**(a) de (PRENOME E SOBRENOME), (nacionalidade), natural de (município e Estado), (profissão), do sexo (sexo), nascido aos (data), portador da cédula de identidade (número) e inscrito no CPF sob o (CPF), residente e domiciliado na (endereço) e de (PRENOME SE SOBRENOME), com (número) anos de idade por ocasião do parto, (nacionalidade), natural de (município e Estado), (profissão), do sexo (sexo), nascida aos (data), portadora da cédula de identidade (número) e inscrita no CPF sob o n. (CPF), residente e domiciliado na (endereço).	

---

17. Vide item 1.1.4.

São avós paternos (PRENOME E SOBRENOME) e maternos (PRE-NOME E SOBRENOME). O registrado é gêmeo de (nome e matrícula), sendo o primeiro de parto duplo. **A morte foi natural e causada por** (causa da morte), conforme Declaração de óbito (número), assinada pelo médico (PRENOME E SOBRENOME), inscrição CRM (número). O **sepultamento** será feito no cemitério (local). **Nada mais declarou**. Lido em alta voz perante o declarante, sendo por ele achado em tudo conforme e assina. O **declarante foi cientificado** que será procedido o cadastro do presente ato, no prazo legal, junto à Central Nacional do Registro Civil – CRC, conforme estabelece o art. 6º do Provimento 46/2015 do Conselho Nacional de Justiça, junto ao Sistema Nacional de Informações de Registro Civil – SIRC, conforme estabelece o art. 68 da Lei 8.212/1991 e junto à Fundação Instituto Brasileiro de Geografia e Estatística – IBGE, conforme estabelece o art. 49 da Lei 6.015/1973. Eu _____ Oficial de Registro Civil, que lavrei, conferi, assino em público e raso e dou fé, encerrando o presente ato. Isento de emolumentos. Selo de fiscalização (número). Certidão primeira via emitida e entregue em seguida ao declarante.

_____
Assinatura do declarante

_____
Assinatura do Oficial de Registro Civil

1.6.4 Modelo de assento – Dissertação

(Brasão da República)

República Federativa do Brasil

(Estado da Federação)

(Comarca)

(Município)

REGISTRO CIVIL DAS PESSOAS NATURAIS

Ou

REGISTRO CIVIL DAS PESSOAS NATURAIS
(Estado da Federação)
(Comarca)
(Município)

Livro C Auxiliar (número)
Folha (número)
N. de ordem (número)

ASSENTO DE NATIMORTO

Aos (data), nesta Serventia de Registro Civil das Pessoas Naturais do (município) e (comarca) do Estado de (Estado da Federação), sito na (endereço), perante mim Oficial do Registro Civil, **compareceu** o pai do registrando (PRENOME E SOBRENOME) e **declarou** que aos (dia) de (mês) de (ano), às (horas), no (unidade de saúde), no (município), (Estado), **nasceu morta** uma criança do sexo (sexo), que recebeu o **nome** de (PRENOME E SOBRENOME), natural de (município e Estado), com (número) semanas de gestação, de cor (cor), **filho**(a) de (PRENOME E SOBRENOME), (nacionalidade), natural de (município e Estado), (profissão), do sexo (sexo), nascido aos (data), portador da cédula de identidade (número) e inscrito no CPF sob o n. (CPF), residente e domiciliado na (endereço) e de (PRENOME SE SOBRENOME), com (número) anos de idade por ocasião do parto, (nacionalidade), natural de (município e Estado), (profissão), do sexo (sexo), nascida aos (data), portadora da cédula de identidade n. (número) e inscrita no CPF sob o n. (CPF), residente e domiciliado na (endereço). **São avós** paternos (PRENOME E SOBRENOME) e maternos (PRENOME E SOBRENOME). O registrado é gêmeo de (nome e matrícula), sendo o primeiro de parto duplo. A **morte foi natural e causada por** (causa da morte), conforme Declaração de óbito (número), assinada pelo médico (PRENOME E SOBRENOME), inscrição CRM (número). O **sepultamento** será feito no cemitério (local). **Nada mais declarou.** Lido em alta voz perante o declarante, sendo por ele achado em tudo conforme e assina. O **declarante foi cientificado** que será procedido o cadastro do presente ato, no prazo legal, junto à Central Nacional do Registro Civil – CRC, conforme estabelece o art. 6º do Provimento 46/2015 do Conselho Nacional de Justiça, junto ao Sistema Nacional de Informações de Registro Civil – SIRC, conforme estabelece o art. 68 da Lei 8.212/1991 e junto à Fundação Instituto Brasileiro de Geografia e Estatística – IBGE, conforme estabelece o art. 49 da Lei 6.015/1973. Eu _____ Oficial de Registro Civil, que lavrei, conferi, assino em público e raso e dou fé, encerrando o presente ato. Isento de emolumentos. Selo de fiscalização (número). Certidão primeira via emitida e entregue em seguida ao declarante.

_____

Assinatura do declarante

_____

Assinatura do Oficial de Registro Civil

1.7 REGISTRO DOS PROCLAMAS

Estabelecem a lei civil (art. 1.527) e a lei registrária (art. 67, § 1º) que, autuada a petição e estando em ordem a documentação, o Oficial extrairá o edital de proclamas e mandará afixar em lugar ostensivo da Serventia, publicando-o na imprensa local, se houver.

O edital de proclamas é, pois, ato pelo qual se faz publicar o anúncio da intenção dos nubentes de contrair matrimônio (VELOSO, 2019).

1.7.1 Dados do registro

Os editais de proclamas são registrados no livro "D" (LRP, art. 33, inciso VI), "escriturados cronologicamente com o resumo do que constar dos editais expedidos pelo próprio cartório ou recebidos de outros" (LRP, art. 43) e "conterá todas as indicações quanto à época de publicação e aos documentos apresentados" (LRP, art. 44).

1.7.2 Roteiro para redação do termo de registro

1.7.2.1 *Abertura*

Por se tratar de documento (edital de proclamas) para registro em livro próprio, não há declarante ou apresentante, dessa forma, sugere-se a seguinte abertura do termo de registro do edital de proclamas:

Aos (data), nesta Serventia de Registro Civil das Pessoas Naturais do (município) e (comarca) do Estado de (Estado da Federação), sito na (endereço), nos termos dos arts. 43, 44 e 67, § 1º, todos da Lei 6.015/73, **faço o registro do edital de proclamas** de PRENOME E SOBRENOME e PRENOME E SOBRENOME. ...

No dia ( ), do mês de ( ), do ano de ( ), nesta Serventia de Registro Civil das Pessoas Naturais do (município) e (comarca) do Estado de (Estado da Federação), sito na (endereço), nos termos dos arts. 43, 44 e 67, § 1º, todos da Lei 6.015/73, **faço o registro do edital de proclamas** de PRENOME E SOBRENOME e PRENOME E SOBRENOME. ...

No (dia) de (mês) de (ano), nesta Serventia de Registro Civil das Pessoas Naturais do (município) e (comarca) do Estado de (Estado da Federação), sito na (endereço), nos termos dos arts. 43, 44 e 67, § 1º, todos da Lei 6.015/73, **faço o registro do edital de proclamas** de PRENOME E SOBRENOME e PRENOME E SOBRENOME. ...

Em (data), nesta Serventia de Registro Civil das Pessoas Naturais do (município) e (comarca) do Estado de (Estado da Federação), sito na (endereço), nos termos dos arts. 43, 44 e 67, § 1º, todos da Lei 6.015/73, **faço o registro do edital de proclamas** de PRENOME E SOBRENOME e PRENOME E SOBRENOME. ...

1.7.2.2 Dados dos proclamas

Como se verifica, para que seja lançado no livro "D" o proclama do casamento, inicialmente o Oficial deve extrair o edital, na sequência mandar afixar em local ostensivo da Serventia e publicar na imprensa local, se houver.

Sendo elementos obrigatórios do registro indicações quanto à época da publicação e aos documentos apresentados (LRP, art. 44), contendo ainda o resumo do edital expedido (LRP, art. 43). Logo, só se registra o edital de proclama após sua publicização (afixação e publicação na imprensa).

Tendo em vista a Lei Geral de Proteção de Dados (Lei 13.709/2018), observando-se o "princípio da necessidade", o edital de proclamas deve conter dados pertinentes, proporcionais e não excessivos em relação à sua finalidade, qual seja, dar a notícia da intenção do casal de contrair matrimônio, oportunizando a qualquer interessado a possibilidade de opor impedimentos (CC, art. 1.521) ou causa suspensiva (CC, art. 1.523).

Assim, o edital de proclamas conterá:

a) Prenomes e sobrenomes dos nubentes, identificando quem pretende contrair matrimônio;

b) Nacionalidade dos nubentes;

c) Estado civil dos nubentes, para verificação do inciso VI do art. 1.521 e incisos I, II e III do art. 1.523;

d) Idade dos nubentes, para verificação da capacidade nupcial (art. 1.517);

e) Filiação dos nubentes, para verificação dos incisos I, II, III, IV e V do art. 1.521;

f) Endereço dos nubentes, para verificação do cumprimento da competência territorial (art. 67, Lei 6.015/73 e art. 12, Lei 8.935/1994);

g) O regime de bens adotado, para verificação do disposto no art. 1.641.

Tem-se a seguinte redação:

Referido edital **foi afixado** em lugar ostensivo desta Serventia em (data) **e publicado** no Jornal (denominação), em (data), de **teor seguinte**: "Faço saber que pretendem casar-se: PRENOME E SOBRENOME e PRENOME E SOBRENOME. Ele é (nacionalidade), (estado civil), com (número) anos de idade, filho de (prenome e sobrenome), residente neste município, na (rua), (número), (bairro). Ela é (nacionalidade), (estado civil), com (número) anos de idade, filha de (prenome e sobrenome), residente neste município, na (rua), (número), (bairro). O regime de bens é (regime adotado). Se alguém souber de algum impedimento, oponha-o na forma da lei." Os **nubentes apresentaram os documentos** exigidos pelo art. 1.525 do Código Civil, a saber: certidões de nascimento, declaração de duas testemunhas que atestaram conhecê-los e afirmaram não existir impedimento que os iniba de casar; requerimento constando declaração de estado civil, do domicílio e residência atual dos contraentes e de seus pais.

1.7.2.3 Fechamento

O termo de registro de edital de proclamas é subscrito apenas pelo Oficial de Registro Civil (LPR, art. 43, parte final), por se tratar de documento para registro e não de declarações.

Nada mais havendo, eu ____, Oficial de Registro Civil, lavrei o presente termo, assino em público e raso e dou fé, encerrando o presente ato. **Emolumentos** (valor). **Selo de fiscalização** (número). Certidão primeira via emitida e entregue em seguida.

_____
Assinatura do Oficial de Registro Civil

1.7.3 Modelo – Livro dividido em três partes

(Brasão da República)[18]

República Federativa do Brasil

(Estado da Federação)

(Comarca)

(Município)

REGISTRO CIVIL DAS PESSOAS NATURAIS

Livro D (número)   Folha (número)

Ou

REGISTRO CIVIL DAS PESSOAS NATURAIS

(Estado da Federação)

(Comarca)

(Município)

Livro D (número)   Folha (número)

Número de ordem	Registro de Edital de Proclamas	Notas, Averbações e Retificações
(Número)	Aos (data), nesta Serventia de Registro Civil das Pessoas Naturais do (município) e (comarca) do Estado de (Estado da Federação), sito na (endereço), nos termos dos arts. 43, 44 e 67, § 1º, todos da Lei 6.015/73, **faço o registro do edital de proclamas de** PRENOME E SOBRENOME e PRENOME E SOBRENOME.	

_____
18. Vide item 1.1.4.

Número de ordem	Registro de Edital de Proclamas	Notas, Averbações e Retificações
	Referido edital foi afixado em lugar ostensivo desta Serventia em (data**) e publicado** no Jornal (denominação), em (data), **de teor seguinte**: "Faço saber que pretendem casar-se: PRENOME E SOBRENOME e PRENOME E SOBRENOME. Ele é (nacionalidade), (estado civil), com (número) anos de idade, filho de (prenome e sobrenome), residente neste município, na (rua), (número), (bairro). Ela é (nacionalidade), (estado civil), com (número) anos de idade, filha de (prenome e sobrenome), residente neste município, na (rua), (número), (bairro). O regime de bens é (regime adotado). Se alguém souber de algum impedimento, oponha-o na forma da lei." **Os nubentes apresentaram os documentos** exigidos pelo art. 1.525 do Código Civil, a saber: certidões de nascimento, declaração de duas testemunhas que atestaram conhecê-los e afirmaram não existir impedimento que os iniba de casar; requerimento constando declaração de estado civil, do domicílio e residência atual dos contraentes e de seus pais. **Nada mais havendo**, eu ____, Oficial de Registro Civil, lavrei o presente termo, assino em público e raso e dou fé, encerrando o presente ato. **Emolumentos** (valor). **Selo de fiscalização** (número). Certidão primeira via emitida e entregue em seguida. _____ Assinatura do Oficial de Registro Civil. _____ Assinatura do Oficial	

1.7.4 Modelo – Dissertação

(Brasão da República)

República Federativa do Brasil

(Estado da Federação)

(Comarca)

(Município)

REGISTRO CIVIL DAS PESSOAS NATURAIS

Ou

REGISTRO CIVIL DAS PESSOAS NATURAIS

(Estado da Federação)

(Comarca)

(Município)

Livro D (número)

Folha (número)

N. de ordem (número)

REGISTRO DE EDITAL DE PROCLAMAS

Aos (data), nesta Serventia de Registro Civil das Pessoas Naturais do (município) e (comarca) do Estado de (Estado da Federação), sito na (endereço), nos termos dos arts. 43, 44 e 67, § 1º, todos da Lei 6.015/73, **faço o registro do edital de proclamas de** PRENOME E SOBRENOME e PRENOME E SOBRENOME. **Referido edital foi afixado** em lugar ostensivo desta Serventia em (data) **e publicado** no Jornal (denominação), em (data), **de teor seguinte**: "Faço saber que pretendem casar-se: PRENOME E SOBRENOME e PRENOME E SOBRENOME. Ele é (nacionalidade), (estado civil), com (número) anos de idade, filho de (prenome e sobrenome), residente neste município, na (rua), (número), (bairro). Ela é (nacionalidade), (estado civil), com (número) anos de idade, filha de (prenome e sobrenome), residente neste município, na (rua), (número), (bairro). O regime de bens é (regime adotado). Se alguém souber de algum impedimento, oponha-o na forma da lei." Os **nubentes apresentaram os documentos** exigidos pelo art. 1.525 do Código Civil, a saber: certidões de nascimento, declaração de duas testemunhas que atestaram conhecê-los e afirmaram não existir impedimento que os iniba de casar; requerimento constando declaração de estado civil, do domicílio e residência atual dos contraentes e de seus pais. **Nada mais havendo**, eu ____, Oficial de Registro Civil, lavrei o presente termo, assino em público e raso e dou fé, encerrando o presente ato. **Emolumentos** (valor). **Selo de fiscalização** (número). Certidão primeira via emitida e entregue em seguida.

_____

Assinatura do Oficial

1.8 REGISTRO DE EMANCIPAÇÃO

A emancipação é a antecipação da capacidade civil plena antes da maioridade (dezoito anos), sendo concedida pelos genitores do menor por escritura pública ou declarada por sentença pelo Juiz de Direito.

O ato de emancipação (escritura pública ou sentença judicial), para produzir efeito (LRP, art. 92, parágrafo único), deve ser registrado na Serventia do 1º Ofício ou da 1ª subdivisão judiciária[19] da comarca do domicílio do emancipado (LRP, art. 89).

_____

19. Livro de competência exclusiva do Oficial de Registro do 1º Ofício ou 1ª Circunscrição da Sede de cada Comarca.

O candidato deve ficar atento ao comando da prova, caso esta mencione na questão prática que o registro da emancipação foi solicitado à Serventia de Registro Civil da 2ª Circunscrição de ou de Distrito, deve ser negada a lavratura do ato, mediante "Nota Negativa" ou "Nota Devolutiva" fundamentada, visto não ser o registrador competente para o ato.

A escrituração do registro é feita no livro designado sob a letra "E", destinado para inscrição dos demais atos relativos ao estado civil da pessoa natural (LRP, art. 33, parágrafo único).

1.8.1 Dados do registro

Quando o título apresentado para registro da emancipação for sentença judicial, esta oferecida em certidão, o registro será feito mediante trasladação da mesma (LRP, art. 91, *caput*, primeira parte).

Tratando-se de escritura pública far-se-á referência à data, livro, folha e ofício em que for lavrada.

Em ambos os casos, o registro sempre constará:

a) Data do registro e da emancipação;

b) Nome, prenome, idade, filiação, profissão, naturalidade e residência do emancipado; data e cartório em que foi registrado o seu nascimento;

c) Nome, profissão, naturalidade e residência dos pais ou do tutor.

1.8.2 Roteiro para redação do termo de registro

1.8.2.1 Abertura

Inicia-se a lavratura com a data do registro e o tipo de registro a ser feito:

Aos (data), nesta Serventia de Registro Civil das Pessoas Naturais do (município) e (comarca) do Estado de (Estado da Federação), sito na (endereço), **procedo ao registro da EMANCIPAÇÃO** de ...

1.8.2.2 Dados da emancipação

Na sequência são mencionados os elementos exigidos pela lei registrária: nome, prenome, idade, filiação, profissão, naturalidade e residência do emancipado; data e cartório em que foi registrado o seu nascimento; e, ainda, nome, profissão, naturalidade e residência dos pais ou do tutor.

de **PRENOME E SOBRENOME**, (nacionalidade), (profissão), com (número) anos de idade, natural de (município e unidade da federação), residente na (rua), (número), (bairro), (município e unidade da federação), registrado em (data), no Cartório de Registro Civil de (local), no livro A (número), folha (número), termo (número), filho de (prenome e sobrenome), (nacionalidade), (profissão), natural de (município e unidade da federal), residente na (rua), (número), (bairro), (município e unidade da federação) e de (prenome e sobrenome), (nacionalidade), (profissão), natural de (município e unidade da federal), residente na (rua), (número), (bairro), (município e unidade da federação).

Adiante, mencionar-se-á o título da emancipação (sentença ou escritura pública):

A emancipação **foi concedida por ambos os genitores** mediante **escritura pública**, datada de (data), lavrada no livro (número), folha (número), do Cartório de Tabelionato de Notas de (lugar), a fim de que o mesmo fique apto e possa livremente praticar todos os atos de sua vida civil.

A emancipação **foi concedida por sentença** datada de (data), proferida pelo MM Juiz de Direito Dr. (Prenome e sobrenome) da (Vara) da (Comarca), com o seguinte teor: "(trasladação da sentença oferecida em certidão)".

Determina a lei registrária que o registro da emancipação seja assinado pelo apresentante, dessa forma, deve o candidato fazer menção ao seu comparecimento no ato.

Registro feito nos termos do art. 29, IV c/c art. 89 da Lei 6.015/1973, cujo título foi apresentado por (PRENOME E SOBRENOME), (nacionalidade), (estado civil), (profissão), portador do RG (número) e CPF (número), residente na (rua), (número), (bairro), (município e unidade da federação).

1.8.2.3 Fechamento

Nada mais havendo. Lido em alta voz perante o apresentante e achado conforme em todos os termos. Será procedido o cadastro do presente ato, no prazo legal, junto à Central Nacional do Registro Civil – CRC, conforme estabelece o art. 6º do Provimento 46/2015 do Conselho Nacional de Justiça. Eu _____ Oficial de Registro Civil, que lavrei, conferi, assino em público e raso e dou fé, encerrando o presente ato. **Emolumentos** (valor). **Selo de fiscalização** (número). Certidão primeira via emitida e entregue em seguida ao apresentante.

_____

Assinatura do Apresentante

_____

Assinatura do Oficial de Registro Civil

1.8.3 Modelo – Livro dividido em três partes

(Brasão da República)[20]

República Federativa do Brasil

(Estado da Federação)

(Comarca)

(Município)

REGISTRO CIVIL DAS PESSOAS NATURAIS

Livro E (número)   Folha (número)

Ou

REGISTRO CIVIL DAS PESSOAS NATURAIS

(Estado da Federação)

(Comarca)

(Município)

Livro E (número)   Folha (número)

Número de ordem	Registro de Emancipação	Notas, Averbações e Retificações
(Número)	Aos (data), nesta Serventia de Registro Civil das Pessoas Naturais do (município) e (comarca) do Estado de (Estado da Federação), sito na (endereço), **procedo ao registro da EMANCIPAÇÃO de** PRENOME E SOBRENOME, (nacionalidade), (profissão), com (número) anos de idade, natural de (município e unidade da federação), residente na (rua), (número), (bairro), (município e unidade da federação), registrado em (data), no Cartório de Registro Civil de (local), no livro A (número), folha (número), termo (número), filho de (prenome e sobrenome), (nacionalidade), (profissão), natural de (município e unidade da federal), residente na (rua), (número), (bairro), (município e unidade da federação) e de (prenome e sobrenome), (nacionalidade), (profissão), natural de (município e unidade da federal), residente na (rua), (número), (bairro), (município e unidade da federação).	

---

20. Vide item 1.1.4.

Número de ordem	Registro de Emancipação	Notas, Averbações e Retificações
	A emancipação foi concedida por ambos os genitores mediante escritura pública, datada de (data), lavrada no livro (número), folha (número), do Cartório de Tabelionato de Notas de (lugar), a fim de que o mesmo fique apto e possa livremente praticar todos os atos de sua vida civil. Registro feito nos termos do art. 29, IV c/c art. 89 da Lei 6.015/1973, **cujo título foi apresentado por** (PRENOME E SOBRENOME), (nacionalidade), (estado civil), (profissão), portador do RG (número) e CPF (número), residente na (rua), (número), (bairro), (município e unidade da federação). **Nada mais havendo. Lido em alta voz perante o apresentante** e achado conforme em todos os termos. Será procedido o cadastro do presente ato, no prazo legal, junto à Central Nacional do Registro Civil – CRC, conforme estabelece o art. 6º do Provimento 46/2015 do Conselho Nacional de Justiça. Eu _____ Oficial de Registro Civil, que lavrei, conferi, assino em público e raso e dou fé, encerrando o presente ato. **Emolumentos** (valor). **Selo de fiscalização** (número). Certidão primeira via emitida e entregue em seguida ao apresentante. _____ Assinatura do Apresentante _____ Assinatura do Oficial de Registro Civil	

1.8.4   Modelo – Dissertação

(Brasão da República)

República Federativa do Brasil

(Estado da Federação)

(Comarca)

(Município)

REGISTRO CIVIL DAS PESSOAS NATURAIS

Ou

REGISTRO CIVIL DAS PESSOAS NATURAIS
(Estado da Federação)
(Comarca)
(Município)

Livro E (número)
Folha (número)
N. de ordem (número)

REGISTRO DE EMANCIPAÇÃO

Aos (data), nesta Serventia de Registro Civil das Pessoas Naturais do (município) e (comarca) do Estado de (Estado da Federação), sito na (endereço), **procedo ao registro da EMANCIPAÇÃO de PRENOME E SOBRENOME**, (nacionalidade), (profissão), com (número) anos de idade, natural de (município e unidade da federação), residente na (rua), (número), (bairro), (município e unidade da federação), registrado em (data), no Cartório de Registro Civil de (local), no livro A (número), folha (número), termo (número), filho de (prenome e sobrenome), (nacionalidade), (profissão), natural de (município e unidade da federal), residente na (rua), (número), (bairro), (município e unidade da federação) e de (prenome e sobrenome), (nacionalidade), (profissão), natural de (município e unidade da federal), residente na (rua), (número), (bairro), (município e unidade da federação). **A emancipação foi concedida por** ambos os genitores mediante escritura pública, datada de (data), lavrada no livro (número), folha (número), do Cartório de Tabelionato de Notas de (lugar), a fim de que o mesmo fique apto e possa livremente praticar todos os atos de sua vida civil. Registro feito nos termos do art. 29, IV c/c art. 89 da Lei 6.015/1973, **cujo título foi apresentado por** (PRENOME E SOBRENOME), (nacionalidade), (estado civil), (profissão), portador do RG (número) e CPF (número), residente na (rua), (número), (bairro), (município e unidade da federação). **Nada mais havendo. Lido em alta voz perante o apresentante** e achado conforme em todos os termos. Será procedido o cadastro do presente ato, no prazo legal, junto à Central Nacional do Registro Civil – CRC, conforme estabelece o art. 6º do Provimento 46/2015 do Conselho Nacional de Justiça. Eu _____ Oficial de Registro Civil, que lavrei, conferi, assino em público e raso e dou fé, encerrando o presente ato. **Emolumentos** (valor). **Selo de fiscalização** (número). Certidão primeira via emitida e entregue em seguida ao apresentante.

_____

Assinatura do Apresentante

_____

Assinatura do Oficial de Registro Civil

1.9 REGISTRO DE INTERDIÇÃO

A interdição é o ato ou efeito que incapacita a pessoa para cuidar de seus próprios bens e direitos, declarado por sentença (CENEVIVA, 2009, p. 217).

O registro da interdição será feito também no Livro E da Serventia do 1º Ofício ou 1ª Circunscrição da Comarca do domicílio do interditado (LRP, art. 92).

1.9.1 Dados do assento

A Lei de Registros Públicos estabelece os seguintes dados do registro de interdição:

> Art. 92. As interdições serão registradas no mesmo cartório e no mesmo livro de que trata o artigo 89, salvo a hipótese prevista na parte final do parágrafo único do artigo 33, declarando-se:
>
> 1º data do registro;
>
> 2º nome, prenome, idade, estado civil, profissão, naturalidade, domicílio e residência do interdito, data e cartório em que forem registrados o nascimento e o casamento, bem como o nome do cônjuge, se for casado;
>
> 3º data da sentença, nome e vara do Juiz que a proferiu;
>
> 4º nome, profissão, estado civil, domicílio e residência do curador;
>
> 5º nome do requerente da interdição e causa desta;
>
> 6º limites da curadoria, quando for parcial a interdição;
>
> 7º lugar onde está internado o interdito.
>
> Art. 93. A comunicação, com os dados necessários, acompanhados de certidão de sentença, será remetida pelo Juiz ao cartório para registro de ofício, se o curador ou promovente não o tiver feito dentro de oito (8) dias.

1.9.2 Roteiro para redação do termo de registro

1.9.2.1 Abertura

Inicia-se a lavratura com a data do registro e o tipo de registro a ser feito:

> Aos (data), nesta Serventia de Registro Civil das Pessoas Naturais do (município) e (comarca) do Estado de (Estado da Federação), sito na (endereço), **procedo ao registro da INTERDIÇÃO** de ...

1.9.2.2 Dados da interdição

Na sequência são mencionados os elementos exigidos pela lei registrária referentes à pessoa do interditado: nome, prenome, idade, estado civil, profissão, naturalidade, domicílio e residência do interdito, data e cartório em que forem registrados o nascimento e o casamento, bem como o nome do cônjuge, se for casado.

de **PRENOME E SOBRENOME**, (nacionalidade), (estado civil), (profissão), com (número) anos de idade, natural de (município e unidade da federação), residente na (rua), (número), (bairro), (município e unidade da federação), registrado em (data), no Cartório de Registro Civil de (local), no livro A (número), folha (número), termo (número).

Adiante, os dados da interdição, quais sejam:

a) data da sentença, nome e vara do Juiz que a proferiu:

A **sentença** foi proferida em (data), pelo MM Juiz de Direito Dr. (Prenome e sobrenome) da (Vara) da (Comarca).

b) nome, profissão, estado civil, domicílio e residência do curador:

Foi nomeado **curador** (PRENOME E SOBRENOME), (nacionalidade), (estado civil), (profissão), residente e domiciliado na (rua), (número), (bairro), (município e unidade da federação).

c) nome do requerente da interdição e causa desta, limites da curadoria, quando for parcial a interdição e lugar onde está internado o interdito:

A **interdição foi requerida** por (PRENOME E SOBRENOME), teve como causa (causa da interdição), tendo sido parcial, com os seguintes limites (limites da curadoria). O interditado encontra-se internado em (lugar), localizado na (rua), (número), (bairro), (município e unidade da federação).

Por fim, cabe destacar que o registro é feito a pedido do curador ou promovente da ação ou por comunicação do Juiz (LRP, art. 93), fazendo-se menção de tal situação.

Registro feito nos termos do art. 29, V c/c arts. 92 e 93 da Lei 6.015/1973, cujo título foi apresentado pelo curador (PRENOME E SOBRENOME).

Registro feito nos termos do art. 29, V c/c arts. 92 e 93 da Lei 6.015/1973, mediante comunicação do Juízo, contendo os dados necessários, acompanhada de certidão da sentença, por não ter sido providenciado pelo curador ou promovente dentro do prazo de oito dias.

1.9.2.3 Fechamento

Nada mais havendo. **Lido em alta voz** perante o apresentante e achado conforme em todos os termos. Será procedido o cadastro do presente ato, no prazo legal, junto à Central Nacional do Registro Civil – CRC, conforme estabelece o art. 6º do Provimento 46/2015 do Conselho Nacional de Justiça. Eu _____ Oficial de Registro Civil, que lavrei, conferi, assino em público e raso e dou fé, encerrando o presente ato. **Emolumentos** (valor). **Selo de fiscalização** (número). Certidão primeira via emitida e entregue em seguida ao apresentante.

_____

Assinatura do Apresentante

_____

Assinatura do Oficial de Registro Civil

Nada mais havendo, eu _____, Oficial de Registro Civil, lavrei o presente termo, assino em público e raso e dou fé, encerrando o presente ato. **Emolumentos** (valor). **Selo de fiscalização** (número). Certidão primeira via emitida e entregue em seguida.

_____

Assinatura do Oficial de Registro Civil

1.9.3 Modelo – Livro dividido em três partes

(Brasão da República)[21]

República Federativa do Brasil

(Estado da Federação)

(Comarca)

(Município)

REGISTRO CIVIL DAS PESSOAS NATURAIS

Livro E (número)   Folha (número)

Ou

REGISTRO CIVIL DAS PESSOAS NATURAIS

(Estado da Federação)

(Comarca)

(Município)

Livro E (número)   Folha (número)

Número de ordem	Registro de Interdição	Notas, Averbações e Retificações
(Número)	Aos (data), nesta Serventia de Registro Civil das Pessoas Naturais do (município) e (comarca) do Estado de (Estado da Federação), sito na (endereço), **procedo ao registro da INTERDIÇÃO** de PRENOME E SOBRENOME, (nacionalidade), (estado civil), (profissão), com (número) anos de idade, natural de (município e unidade da federação), residente na (rua), (número), (bairro), (município e unidade da federação), registrado em (data), no Cartório de Registro Civil de (local), no livro A (número), folha (número), termo (número).	

_____

21. Vide item 1.1.4.

A **sentença** foi proferida em (data), pelo MM Juiz de Direito Dr. (Prenome e sobrenome) da (Vara) da (Comarca). Foi **nomeado curador** (PRENOME E SOBRENOME), (nacionalidade), (estado civil), (profissão), residente e domiciliado na (rua), (número), (bairro), (município e unidade da federação). A **interdição foi requerida por** (PRENOME E SOBRENOME), **teve como causa** (causa da interdição), tendo sido parcial, com os seguintes **limites** (limites da curadoria). O **interditado encontra-se internado** em (lugar), localizado na (rua), (número), (bairro), (município e unidade da federação). Registro feito nos termos do art. 29, V c/c arts. 92 e 93 da Lei 6.015/1973, cujo **título foi apresentado pelo curador** (PRENOME E SOBRENOME). **Nada mais havendo. Lido em alta voz perante o apresentante** e achado conforme em todos os termos. Será procedido o cadastro do presente ato, no prazo legal, junto à Central Nacional do Registro Civil – CRC, conforme estabelece o art. 6º do Provimento 46/2015 do Conselho Nacional de Justiça. Eu _____ Oficial de Registro Civil, que lavrei, conferi, assino em público e raso e dou fé, encerrando o presente ato. **Emolumentos** (valor). **Selo de fiscalização** (número). Certidão primeira via emitida e entregue em seguida ao apresentante.

_____

Assinatura do Apresentante

_____

Assinatura do Oficial de Registro Civil

1.9.4 Modelo – Dissertação

(Brasão da República)

República Federativa do Brasil

(Estado da Federação)

(Comarca)

(Município)

REGISTRO CIVIL DAS PESSOAS NATURAIS

Ou

REGISTRO CIVIL DAS PESSOAS NATURAIS

(Estado da Federação)

(Comarca)

(Município)

Livro E (número)

Folha (número)

N. de ordem (número)

REGISTRO DE INTERDIÇÃO

Aos (data), nesta Serventia de Registro Civil das Pessoas Naturais do (município) e (comarca) do Estado de (Estado da Federação), sito na (endereço), **procedo ao registro da INTERDIÇÃO** de PRENOME E SOBRENOME, (nacionalidade), (estado civil), (profissão), com (número) anos de idade, natural de (município e unidade da federação), residente na (rua), (número), (bairro), (município e unidade da federação), registrado em (data), no Cartório de Registro Civil de (local), no livro A (número), folha (número), termo (número). A **sentença** foi proferida em (data), pelo MM Juiz de Direito Dr. (Prenome e sobrenome) da (Vara) da (Comarca). Foi **nomeado curador** (PRENOME E SOBRENOME), (nacionalidade), (estado civil), (profissão), residente e domiciliado na (rua), (número), (bairro), (município e unidade da federação). A **interdição foi requerida por** (PRENOME E SOBRENOME), **teve como causa** (causa da interdição), tendo sido parcial, com os seguintes **limites** (limites da curadoria). O **interditado encontra-se internado** em (lugar), localizado na (rua), (número), (bairro), (município e unidade da federação). Registro feito nos termos do art. 29, V c/c arts. 92 e 93 da Lei 6.015/1973, cujo **título foi apresentado pelo curador** (PRENOME E SOBRENOME). **Nada mais havendo. Lido em alta voz perante o apresentante** e achado conforme em todos os termos. Será procedido o cadastro do presente ato, no prazo legal, junto à Central Nacional do Registro Civil – CRC, conforme estabelece o art. 6º do Provimento 46/2015 do Conselho Nacional de Justiça. Eu _____ Oficial de Registro Civil, que lavrei, conferi, assino em público e raso e dou fé, encerrando o presente ato. **Emolumentos** (valor). **Selo de fiscalização** (número). Certidão primeira via emitida e entregue em seguida ao apresentante.

_____

Assinatura do Apresentante

_____

Assinatura do Oficial de Registro Civil

1.10 REGISTRO DE SENTENÇA DECLARATÓRIA DE AUSÊNCIA

Desaparecendo uma pessoa do seu domicílio sem dela haver notícia, se não houver deixado representante ou procurador a quem caiba administrar-lhe os bens, o juiz, a requerimento de qualquer interessado ou do Ministério Público, declarará a ausência, e nomear-lhe-á curador (CC, art. 22).

A sentença declaratória de ausência é igualmente registrada (LRP, art. 29, VI) no livro E da Serventia de Registro Civil das Pessoas Naturais do 1º Ofício ou da 1ª Circunscrição da Sede da Comarca do domicílio anterior do ausente (LRP, art. 94).

1.10.1 Dados do registro

Os elementos do registro de ausência são:

Art. 94. O registro das sentenças declaratórias de ausência, que nomearem curador, será feita no cartório do domicílio anterior do ausente, com as mesmas cautelas e efeitos do registro de interdição, declarando-se:

1º) data do registro;

2º) nome, idade, estado civil, profissão e domicílio anterior do ausente, data e cartório em que foram registrados o nascimento e o casamento, bem como o nome do cônjuge, se for casado;

3º) tempo de ausência até a data da sentença;

4º) nome do promotor do processo;

5º) data da sentença, nome e vara do Juiz que a proferiu;

6º) nome, estado, profissão, domicílio e residência do curador e os limites da curatela.

1.10.2 Roteiro para redação do termo de registro

1.10.2.1 Abertura

Inicia-se a lavratura com a data do registro e o tipo de registro a ser feito:

Aos (data), nesta Serventia de Registro Civil das Pessoas Naturais do (município) e (comarca) do Estado de (Estado da Federação), sito na (endereço), **procedo ao registro da SENTENÇA DECLARATÓRIA DE AUSÊNCIA** de ...

1.10.2.2 Dados da declaração de ausência

Na sequência são mencionados os elementos exigidos pela lei registrária referentes à pessoa do ausente: nome, idade, estado civil, profissão e domicílio anterior do ausente, data e cartório em que foram registrados o nascimento e o casamento, bem como o nome do cônjuge, se for casado.

de **PRENOME E SOBRENOME**, (nacionalidade), (estado civil), (profissão), com (número) anos de idade, residente na (rua), (número), (bairro), (município e unidade da federação), registrado em (data), no Cartório de Registro Civil de (local), no livro A (número), folha (número), termo (número), ...

Adiante, os dados da declaração de ausência, quais sejam:

a) tempo de ausência até a data da sentença:

... **desaparecido** há (número) anos.

b) data da sentença, nome e vara do Juiz que a proferiu:

A **sentença** foi proferida em (data), pelo MM Juiz de Direito Dr. (Prenome e sobrenome) da (Vara) da (Comarca).

c) nome, estado, profissão, domicílio e residência do curador:

Foi nomeado **curador** (PRENOME E SOBRENOME), (nacionalidade), (estado civil), (profissão), residente e domiciliado na (rua), (número), (bairro), (município e unidade da federação).

d) nome do promotor do processo:

Tendo em vista que a declaração de ausência pode ser requerida por qualquer interessado ou mesmo pelo Ministério Público (CC, art. 22), a expressão *"promotor do processo"* diz respeito ao autor do pedido em Juízo.

Nesse sentido ensina Walter Ceneviva (2009, p. 221):

A denominação é de infelicidade técnica, pois não se confunde o papel de requerente com o de "promotor" do processo. Todavia tocando ao hermeneuta tirar do texto rendimento útil ao fim a que se destina, entende-se a expressão como designando a pessoa que, dotada de legitimidade para deduzir a pretensão, pede ao juiz que declare a ausência do desaparecido.

Diante de tal entendimento, alguns Códigos de Normas estaduais estabelecem como dado do registro de ausência o "requerente" do processo.

O processo foi requerido por (PRENOME E SOBRENOME).

Por fim, cabe destacar que o registro da declaração de ausência é feito com as mesmas cautelas e efeitos do registro de interdição (LRP, art. 94). Assim, caso não seja requerido pelo curador ou promovente do processo dentro do prazo de oito dias, será feito mediante comunicação do Juiz (LRP, art. 93), fazendo-se menção de tal situação.

Registro feito nos termos do art. 29, VI c/c art. 94 da Lei 6.015/1973, cujo título foi apresentado pelo curador (PRENOME E SOBRENOME).

Registro feito nos termos do art. 29, VI c/c art. 94 da Lei 6.015/1973, mediante comunicação do Juízo, contendo os dados necessários, acompanhada de certidão da sentença, por não ter sido providenciado pelo curador ou promovente dentro do prazo de oito dias.

1.10.2.3 Fechamento

Nada mais havendo. Lido em alta voz perante o apresentante e achado conforme em todos os termos. Será procedido o cadastro do presente ato, no prazo legal, junto à Central Nacional do Registro Civil – CRC, conforme estabelece o art. 6º do Provimento 46/2015 do Conselho Nacional de Justiça. Eu _____ Oficial de Registro Civil, que lavrei, conferi, assino em público e raso e dou fé, encerrando o presente ato. **Emolumentos** (valor). **Selo de fiscalização** (número). Certidão primeira via emitida e entregue em seguida ao apresentante.

_____

Assinatura do Apresentante

_____

Assinatura do Oficial de Registro Civil

Nada mais havendo, eu ____, Oficial de Registro Civil, lavrei o presente termo, assino em público e raso e dou fé, encerrando o presente ato. **Emolumentos** (valor). **Selo de fiscalização** (número). Certidão primeira via emitida e entregue em seguida.

_____

Assinatura do Oficial de Registro Civil

1.10.3   Modelo – Livro dividido em três partes

(Brasão da República)[22]

República Federativa do Brasil

(Estado da Federação)

(Comarca)

(Município)

REGISTRO CIVIL DAS PESSOAS NATURAIS

Livro E (número)   Folha (número)

Ou

_____

22. Vide item 1.1.4.

REGISTRO CIVIL DAS PESSOAS NATURAIS
(Estado da Federação)
(Comarca)
(Município)

Livro E (número)   Folha (número)

Número de ordem	Registro de Ausência	Notas, Averbações e Retificações
(Número)	Aos (data), nesta Serventia de Registro Civil das Pessoas Naturais do (município) e (comarca) do Estado de (Estado da Federação), sito na (endereço), **procedo ao registro da SENTENÇA DECLARATÓRIA DE AUSÊNCIA de** PRENOME E SOBRENOME, (nacionalidade), (estado civil), (profissão), com (número) anos de idade, residente na (rua), (número), (bairro), (município e unidade da federação), registrado em (data), no Cartório de Registro Civil de (local), no livro A (número), folha (número), termo (número), **desaparecido há** (número) anos. A **sentença** foi proferida em (data), pelo MM Juiz de Direito Dr. (Prenome e sobrenome) da (Vara) da (Comarca). Foi **nomeado curador** (PRENOME E SOBRENOME), (nacionalidade), (estado civil), (profissão), residente e domiciliado na (rua), (número), (bairro), (município e unidade da federação). O **processo foi requerido por** (PRENOME E SOBRENOME). Registro feito nos termos do art. 29, VI c/c art. 94 da Lei 6.015/1973, cujo **título foi apresentado pelo curador** (PRENOME E SOBRENOME). **Nada mais havendo. Lido em alta voz perante o apresentante** e achado conforme em todos os termos. Será procedido o cadastro do presente ato, no prazo legal, junto à Central Nacional do Registro Civil – CRC, conforme estabelece o art. 6º do Provimento 46/2015 do Conselho Nacional de Justiça. Eu _____ Oficial de Registro Civil, que lavrei, conferi, assino em público e raso e dou fé, encerrando o presente ato. **Emolumentos** (valor). **Selo de fiscalização** (número). Certidão primeira via emitida e entregue em seguida ao apresentante. _____ Assinatura do Apresentante _____ Assinatura do Oficial de Registro Civil	

1.10.4 Modelo – Dissertação

(Brasão da República)

República Federativa do Brasil

(Estado da Federação)

(Comarca)

(Município)

REGISTRO CIVIL DAS PESSOAS NATURAIS

Ou

REGISTRO CIVIL DAS PESSOAS NATURAIS

(Estado da Federação)

(Comarca)

(Município)

Livro E (número)

Folha (número)

N. de ordem (número)

REGISTRO DE AUSÊNCIA

Aos (data), nesta Serventia de Registro Civil das Pessoas Naturais do (município) e (comarca) do Estado de (Estado da Federação), sito na (endereço), **procedo ao registro da SENTENÇA DECLARATÓRIA DE AUSÊNCIA de** PRENOME E SOBRENOME, (nacionalidade), (estado civil), (profissão), com (número) anos de idade, residente na (rua), (número), (bairro), (município e unidade da federação), registrado em (data), no Cartório de Registro Civil de (local), no livro A (número), folha (número), termo (número), **desaparecido há** (número) anos. A **sentença** foi proferida em (data), pelo MM Juiz de Direito Dr. (Prenome e sobrenome) da (Vara) da (Comarca). Foi **nomeado curador** (PRENOME E SOBRENOME), (nacionalidade), (estado civil), (profissão), residente e domiciliado na (rua), (número), (bairro), (município e unidade da federação). O **processo foi requerido por** (PRENOME E SOBRENOME). Registro feito nos termos do art. 29, VI c/c art. 94 da Lei 6.015/1973, cujo **título foi apresentado pelo curador** (PRENOME E SOBRENOME). Nada mais havendo. Lido em alta voz perante o apresentante e achado conforme em todos os termos. Será procedido o cadastro do presente ato, no prazo legal, junto à Central Nacional do Registro Civil – CRC, conforme estabelece o art. 6º do Provimento 46/2015 do Conselho Nacional de Justiça. Eu _____ Oficial de Registro Civil, que lavrei, conferi, assino em público e raso e dou fé, encerrando o presente ato. Emolumentos (valor). Selo de fiscalização (número). Certidão primeira via emitida e entregue em seguida ao apresentante.

_____

Assinatura do Apresentante

_____

Assinatura do Oficial de Registro Civil

1.11 REGISTRO DE UNIÃO ESTÁVEL

A união estável é uma situação de fato, ou seja, independe de documento escrito para se configurar, desde que preenchidos os requisitos legais: convivência pública, contínua e duradoura e estabelecida com o objetivo de constituição de família (CC, art. 1.723).

No entanto, pode ser formalizada por instrumento público ou particular, pelo qual os conviventes estabelecem regras aplicáveis à relação, tais como regime de bens, pensão, titularidade de bens etc.

Em 2014 o registro da união estável foi regulamentado pelo Conselho Nacional de Justiça, com a edição do Provimento 37, a fim de padronizar o registro a nível nacional, dar publicidade da formalização da união estável e garantir a segurança jurídica na relação mantida entre os conviventes e desses com terceiros.

O registro da união estável ou de sua dissolução é facultativo (art. 1º) e será feito no livro "E", pelo Oficial do Registro Civil das Pessoas Naturais da Sede, ou, onde houver, no 1º Subdistrito da Comarca em que os companheiros têm ou tiveram seu último domicílio (art. 2º).

1.11.1 Dados do registro

Conforme o título apresentado, o registro da união estável terá os seguintes elementos, nos termos do art. 2º:

Sentença declaratória de união estável	Escritura pública de contrato de união estável
a) a data do registro; b) o prenome e o sobrenome, a data de nascimento, a profissão, a indicação da numeração da Cédula de Identidade, o domicílio e residência de cada companheiro, e o CPF se houver; c) prenomes e sobrenomes dos pais; d) a indicação das datas e dos Ofícios de Registro Civil das Pessoas Naturais em que foram registrados os nascimentos das partes, os seus casamentos ou uniões estáveis anteriores, assim como os óbitos de seus anteriores cônjuges ou companheiros, quando houver, ou os respectivos divórcios ou separações judiciais ou extrajudiciais se foram anteriormente casados; e) data do trânsito em julgado da sentença ou do acórdão, número do processo, Juízo e nome do Juiz que a proferiu ou do Desembargador que o relatou, quando o caso; g) regime de bens dos companheiros, ou consignação de que não especificado na respectiva escritura pública ou sentença declaratória.	a) a data do registro; b) o prenome e o sobrenome, a data de nascimento, a profissão, a indicação da numeração da Cédula de Identidade, o domicílio e residência de cada companheiro, e o CPF se houver; c) prenomes e sobrenomes dos pais; d) a indicação das datas e dos Ofícios de Registro Civil das Pessoas Naturais em que foram registrados os nascimentos das partes, os seus casamentos ou uniões estáveis anteriores, assim como os óbitos de seus anteriores cônjuges ou companheiros, quando houver, ou os respectivos divórcios ou separações judiciais ou extrajudiciais se foram anteriormente casados; [...] f) data da escritura pública, mencionando-se no último caso, o livro, a página e o Tabelionato onde foi lavrado o ato; g) regime de bens dos companheiros, ou consignação de que não especificado na respectiva escritura pública ou sentença declaratória.

1.11.2 Roteiro para redação do termo de registro

1.11.2.1 Abertura

Inicia-se a lavratura com a data do registro e o tipo de registro a ser feito:

Aos (data), nesta Serventia de Registro Civil das Pessoas Naturais do (município) e (comarca) do Estado de (Estado da Federação), sito na (endereço), **procedo ao registro da SENTENÇA DE-CLARATÓRIA DE UNIÃO ESTÁVEL** de **PRENOME E SOBRENOME** e **PRENOME E SOBRENOME**.

Aos (data), nesta Serventia de Registro Civil das Pessoas Naturais do (município) e (comarca) do Estado de (Estado da Federação), sito na (endereço), **procedo ao registro da ESCRITURA PÚBLICA DE CONTRATO DE UNIÃO ESTÁVEL** de **PRENOME E SOBRENOME** e **PRENOME E SOBRENOME**.

1.11.2.2 Dados da formalização da união estável

Na sequência são mencionados os elementos referentes aos conviventes:

a) o prenome e o sobrenome, a data de nascimento, a profissão, a indicação da numeração da Cédula de Identidade, o domicílio e residência de cada companheiro, e o CPF se houver;

b) prenomes e sobrenomes dos pais;

c) a indicação das datas e dos Ofícios de Registro Civil das Pessoas Naturais em que foram registrados os nascimentos das partes, os seus casamentos ou uniões estáveis anteriores, assim como os óbitos de seus anteriores cônjuges ou companheiros, quando houver, ou os respectivos divórcios ou separações judiciais ou extrajudiciais se foram anteriormente casados;

O convivente PRENOME E SOBRENOME é (nacionalidade), (estado civil), (profissão), portador do RG (número) e do CPF (número), residente na (rua), (número), (bairro), (município e unidade da federação), **filho de** (PRENOME E SOBRENOME) e de (PRENOME E SOBRENOME), **registrado em** (data), no Cartório de Registro Civil de (local), no livro A (número), folha (número), termo (número).
A convivente PRENOME E SOBRENOME é (nacionalidade), (estado civil), (profissão), portadora do RG (número) e do CPF (número), residente na (rua), (número), (bairro), (município e unidade da federação), **filha** de (PRENOME E SOBRENOME) e de (PRENOME E SOBRENOME), **registrada** em (data), no Cartório de Registro Civil de (local), no livro A (número), folha (número), termo (número).

O primeiro convivente PRENOME E SOBRENOME é (nacionalidade), (estado civil), (profissão), portador do RG (número) e do CPF (número), residente na (rua), (número), (bairro), (município e unidade da federação), **filho de** (PRENOME E SOBRENOME) e de (PRENOME E SOBRENOME), **registrado em** (data), no Cartório de Registro Civil de (local), no livro A (número), folha (número), termo (número). **O segundo convivente** PRENOME E SOBRENOME é (nacionalidade), (estado civil), (profissão), portador do RG (número) e do CPF (número), residente na (rua), (número), (bairro), (município e unidade da federação), **filho** de (PRENOME E SOBRENOME) e de (PRENOME E SOBRENOME), **registrado** em (data), no Cartório de Registro Civil de (local), no livro A (número), folha (número), termo (número).

Adiante, os dados referentes ao título da formalização da união estável, ou seja, sentença ou escritura pública:

a) Por sentença:

a.1 Data do trânsito em julgado da sentença ou do acórdão, número do processo, Juízo e nome do Juiz que a proferiu ou do Desembargador que o relatou, quando o caso (art. 2º, alínea *e*);

a.2 O registro da sentença declaratória da união estável, ou de sua dissolução, não altera os efeitos da coisa julgada previstos no art. 472 do Código de Processo Civil (art. 5º, parágrafo único)

União estável **declarada por sentença** datada de (data), transitada em julgado em (data), proferida pelo MM Juiz de Direito Dr. (PRENOME E SOBRENOME), da (Vara) da (Comarca), no processo (número), **cujo registro não altera os efeitos da coisa julgada** previstos no art. 472 do Código de Processo Civil.

b) Por escritura pública:

b.1 Data da escritura pública, mencionando-se no último caso, o livro, a página e o Tabelionato onde foi lavrado o ato;

b.2 O registro de união estável decorrente de escritura pública de reconhecimento ou extinção produzirá efeitos patrimoniais entre os companheiros, não prejudicando terceiros que não tiverem participado da escritura pública (art. 5º, *caput*).

União estável **formalizada em escritura pública** de contrato de união estável, datada de (data), lavrada no livro (número), folha (número) do Tabelionato de Notas da (Comarca), **cujo registro produzirá efeitos** patrimoniais entre os companheiros, não prejudicando terceiros que não tiverem participado da referida escritura pública.

Por fim, menção ao regime de bens ou consignação de que não especificado na respectiva escritura pública ou sentença declaratória (art. 2º, alínea *g*) e, ainda, a advertência expressa de que esse registro não produz os efeitos da conversão da união estável em casamento (art. 9º)

O regime adotado pelos conviventes é o da (regime de bens). O presente registro não produz os efeitos da conversão da união estável em casamento.

1.11.2.3 Fechamento

Nada mais havendo, eu ____, Oficial de Registro Civil, lavrei o presente termo, assino em público e raso e dou fé, encerrando o presente ato. **Emolumentos** (valor). **Selo de fiscalização** (número). Certidão primeira via emitida e entregue em seguida.

Assinatura do Oficial de Registro Civil

1.11.3 Modelo – Livro dividido em três partes

(Brasão da República)[23]

República Federativa do Brasil

(Estado da Federação)

(Comarca)

(Município)

REGISTRO CIVIL DAS PESSOAS NATURAIS

Livro E (número)   Folha (número)

Ou

REGISTRO CIVIL DAS PESSOAS NATURAIS

(Estado da Federação)

(Comarca)

(Município)

Livro E (número)   Folha (número)

Número de ordem	Registro de União Estável	Notas, Averbações e Retificações
(Número)	Aos (data), nesta Serventia de Registro Civil das Pessoas Naturais do (município) e (comarca) do Estado de (Estado da Federação), sito na (endereço), **procedo ao registro da ESCRITURA PÚBLICA DE CONTRATO DE UNIÃO ESTÁVEL de** PRENOME E SOBRENOME e PRENOME E SOBRENOME. **O convivente** PRENOME E SOBRENOME é (nacionalidade), (estado civil), (profissão), portador do RG (número) e do CPF (número), residente na (rua), (número), (bairro), (município e unidade da federação), filho de (PRENOME E SOBRENOME) e de (PRENOME E SOBRENOME), registrado em (data), no Cartório de Registro Civil de (local), no livro A (número), folha (número), termo (número). **A convivente** PRENOME E SOBRENOME é (nacionalidade), (estado civil), (profissão), portadora do RG (número) e do CPF (número), residente na (rua), (número), (bairro), (município e unidade da federação), filha de (PRENOME E SOBRENOME) e de (PRENOME E SOBRENOME), registrada em (data), no Cartório de Registro Civil de (local), no livro A (número), folha (número), termo (número).	

---

23. Vide item 1.1.4.

> **União estável formalizada em escritura pública** de contrato de união estável, datada de (data), lavrada no livro (número), folha (número) do Tabelionato de Notas da (Comarca), cujo registro produzirá efeitos patrimoniais entre os companheiros, não prejudicando terceiros que não tiverem participado da referida escritura pública. O **regime adotado** pelos conviventes é o da (regime de bens). O presente registro não produz os efeitos da conversão da união estável em casamento. **Nada mais havendo**, eu ____, Oficial de Registro Civil, lavrei o presente termo, assino em público e raso e dou fé, encerrando o presente ato. **Emolumentos** (valor). **Selo de fiscalização** (número). Certidão primeira via emitida e entregue em seguida.
>
> _____
> Assinatura do Oficial de Registro Civil

1.11.4 Modelo – Dissertação

(Brasão da República)

República Federativa do Brasil

(Estado da Federação)

(Comarca)

(Município)

REGISTRO CIVIL DAS PESSOAS NATURAIS

Ou

REGISTRO CIVIL DAS PESSOAS NATURAIS

(Estado da Federação)

(Comarca)

(Município)

Livro E (número)
Folha (número)
N. de ordem (número)

REGISTRO DE UNIÃO ESTÁVEL

Aos (data), nesta Serventia de Registro Civil das Pessoas Naturais do (município) e (comarca) do Estado de (Estado da Federação), sito na (endereço), **procedo ao registro da ESCRITURA PÚBLICA DE CONTRATO DE UNIÃO ESTÁVEL** de PRENOME E SOBRENOME e PRENOME E SOBRENOME. **O convivente** PRENOME E SOBRENOME é (nacionalidade), (estado civil), (profissão), portador do RG (número) e do CPF (número), residente na (rua), (número), (bairro), (município e unidade da federação), filho de (PRENOME E SOBRENOME) e de (PRENOME E SOBRENOME), registrado em (data), no Cartório de Registro Civil de (local), no livro A (número), folha (número), termo (número). **A convivente** PRENOME E SOBRENOME é (nacionalidade), (estado civil), (profissão), portadora do RG (número) e do CPF (número), residente na (rua), (número), (bairro), (município e unidade da federação), filha de (PRENOME E SOBRENOME) e de (PRENOME E SOBRENOME), registrada em (data), no Cartório de Registro Civil de (local), no livro A (número), folha (número), termo (número). **União estável formalizada** em escritura pública de contrato de união estável, datada de (data), lavrada no livro (número), folha (número) do Tabelionato de Notas da (Comarca), cujo registro produzirá efeitos patrimoniais entre os companheiros, não prejudicando terceiros que não tiverem participado da referida escritura pública. O **regime adotado** pelos conviventes é o da (regime de bens). O presente registro não produz os efeitos da conversão da união estável em casamento. **Nada mais havendo**, eu ____, Oficial de Registro Civil, lavrei o presente termo, assino em público e raso e dou fé, encerrando o presente ato. **Emolumentos** (valor). **Selo de fiscalização** (número). Certidão primeira via emitida e entregue em seguida.

<hr />

Assinatura do Oficial de Registro Civil

1.12 AVERBAÇÕES

Averbação é um ato de lançamento no registro de fato jurídico que o modifica ou cancela. É feita à margem do assento (LRP, art. 98), ou seja, na margem direita destinada às anotações, averbações e retificações (LRP, art. 36).

É, pois, um ato acessório, uma vez que é feita na Serventia em que constar o assento, em cumprimento à uma determinação judicial ou requerimento do interessado em petição acompanhada de documento autêntico (LRP, art. 97).

1.12.1 Dados da averbação

A Lei de Registros Públicos estabelece que a "averbação será feita mediante a indicação minuciosa da sentença ou ato que a determinar" (art. 99).

Embora o Oficial de Registro Civil tenha autonomia na redação do texto das averbações, alguns Estados estabeleceram em seus códigos de normas, os elementos para escrituração da averbação: Bahia: arts. 643 e 644; Espírito Santos: art. 248; Minas Gerais: art. 676; Pará: art. 732; Paraíba: art. 663 e Piauí: arts. 598 e 599.

Assim, de acordo com referidas normativas estaduais, são elementos obrigatórios da averbação:

a) Decorrente de sentença:

– Data da sentença;

– Menção ao trânsito em julgado, salvo exceções legais;

– Número do processo;

– Nome e vara do Juiz que a proferiu;

– A determinação judicial;

– Nomes das partes;

– Data da averbação.

b) Decorrente de escritura:

– Data da escritura;

– Indicação da Serventias em que foi lavrada;

– Número do livro e folha da escritura;

– Nome das partes;

– Data da averbação.

c) Demais atos:

– Ato que a determinou;

– A alteração promovida;

– Data da averbação.

1.12.2 Roteiro para redação das averbações

Para melhor organização na escrituração das averbações e correta distinção das mesmas quando transcritas nas certidões, sugere-se a numeração da averbação seguida pela indicação de seu tipo (exemplo: divórcio, reconhecimento de paternidade, perda da nacionalidade brasileira etc.).

AVERBAÇÃO 01 – (TIPO DA AVERBAÇÃO): ... .

Na sequência indicar-se-á o documento que deu motivo à alteração do registro (sentença, escritura ou outro ato), ou seja, a origem do ato, mencionando os elementos essenciais para sua identificação. Em seguida informar a determinação judicial ou alteração promovida e os nomes das partes.

Por fim, o lançamento é encerrado com a indicação dos emolumentos, selo de fiscalização, local e data da averbação.

Roteiro:

1. Número da averbação

2. Tipo de averbação;

3. Tipo de documento (dados essenciais de acordo com cada documento);

4. Determinação judicial ou alteração promovida;

5. Nomes das partes;

6. Encerramento (fechamento e data da averbação).

1 • REGISTRO CIVIL DAS PESSOAS NATURAIS

Dados da Sentença	Determinação judicial		Nomes das partes	Encerramento
Por sentença datada de (data), transitada em julgado em (data), proferida nos autos do processo (número), pelo MM Juiz de Direito da (Vara) da (Comarca), Dr., (Prenome e sobrenome)	foi decretada	a SEPARAÇÃO JUDICIAL	de (PRENOME E SOBRENOME) e (PRENOME E SOBRENOME), voltando a divorcianda a usar o nome de solteira, qual seja, (PRENOME E SOBRENOME)	Tudo em conformidade com o mandado de averbação datado de (data), expedido pelo referido Juízo, aqui arquivado. Dou fé. (Emolumentos). (Selo de fiscalização). (Local), (data).
	foi concedida	a GUARDA	do registrado (PRENOME E SOBRENOME) em favor de (PRENOME E SOBRENOME)	
	foi deferida	a TUTELA	do registrado (PRENOME E SOBRENOME) em favor de (PRENOME E SOBRENOME)	
	foi declarada	a NULIDADE do casamento	de (PRENOME E SOBRENOME) e (PRENOME E SOBRENOME), voltando os contraentes ao estado civil anterior	

Dados da escritura	Alteração promovida		Nomes das partes	Encerramento
Por escritura pública datada de (data), lavrada no Tabelionato de Notas da (Comarca), no livro (número), folha (número)	foi dissolvido,	pelo DIVÓRCIO, o casamento	de (PRENOME E SOBRENOME) e (PRENOME E SOBRENOME), voltando a divorcianda a usar o nome de solteira, qual seja, (PRENOME E SOBRENOME)	Tudo em conformidade com referida escritura aqui arquivada. Dou fé. (Emolumentos). (Selo de fiscalização). (Local), (data).
	foi RESTABELECIDA A SOCIEDADE CONJUGAL	nos termos em que fora constituída	de (PRENOME E SOBRENOME) e (PRENOME E SOBRENOME), voltando o cônjuge virago a usar o nome de casada, qual seja, (PRENOME E SOBRENOME)	

Demais atos	Alteração promovida			Encerramento
Conforme termo de reconhecimento de filiação, datado de (data), com a devida anuência da genitora, nos termos do Provimento CNJ 16/2012,	o senhor (PRENOME E SOBRENOME), (nacionalidade), (naturalidade), (idade),	reconheceu **como seu filho biológico** o registrado,	o qual passou a chamar-se (PRENOME E SOBRENOME), sendo avós paternos (PRENOME E SOBRENOME) e (PRENOME E SOBRENOME).	Dou fé. (Emolumento) (Selo de fiscalização). (Local), (data).
Conforme termo de reconhecimento de filiação socioafetiva, datado de (data), com a devida anuência da genitora, nos termos do Provimento CNJ 63/2012,	o senhor (PRENOME E SOBRENOME), (nacionalidade), (naturalidade), (idade),	reconheceu **como seu filho socioafetivo** o registrado,	o qual passou a chamar-se (PRENOME E SOBRENOME), sendo avós paternos (PRENOME E SOBRENOME) e (PRENOME E SOBRENOME).	Dou fé. (Emolumento) (Selo de fiscalização). (Local), (data).
Conforme requerimento do registrado, datado de (data), acompanhado de documento autêntico, aqui arquivado, nos termos do Provimento CNJ 82/2019,	faço constar a	**alteração de patronímico familiar** da genitora[24]	Passando a chamar-se (PRENOME E SOBRENOME).	Dou fé. (Emolumento) (Selo de fiscalização). (Local), (data).

1.12.3 Modelo – Livro dividido em três partes

(Brasão da República)[25]

República Federativa do Brasil

(Estado da Federação)

(Comarca)

(Município)

REGISTRO CIVIL DAS PESSOAS NATURAIS

Livro B (número)   Folha (número)

Ou

---

24. Conforme determina a Lei 8.560/1992, em seu art. 5º, "no registro de nascimento não se fará qualquer referência [...] ao lugar e cartório do casamento dos pais e ao estado civil destes". Logo, referida informação não poderá ser inserida no registro, seja no momento de sua lavratura e mesmo por averbação. O candidato não deve mencionar os dados da certidão de casamento na averbação de alteração de patronímico familiar decorrente de casamento ou divórcio.

25. Vide item 1.1.4.

REGISTRO CIVIL DAS PESSOAS NATURAIS
(Estado da Federação)
(Comarca)
(Município)

Livro B (número)   Folha (número)

Número de ordem	Assento de Casamento	Notas, Averbações e Retificações
(Número)		**AVERBAÇÃO 01 – SEPARAÇÃO JUDICIAL**: Por sentença datada de (data), transitada em julgado em (data), proferida nos autos do processo (número), pelo MM Juiz de Direito da (Vara) da (Comarca), Dr., (Prenome e sobrenome) foi decretada a SEPARAÇÃO JUDICIAL de (PRENOME E SOBRENOME) e (PRENOME E SOBRENOME), voltando a divorcianda a usar o nome de solteira, qual seja, (PRENOME E SOBRENOME). Tudo em conformidade com o mandado de averbação datado de (data), expedido pelo referido Juízo, aqui arquivado. Dou fé. (Emolumentos). (Selo de fiscalização). (Local), (data). _____ Oficial de Registro Civil **AVERBAÇÃO 02 – RESTABELECIMENTO DA SOCIEDADE CONJUGAL**: Por escritura pública datada de (data), lavrada no Tabelionato de Notas da (Comarca), no livro (número), folha (número) foi RESTABELECIDA A SOCIEDADE CONJUGAL, nos termos em que fora constituída, de (PRENOME E SOBRENOME) e (PRENOME E SOBRENOME), voltando o cônjuge virago a usar o nome de casada, qual seja, (PRENOME E SOBRENOME). Tudo em conformidade com referida escritura aqui arquivada. Dou fé. (Emolumentos). (Selo de fiscalização). (Local), (data). _____ Oficial de Registro **AVERBAÇÃO 03 – DIVÓRCIO**: Por escritura pública datada de (data), lavrada no Tabelionato de Notas da (Comarca), no livro (número), folha (número), foi dissolvido, pelo DIVÓRCIO, o casamento de (PRENOME E SOBRENOME) e (PRENOME E SOBRENOME), voltando a divorcianda a usar o nome de solteira, qual seja, (PRENOME E SOBRENOME). Tudo em conformidade com referida escritura aqui arquivada. Dou fé. (Emolumentos). (Selo de fiscalização). (Local), (data). _____ Oficial de Registro

1.12.4 Modelo – Dissertação

(Brasão da República)

República Federativa do Brasil

(Estado da Federação)

(Comarca)

(Município)

REGISTRO CIVIL DAS PESSOAS NATURAIS

Ou

REGISTRO CIVIL DAS PESSOAS NATURAIS

(Estado da Federação)

(Comarca)

(Município)

Livro B (número)

Folha (número)

N. de ordem (número)

ASSENTO DE CASAMENTO

NOTAS, AVERBAÇÕES E RETIFICAÇÕES.

AVERBAÇÃO 01 – SEPARAÇÃO JUDICIAL: Por sentença datada de (data), transitada em julgado em (data), proferida nos autos do processo (número), pelo MM Juiz de Direito da (Vara) da (Comarca), Dr., (Prenome e sobrenome) foi decretada a SEPARAÇÃO JUDICIAL de (PRENOME E SOBRENOME) e (PRENOME E SOBRENOME), voltando a divorcianda a usar o nome de solteira, qual seja, (PRENOME E SOBRENOME). Tudo em conformidade com o mandado de averbação datado de (data), expedido pelo referido Juízo, aqui arquivado. Dou fé. (Emolumentos). (Selo de fiscalização). (Local), (data).

_____

Oficial de Registro Civil

AVERBAÇÃO 02 – RESTABELECIMENTO DA SOCIEDADE CONJUGAL: Por escritura pública datada de (data), lavrada no Tabelionato de Notas da (Comarca), no livro (número), folha (número) foi RESTABELECIDA A SOCIEDADE CONJUGAL, nos termos em que fora constituída, de (PRENOME E SOBRENOME) e (PRENOME E SOBRENOME), voltando o cônjuge virago a usar o nome de casada, qual seja, (PRENOME E SOBRENOME). Tudo em conformidade com referida escritura aqui arquivada. Dou fé. (Emolumentos). (Selo de fiscalização). (Local), (data).

_____

Oficial de Registro

AVERBAÇÃO 03 – DIVÓRCIO: Por escritura pública datada de (data), lavrada no Tabelionato de Notas da (Comarca), no livro (número), folha (número), foi dissolvido, pelo DIVÓRCIO, o casamento de (PRENOME E SOBRENOME) e (PRENOME E SOBRENOME), voltando a divorcianda a usar o nome de solteira, qual seja, (PRENOME E SOBRENOME). Tudo em conformidade com referida escritura aqui arquivada. Dou fé. (Emolumentos). (Selo de fiscalização). (Local), (data).

_____

Oficial de Registro

1.13 ANOTAÇÕES

A anotação também é um ato acessório, pois assim como a averbação, é feita pelo Oficial de Registro Civil em que constar o assento.

No entanto, difere-se da averbação, por ser um lançamento feito de ofício, ou seja, é um dever funcional, praticado independentemente de solicitação e não constitui fato gerador de emolumentos.

A anotação nos registros primitivos (LRP, art. 106) visa dar publicidade da existência de registro posterior ou de uma averbação relativa à pessoa natural neles referidos.

1.13.1 Dados da anotação

A Lei de Registros Públicos nada dispõe sobre os elementos do texto da anotação, assim, alguns Estados, em seus respectivos códigos de normas, estabelecem os elementos necessários da anotação. São eles: Bahia (art. 663), Minas Gerais (art. 693), Pará (art. 749) e Paraíba (art. 680).

Conforme normativas estaduais acima citadas, são elementos obrigatórios da anotação:

a) A data em que foi realizada;

b) A indicação do tipo de ato objeto do registro ou averbação anotados;

c) A data do ato;

d) Os nomes das partes envolvidas;

e) A indicação da serventia, livro, folha e número do termo ou registro;

f) A assinatura do Oficial de Registro ou preposto autorizado.

1.13.2 Roteiro para redação das anotações

Roteiro:

1. Número da anotação
2. Tipo de anotação (ato objeto do registro ou averbação);
3. Nomes das partes envolvidas;

4. Indicação do registro (livro folha e termo) ou averbação promovida e Serventia;

5. Encerramento (fechamento e data da averbação).

Número da anotação	Tipo de anotação	Nomes das partes envolvidas e data do ato	Indicação do registro	Encerramento
ANOTAÇÃO 01 –	EMANCIPAÇÃO:	O registrado foi EMANCIPADO por sua genitora (prenome e sobrenome), em (data da escritura),	conforme **registro** de emancipação feito no livro E (número), folha (número), termo (número), do Registro Civil das Pessoas Naturais do 1º Ofício de (Município e Comarca).	De acordo com a comunicação recebida. Dou fé. (local), (data).
ANOTAÇÃO 02 –	CASAMENTO:	O registrado CASOU-SE com (PRENOME E SOBRENOME), em (data),	conforme **registro** de casamento feito no livro B (número), folha (número), termo (número), do Registro Civil das Pessoas Naturais de (Município e Comarca), continuando a assinar o mesmo nome.	De acordo com a comunicação recebida. Dou fé. (local), (data).
ANOTAÇÃO 03 –	DIVÓRCIO:	O registrado DIVORCIOU-SE de (PRENOME E SOBRENOME), em (data da sentença),	conforme **averbação** feita no livro B (número), folha (número), termo (número), do Registro Civil das Pessoas Naturais de (Município e Comarca).	De acordo com a comunicação recebida. Dou fé. (local), (data).
ANOTAÇÃO 04 –	INTERDIÇÃO:	O registrado foi INTERDITADO em (data da sentença), sendo-lhe nomeado curador (PRENOME E SOBRENOME),	conforme **registro** de interdição feita no livro E (número), folha (número), termo (número), do Registro Civil das Pessoas Naturais do 1º Ofício de (Município e Comarca).	De acordo com a comunicação recebida. Dou fé. (local), (data).
ANOTAÇÃO 03 –	ÓBITO:	O registrado FALECEU em (data),	conforme **registro** de óbito feito no livro C (número), folha (número), termo (número) desta Serventia.	Dou fé. (local), (data).

1.13.3 Modelo – Livro dividido em três partes

(Brasão da República)[26]

República Federativa do Brasil

(Estado da Federação)

(Comarca)

(Município)

REGISTRO CIVIL DAS PESSOAS NATURAIS

Livro A (número)   Folha (número)

Ou

REGISTRO CIVIL DAS PESSOAS NATURAIS

(Estado da Federação)

(Comarca)

(Município)

Livro A (número)   Folha (número)

Número de ordem	Assento de Nascimento	Notas, Averbações e Retificações
		ANOTAÇÃO 01 – EMANCIPAÇÃO: O registrado foi EMANCIPADO por sua genitora (prenome e sobrenome), em (data da escritura), conforme registro de emancipação feito no livro E (número), folha (número), termo (número) do Registro Civil das Pessoas Naturais do 1º Ofício de (Município e Comarca). De acordo com a comunicação recebida. Dou fé. (Local), (data). _____ Oficial de Registro Civil ANOTAÇÃO 02 – CASAMENTO: O registrado CASOU-SE com (PRENOME E SOBRENOME), em (data), conforme registro de casamento feito no livro B (número), folha (número), termo (número), do Registro Civil das Pessoas Naturais de (Município e Comarca), continuando a assinar o mesmo nome. De acordo com a comunicação recebida. Dou fé. (Local), (data). _____

---

26. Vide item 1.1.4.

(Número)		Oficial de Registro Civil
		ANOTAÇÃO 03 – DIVÓRCIO: O registrado DIVORCIOU-SE de (PRENOME E SOBRENOME), em (data da sentença), conforme averbação feita no livro B (número), folha (número), termo (número), do Registro Civil das Pessoas Naturais de (Município e Comarca). De acordo com a comunicação recebida. Dou fé. (Local), (data).
		Oficial de Registro Civil
		ANOTAÇÃO 04 – INTERDIÇÃO: O registrado foi INTERDITADO em (data da sentença), sendo-lhe nomeado curador (PRENOME E SOBRENOME), conforme registro de interdição feita no livro E (número), folha (número), termo (número), do Registro Civil das Pessoas Naturais do 1º Ofício de (Município e Comarca). De acordo com a comunicação recebida. Dou fé. (Local), (data).
		Oficial de Registro Civil
		ANOTAÇÃO 05 – ÓBITO: O registrado FALECEU em (data), conforme registro de óbito feito no livro C (número), folha (número), termo (número), desta Serventia. Dou fé. (Local), (data).
		Oficial de Registro Civil

1.13.4 Modelo – Dissertação

(Brasão da República)

República Federativa do Brasil

(Estado da Federação)

(Comarca)

(Município)

REGISTRO CIVIL DAS PESSOAS NATURAIS

Ou

REGISTRO CIVIL DAS PESSOAS NATURAIS
(Estado da Federação)
(Comarca)
(Município)

Livro A (número)

Folha (número)

N. de ordem (número)

ASSENTO DE NASCIMENTO

NOTAS, AVERBAÇÕES E RETIFICAÇÕES.

ANOTAÇÃO 01 – EMANCIPAÇÃO: O registrado foi EMANCIPADO por sua genitora (prenome e sobrenome), em (data da escritura), conforme registro de emancipação feito no livro E (número), folha (número), termo (número) do Registro Civil das Pessoas Naturais do 1º Ofício de (Município e Comarca). De acordo com a comunicação recebida. Dou fé. (Local), (data).

_____

Oficial de Registro Civil

ANOTAÇÃO 02 – CASAMENTO: O registrado CASOU-SE com (PRENOME E SOBRENOME), em (data), conforme registro de casamento feito no livro B (número), folha (número), termo (número), do Registro Civil das Pessoas Naturais de (Município e Comarca), continuando a assinar o mesmo nome. De acordo com a comunicação recebida. Dou fé. (Local), (data).

_____

Oficial de Registro Civil

ANOTAÇÃO 03 – DIVÓRCIO: O registrado DIVORCIOU-SE de (PRENOME E SOBRENOME), em (data da sentença), conforme averbação feita no livro B (número), folha (número), termo (número), do Registro Civil das Pessoas Naturais de (Município e Comarca). De acordo com a comunicação recebida. Dou fé. (Local), (data).

_____

Oficial de Registro Civil

ANOTAÇÃO 04 – INTERDIÇÃO: O registrado foi INTERDITADO em (data da sentença), sendo-lhe nomeado curador (PRENOME E SOBRENOME), conforme registro de interdição feita no livro E (número), folha (número), termo (número), do Registro Civil das Pessoas Naturais do 1º Ofício de (Município e Comarca). De acordo com a comunicação recebida. Dou fé. (Local), (data).

_____

Oficial de Registro Civil

ANOTAÇÃO 05 – ÓBITO: O registrado FALECEU em (data), conforme registro de óbito feito no livro C (número), folha (número), termo (número), desta Serventia. Dou fé. (Local), (data).

_____

Oficial de Registro Civil

2
REGISTRO CIVIL DE PESSOAS JURÍDICAS

2.1 REGRAS GERAIS

2.1.1 Escrituração

"Pessoa Jurídica é sujeito de direito consistente em organismo ao qual a lei atribui unitariedade e titularidade, dotado de capacidade jurídica própria, independente das pessoas que o formam" (CENEVIVA, 2009, p. 264).

O Código Civil classifica as pessoas jurídicas em: (a) pessoas jurídicas de direito público, interno ou externo, e (b) de direito privado (art. 40).

Quanto às pessoas jurídicas de direito privado, a lei civil aponta quem são (art. 44):

a) Associações;

b) Sociedades;

c) Fundações;

d) Organizações religiosas;

e) Partidos políticos;

f) Empresas individuais de responsabilidade limitada.

E, ainda, estabelece que a **existência** legal das pessoas jurídicas de direito privado **começa com a inscrição do ato constitutivo no respectivo registro** (art. 45).

No mesmo sentido é o art. 119 da lei registrária[1], a qual dispõe que serão inscritos no Registro Civil de Pessoas Jurídicas (LRP, art. 114):

a) Os contratos, os atos constitutivos, o estatuto ou compromissos das sociedades civis, religiosas, pias, morais, científicas ou literárias, bem como o das fundações e das associações de utilidade pública;

b) As sociedades civis que revestirem as formas estabelecidas nas leis comerciais, salvo as anônimas;

c) Os atos constitutivos e os estatutos dos partidos políticos;

d) O registro dos jornais, periódicos, oficinas impressoras, empresas de radiodifusão e agências de notícias a que se refere o art. 8º da Lei 5.250, de 09.02.1967.

---

1. Art. 119. A existência legal das pessoas jurídicas só começa com o registro de seus atos constitutivos. Parágrafo único. Quando o funcionamento da sociedade depender de aprovação da autoridade, sem esta não poderá ser feito o registro.

Assim, somente serão registradas no Ofício de Registro Civil de Pessoas Jurídicas as pessoas jurídicas não empresárias (sociedades simples, associações, fundações particulares, partidos políticos, sindicatos, organizações religiosas).

Os registros serão lançados nos seguintes livros (LRP, art. 116):

a) **Livro A**, com 300 folhas, para os atos constitutivos das sociedades simples, associações, fundações particulares, partidos políticos, sindicatos, organizações religiosas;

b) **Livro B**, com 150 folhas, para matrícula das oficinas impressoras, jornais, periódicos, empresas de radiodifusão e agências de notícias.

2.1.2 Estrutura

No tocante a lavratura dos atos do Registro Civil de Pessoas Jurídicas, a Lei de Registros Públicos não estabelece a estrutura do livro, como o fez para o Registro Civil das Pessoas Naturais (art. 36), para o Registro de Títulos e Documentos (art. 137) e para o Registro de Imóveis (art. 172 e seguintes).

Tendo em vista que a inscrição do ato constitutivo da pessoa jurídica no Livro "A" é feito pelo método de registro por extrato, utilizar-se-á a mesma estrutura do Registro de Títulos e Documentos (LRP, art. 137), dividindo o livro em quatro colunas para lançamento do número de ordem, da data da apresentação, da inscrição da espécie do ato constitutivo (LRP, art. 120) e, ainda, das averbações[2].

Livro A:

Número de ordem	Data da apresentação	Inscrição	Averbações

Livro B:

N. de ordem	Dia e mês	MATRÍCULA	Anotações e Averbações

---

2. Ao contrário do que ocorre no Registro Civil das Pessoas Naturais, no Registro Civil de Pessoas Jurídicas não há anotação.

2.1.2.1 Cabeçalho

Quanto às normas referentes ao cabeçalho do registro convidamos o candidato a leitura do quanto explicado no item 1.1.4 do capítulo referente ao Registro Civil das Pessoas Naturais.

Texto do cabeçalho para o Registro Civil de Pessoas Jurídicas:

(Brasão da República)[3]
República Federativa do Brasil
(Estado da Federação)
(Comarca)
(Município)

REGISTRO CIVIL DE PESSOAS JURÍDICAS

Livro A (número)   Folha (número)

Ou

REGISTRO CIVIL DE PESSOAS JURÍDICAS
(Estado da Federação)
(Comarca)
(Município)

Livro A (número)   Folha (número)

2.1.2.2 Abertura

A introdução do termo de registro no Livro "A" começa com a indicação da data e lugar de sua lavratura.

Em relação as datas, prefira sua utilização por extenso, quando este dado for informado no caso proposto na prova prática da segunda fase, do contrário utilize "(data)" ou "dia ( ), do mês ( ) do ano de ( )". A utilização de "(xxx)" dependerá do comando da prova, a fim de evitar eventual identificação do candidato.

> Aos (data), nesta Serventia de Registro Civil de Pessoas Jurídicas do (município) e (comarca) do Estado de (Estado da Federação), sito na (endereço), ...

---

3. Vide item 1.1.4.

No dia ( ), do mês de ( ), do ano de ( ), nesta Serventia de Registro Civil de Pessoas Jurídicas do Município de ( ) e Comarca de ( ) do Estado de ( ), sito na rua ( ), número ( ), bairro ( ), ...

No (dia) de (mês) de (ano), Serventia de Registro Civil de Pessoas Jurídicas do (município) e (comarca) do Estado de (Estado da Federação), sito na (endereço), ...

Em (data), nesta Serventia de Registro Civil de Pessoas Jurídicas do (município) e (comarca) do Estado de (Estado da Federação), sito na (endereço), ...

Na sequência será indicada a espécie do ato constitutivo que está sendo registrado, bem como menção ao apresentante (nome e residência) e data da apresentação (LRP, 120, *caput* e inciso VI, parte final):

... faço a INSCRIÇÃO DO (ESPÉCIE DO ATO CONSTITUTIVO), datado de (data), apresentado por (PRENOME E SOBRENOME), residente na (rua), (número), (bairro), (município), (estado), em (data), protocolo (número), da seguinte pessoa jurídica: ....

Quanto à matrícula no Livro "B", abre-se a matrícula consignando-se a espécie de título matriculado (LRP, art. 122):

MATRÍCULA DE (TÍTULO MATRICULADO). (Requisitos da matrícula) ...

2.1.2.3   Fechamento

Consignados todos elementos essenciais do registro, será feito seu encerramento, mencionando-se eventual isenção de emolumentos (art. 30, LRP) ou ao seu recolhimento e, ainda, o número do selo de fiscalização, conforme determina as normativas estaduais. O registro é subscrito apenas pelo Oficial Registrador.

Cabe destacar que, diferentemente do registro civil das pessoas naturais, a certidão de registro de pessoa jurídica é lançada nas duas vias do ato constitutivo apresentado, mediante carimbo ou aposição de etiqueta impressa com menção do respectivo número de ordem, livro e folha. Nesse sentido, art. 121 da lei registrária:

Art. 121. Para o registro serão apresentadas duas vias do estatuto, compromisso ou contrato, pelas quais far-se-á o registro mediante petição do representante legal da sociedade, **lançando o oficial, nas duas vias, a competente certidão do registro, com o respectivo número de ordem, livro e folha. Uma das vias será entregue ao representante e a outra arquivada em cartório, rubricando o oficial as folhas** em que estiver impresso o contrato, compromisso ou estatuto.

Assim, o candidato poderá demonstrar conhecimento da prática registral consignando no registro o lançamento da certidão nas vias apresentadas e seu respectivo arquivamento.

Nada mais havendo, eu ____, Oficial, lavrei o presente termo, assino em público e raso e dou fé, encerrando o presente ato. **Emolumentos** (valor). **Selo de fiscalização** (número). Certidão lançada nas duas vias do ato constitutivo apresentado, sendo uma delas devidamente rubricada e arquivada nesta Serventia.

_____

Assinatura do Oficial de Registro Civil

2.2 INSCRIÇÕES NO LIVRO A

2.2.1 Dados do registro

Conforme art. 119 da Lei de Registros Públicos e, ainda, art. 45 do Código Civil, para terem existência jurídica, é necessário o registro dos atos constitutivos das pessoas jurídicas. Assim, algumas espécies de pessoas jurídicas são registradas no Registro Civil de Pessoas Jurídicas no livro denominado pela letra "A"[4].

Tanto a lei civil quanto a lei registrária estabelecem as declarações a serem feitas no registro da pessoa jurídica, ou seja, os elementos essenciais do registro. Senão vejamos:

Código Civil	Lei 6.015/1973
Art. 46. **O registro declarará**:	Art. 120. O registro das sociedades, fundações e partidos políticos consistirá na declaração, feita em livro, pelo oficial, do número de ordem, da data da apresentação e da espécie do ato constitutivo, **com as seguintes indicações**:
I – a denominação, os fins, a sede, o tempo de duração e o fundo social, quando houver;	I – a denominação, o fundo social, quando houver, os fins e a sede da associação ou fundação, bem como o tempo de sua duração;
II – o nome e a individualização dos fundadores ou instituidores, e dos diretores;	II – o modo por que se administra e representa a sociedade, ativa e passivamente, judicial e extrajudicialmente;
III – o modo por que se administra e representa, ativa e passivamente, judicial e extrajudicialmente;	III – se o estatuto, o contrato ou o compromisso é reformável, no tocante à administração, e de que modo;

_____

4. Lei de Registros Públicos: Art. 116. Haverá, para o fim previsto nos artigos anteriores, os seguintes livros:
   I – Livro A, para os fins indicados nos números I e II, do art. 114, com 300 folhas;

IV – se o ato constitutivo é reformável no tocante à administração, e de que modo;	IV – se os membros respondem ou não, subsidiariamente, pelas obrigações sociais;
V – se os membros respondem, ou não, subsidiariamente, pelas obrigações sociais;	V – as condições de extinção da pessoa jurídica e nesse caso o destino do seu patrimônio;
VI – as condições de extinção da pessoa jurídica e o destino do seu patrimônio, nesse caso.	VI – os nomes dos fundadores ou instituidores e dos membros da diretoria, provisória ou definitiva, com indicação da nacionalidade, estado civil e profissão de cada um, bem como o nome e residência do apresentante dos exemplares.

Como se verifica, o método utilizado será o de registro por extrato, ou seja, serão extraídas determinadas informações essenciais da pessoa jurídica, constantes de seu ato constitutivo.

2.2.2 Roteiro para redação do registro

Para escrituração no Livro "A", referente ao registro de pessoa jurídica seguiremos o seguinte roteiro:

a) Cabeçalho: vide item 2.1.2.1;

b) Abertura: vide item 2.1.2.2;

c) Dados do registro: art. 46 do Código Civil e art. 120 da Lei 6.015/1973;

d) Fechamento: vide item 2.1.2.3.

2.2.2.1 *Declarações a serem feitas no registro da pessoa jurídica*

Como mencionado, o registro no livro "A" será feito mediante extrato do ato constitutivo, devendo constar os requisitos essenciais definidos no art. 46 do Código Civil e art. 120 da Lei de Registros Públicos, dispensa-se, portanto, a transcrição literal e integral do estatuto ou contrato social.

Outra análise a ser feita é se o ato constitutivo está visado por advogado, conforme determina o art. 1º, § 2º da Lei 8.906/1994, senão vejamos:

Art. 1º São atividades privativas de advocacia:
[...]
§ 2º Os atos e contratos constitutivos de pessoas jurídicas, **sob pena de nulidade, só podem ser admitidos a registro, nos órgãos competentes, quando visados por advogados.**

Como forma de demonstrar conhecimento do direito material e da prática registrária, o candidato deve fazer menção na sua peça prática que o ato constitutivo está visado por advogado. Caso a prova informe de forma expressa que o ato constitutivo apresentado para registro não esteja visado por advogado, o candidato fará Nota Devolutiva, não realizando o registro.

a) Fundação:

O registro do ato constitutivo de uma fundação privada reportará a observância das seguintes normas:

i. Art. 46 do Código Civil;

ii. Arts. 120 e 121 da Lei 6.015/73;

– Denominação;

– Fins;

– Sede;

– Tempo de duração;

– Fundo social;

– Fundador;

– Administração e representação;

– Membros da diretoria;

– Reforma do estatuto;

– Responsabilidade dos membros;

– Extinção da fundação.

iii. Arts. 62 a 69 do Código Civil referentes ao regime jurídico próprio das fundações;

– Reforma do estatuto: quórum e requisitos para reforma – art. 67;

– Aprovação do estatuto pelo órgão do Ministério Público – art. 66.

iv. Art. 1º, § 2º da Lei 8.906/1994

– Visto do advogado

DENOMINAÇÃO: FUNDAÇÃO (NOME LEGAL DA PESSOA JURÍDICA). **FINS**: (finalidade da fundação). **SEDE**: (rua), (número), (bairro), (município), (estado), (CEP). **TEMPO DE DURAÇÃO**: O prazo de duração é indeterminado. **FUNDO SOCIAL**: (capital em dinheiro ou patrimônio suscetível de avaliação). **FUNDADOR**: (PRENOME E SOBRENOME), (nacionalidade), (estado civil), (profissão), portador do (RG) e do (CPF), residente na (rua), (número), (bairro), (município), (estado). **ADMINISTRAÇÃO E REPRESENTAÇÃO**: A fundação será administrada pelos seguintes órgãos (órgãos) e representada, ativa e passivamente, judicial e extrajudicialmente, pelo Diretor-Presidente. **MEMBROS DA DIRETORIA**: Presidente (PRENOME E SOBRENOME), (nacionalidade), (estado civil), (profissão), portador do (RG) e do (CPF), residente na (rua), (número), (bairro), (município), (estado); Vice-Presidente (PRENOME E SOBRENOME), (nacionalidade), (estado civil), (profissão), portador do (RG) e do (CPF), residente na (rua), (número), (bairro), (município), (estado); Secretário (PRENOME E SOBRENOME), (nacionalidade), (estado civil), (profissão), portador do (RG) e do (CPF), residente na (rua), (número), (bairro), (município), (estado) e Tesoureiro (PRENOME E SOBRENOME), (nacionalidade), (estado civil), (profissão), portador do (RG) e do (CPF), residente na (rua), (número), (bairro), (município), (estado). **REFORMA DO ESTATUTO**: O estatuto da fundação poderá ser alterado ou reformado por proposta de dois terços dos competentes para gerir e representar a fundação, desde que não contrarie ou desvirtue o fim desta e seja aprovado pelo órgão do Ministério Público.

RESPONSABILIDADE DOS MEMBROS: Os integrantes dos órgãos administrativos não responderão, nem mesmo subsidiariamente, pelas obrigações assumidas pela Fundação em virtude de ato regular de gestão. **EXTINÇÃO DA FUNDAÇÃO**: A Fundação extinguir-se-á por deliberação de seus órgãos administrativos, aprovada por (quórum) de seus integrantes em reunião conjunta, quando se verificar (condições da extinção). Após a liquidação, o patrimônio residual da Fundação será revertido, integralmente, para outra entidade de fins congêneres. **VISTO ADVOGADO**: O Estatuto está visado pelo advogado (PRENOME E SOBRENOME), inscrito na OAB (número). **APROVAÇÃO DO MINISTÉRIO PÚBLICO**: Estatuto aprovado pelo Promotor de Justiça (PRENOME E SOBRENOME) da Promotoria de Justiça desta Comarca.

b) Associação

Em relação às associações, as seguintes regras conduzirão a lavratura do registro:

i. *Art. 46 do Código Civil;*

ii. *Arts. 120 e 121 da Lei 6.015/73;*

  – Denominação;

  – Fins;

  – Sede;

  – Tempo de duração;

  – Fundo social;

  – Administração e representação;

  – Membros da diretoria;

  – Reforma do estatuto;

  – Responsabilidade dos membros;

  – Extinção da associação.

iii. *Arts. 53 a 61 do Código Civil referentes ao regime jurídico próprio das associações;*

  – Requisitos para admissão de associados;

  – Requisitos para exclusão de associados;

  – Direitos dos associados;

  – Deveres dos associados;

  – Modo de constituição e de funcionamento dos órgãos deliberativos;

  – Gestão administrativa e aprovação das respectivas contas.

iv. *Art. 1º, § 2º da Lei 8.906/1994,*

  – Visto do advogado.

DENOMINAÇÃO: ASSOCIAÇÃO (NOME LEGAL DA PESSOA JURÍDICA). **FINS**: (finalidade da fundação). **SEDE**: (rua), (número), (bairro), (município), (estado), (CEP). **TEMPO DE DURAÇÃO**: O prazo de duração é indeterminado. **FUNDO SOCIAL**: (capital em dinheiro ou patrimônio suscetível de avaliação). **ADMINISTRAÇÃO E REPRESENTAÇÃO**: A Associação será administrada pelos seguintes órgãos: Diretoria, Assembleia Geral e Conselho Fiscal e representada, ativa e passivamente, judicial e extrajudicialmente, por seu Presidente. **MEMBROS DA DIRETORIA**: Presidente (PRENOME E SOBRENOME), (nacionalidade), (estado civil), (profissão), portador do (RG) e do (CPF), residente na (rua), (número), (bairro), (município), (estado); Vice-Presidente (PRENOME E SOBRENOME), (nacionalidade), (estado civil), (profissão), portador do (RG) e do (CPF), residente na (rua), (número), (bairro), (município), (estado); Secretário (PRENOME E SOBRENOME), (nacionalidade), (estado civil), (profissão), portador do (RG) e do (CPF), residente na (rua), (número), (bairro), (município), (estado) e Tesoureiro (PRENOME E SOBRENOME), (nacionalidade), (estado civil), (profissão), portador do (RG) e do (CPF), residente na (rua), (número), (bairro), (município), (estado). **REFORMA DO ESTATUTO**: O estatuto da Associação poderá ser alterado ou reformado por proposta de (quórum) dos associados. **RESPONSABILIDADE DOS MEMBROS**: Os integrantes dos órgãos administrativos, bem como os associados, não responderão, nem mesmo subsidiariamente, pelas obrigações assumidas pela Associação em virtude de ato regular de gestão. **EXTINÇÃO DA ASSOCIAÇÃO**: A Associação extinguir-se-á por deliberação da Assembleia Geral, especialmente convocada para este fim, aprovada por (quórum) dos associados, quando se verificar (condições da extinção). Após a liquidação, o patrimônio residual da Associação será revertido, integralmente, para outra entidade de fins congêneres. **REQUISITOS PARA ADMISSÃO DE ASSOCIADOS**: Poderá associar-se (requisitos). **REQUISITOS PARA EXCLUSÃO DE ASSOCIADOS**: A perda da qualidade de associado será determinada pela Diretoria, sendo admissível somente havendo justa causa, assim reconhecida em procedimento disciplinar, em que assegure o direito da ampla defesa, quando ficar comprovada a ocorrência de: (requisitos). **DIREITOS DOS ASSOCIADOS**: São direitos dos associados, estando quites com suas obrigações sociais: (direitos). **DEVERES DOS ASSOCIADOS**: São deveres dos associados: (deveres). **MODO DE CONSTITUIÇÃO E DE FUNCIONAMENTO DOS ÓRGÃOS DELIBERATIVOS**: A Assembleia Geral é o órgão máximo e soberano da Associação, e será constituída pelos seus associados em pleno gozo de seus direitos, convocada pelo Presidente ou por um quinto dos associados, mediante edital fixado na sede social, com antecedência mínima de (número) dias. **GESTÃO ADMINISTRATIVA E APROVAÇÃO DAS RESPECTIVAS CONTAS**: A Associação será gerida pela Diretoria e suas contas aprovas em assembleia geral convocada para esse fim. **VISTO ADVOGADO**: O Estatuto está visado pelo advogado (PRENOME E SOBRENOME), inscrito na OAB (número).

c) Sociedade simples

Em relação às sociedades simples, o registro observará as seguintes regras:

i. *Art. 46 do Código Civil;*

ii. *Arts. 120 e 121 da Lei 6.015/73;*

– Denominação;

– Fins;

– Sede;

– Tempo de duração;

– Fundo social;

– Administração e representação;

– Membros da diretoria;

– Reforma do estatuto;

- Responsabilidade dos membros;
- Extinção da associação

iii. Art. 997 do Código Civil referente ao regime jurídico próprio das sociedades simples;

- Objeto social;
- Capital social;
- Quota de cada sócio no capital social;
- Prestações a que se obriga o sócio, cuja contribuição consista em serviços;
- Pessoas naturais incumbidas da administração da sociedade, e seus poderes e atribuições;
- Participação de cada sócio nos lucros e nas perdas;

iv. Art. 1º, § 2º da Lei 8.906/1994,

- Visto do advogado.

Caso a sociedade simples adote o tipo societário limitada, o contrato social deverá consignar os requisitos mínimos para registro (LRP, art. 120 e CC, art. 46) e, ainda, os elementos essenciais do tipo de pessoa jurídica (CC, art. 997) e do tipo societário (CC, art. 1.052 e seguintes).

DENOMINAÇÃO: (NOME LEGAL DA PESSOA JURÍDICA). **OBJETO SOCIAL/FINS**: (finalidade da fundação). **SEDE**: (rua), (número), (bairro), (município), (estado), (CEP). **TEMPO DE DURAÇÃO**: O prazo de duração é indeterminado. **CAPITAL SOCIAL/FUNDO SOCIAL**: (capital em dinheiro ou patrimônio suscetível de avaliação). **ADMINISTRAÇÃO**: A Sociedade será administrada e representada, ativa e passivamente, judicial e extrajudicialmente, pelo sócio (PRENOME E SOBRENOME). **NOMES DOS FUNDADORES/SÓCIOS**: (PRENOME E SOBRENOME), (nacionalidade), (estado civil), (profissão), portador do (RG) e do (CPF), residente na (rua), (número), (bairro), (município), (estado); (PRENOME E SOBRENOME), (nacionalidade), (estado civil), (profissão), portador do (RG) e do (CPF), residente na (rua), (número), (bairro), (município), (estado); (PRENOME E SOBRENOME), (nacionalidade), (estado civil), (profissão), portador do (RG) e do (CPF), residente na (rua), (número), (bairro), (município), (estado) e (PRENOME E SOBRENOME), (nacionalidade), (estado civil), (profissão), portador do (RG) e do (CPF), residente na (rua), (número), (bairro), (município), (estado). **REFORMA DO CONTRATO SOCIAL**: O contrato social poderá ser alterado ou reformado por proposta de (quórum) de seus sócios. **RESPONSABILIDADE DOS SÓCIOS**: Os sócios não responderão, nem mesmo subsidiariamente, pelas obrigações sociais. **EXTINÇÃO DA SOCIEDADE**: A Sociedade será dissolvida quando ocorrer (condições de extinção). O patrimônio residual será rateado entre os sócios na proporção de suas cotas. **QUOTA DE CADA SÓCIO**: O capital social é dividido em (número de cotas), assim distribuídas: Ao sócio (PRENOME E SOBRENOME) a quantidade de (número) de cotas, no valor total de R$ (número), ao sócio (PRENOME E SOBRENOME) a quantidade de (número) de cotas, no valor total de R$ (número). **PODERES E ATRIBUIÇÕES DO ADMINISTRADOR**: O sócio administrador terá poderes e atribuições de representar a sociedade em juízo ou fora dele, obrigar a sociedade, firmar contratos, abrir contas bancárias, e tudo o mais que se fizer necessário a sua gestão. **PARTICIPAÇÃO DE CADA SÓCIO NOS LUCROS E NAS PERDAS**: Os lucros e prejuízos apurados em balanço serão distribuídos igualmente perante os sócios. **VISTO ADVOGADO**: O Estatuto está visado pelo advogado (PRENOME E SOBRENOME), inscrito na OAB (número).

2.2.3   Modelo – Livro

(Brasão da República)[5]
República Federativa do Brasil
(Estado da Federação)
(Comarca)
(Município)
REGISTRO CIVIL DE PESSOAS JURÍDICAS

Livro A (número)   Folha (número)

Ou
REGISTRO CIVIL DE PESSOAS JURÍDICAS
(Estado da Federação)
(Comarca)
(Município)

Livro A (número)   Folha (número)

Número de ordem	Data da apresentação	Inscrição	Averbações
(número)	(data)	Aos (data), nesta Serventia de Registro Civil de Pessoas Jurídicas do (município) e (comarca) do Estado de (Estado da Federação), sito na (endereço), **faço a INSCRIÇÃO DO ESTATUTO SOCIAL**, datado de (data), apresentado por (PRENOME E SOBRENOME), residente na (rua), (número), (bairro), (município), (estado), em (data), protocolo (número), **da seguinte pessoa jurídica: DENOMINAÇÃO**: FUNDAÇÃO (NOME LEGAL DA PESSOA JURÍDICA). **FINS**: (finalidade da fundação). **SEDE**: (rua); (número); (bairro); (município); (estado); (CEP). **TEMPO DE DURAÇÃO**: O prazo de duração é indeterminado. **FUNDO SOCIAL**: (capital em dinheiro ou patrimônio suscetível de avaliação). **FUNDADOR**: (PRENOME E SOBRENOME), (nacionalidade), (estado civil), (profissão), portador do (RG) e do (CPF), residente na (rua), (número), (bairro), (município), (estado).	

---

5.   Vide item 1.1.4.

ADMINISTRAÇÃO E REPRESENTAÇÃO: A fundação será administrada pelos seguintes órgãos (órgãos) e representada, ativa e passivamente, judicial e extrajudicialmente, pelo Diretor-Presidente. **MEMBROS DA DIRETORIA**: Presidente (PRENOME E SOBRENOME), (nacionalidade), (estado civil), (profissão), portador do (RG) e do (CPF), residente na (rua), (número), (bairro), (município), (estado); Vice-Presidente (PRENOME E SOBRENOME), (nacionalidade), (estado civil), (profissão), portador do (RG) e do (CPF), residente na (rua), (número), (bairro), (município), (estado); Secretário (PRENOME E SOBRENOME), (nacionalidade), (estado civil), (profissão), portador do (RG) e do (CPF), residente na (rua), (número), (bairro), (município), (estado) e Tesoureiro (PRENOME E SOBRENOME), (nacionalidade), (estado civil), (profissão), portador do (RG) e do (CPF), residente na (rua), (número), (bairro), (município), (estado). **REFORMA DO ESTATUTO**: O estatuto da fundação poderá ser alterado ou reformado por proposta de dois terços dos competentes para gerir e representar a fundação, desde que não contrarie ou desvirtue o fim desta e seja aprovado pelo órgão do Ministério Público. **RESPONSABILIDADE DOS MEMBROS**: Os integrantes dos órgãos administrativos não responderão, nem mesmo subsidiariamente, pelas obrigações assumidas pela Fundação em virtude de ato regular de gestão. **EXTINÇÃO DA FUNDAÇÃO**: A Fundação extinguir-se-á por deliberação de seus órgãos administrativos, aprovada por (quórum) de seus integrantes em reunião conjunta, quando se verificar (condições da extinção). Após a liquidação, o patrimônio residual da Fundação será revertido, integralmente, para outra entidade de fins congêneres. **VISTO ADVOGADO**: O Estatuto está visado pelo advogado (PRENOME E SOBRENOME), inscrito na OAB (número). **APROVAÇÃO DO MINISTÉRIO PÚBLICO**: Estatuto aprovado pelo Promotor de Justiça (PRENOME E SOBRENOME) da Promotoria de Justiça desta Comarca. **Nada mais havendo**, eu ____, Oficial, lavrei o presente termo, assino em público e raso e dou fé, encerrando o presente ato. **Emolumentos** (valor). **Selo de fiscalização** (número). **Certidão lançada nas duas vias do ato constitutivo apresentado, sendo uma delas devidamente rubricada e arquivada nesta Serventia**.

Assinatura do Oficial de Registro Civil

2.2.4 Modelo – Dissertação

(Brasão da República)[6]
República Federativa do Brasil
(Estado da Federação)
(Comarca)
(Município)
REGISTRO CIVIL DE PESSOAS JURÍDICAS

Livro A (número)   Folha (número)

Ou
REGISTRO CIVIL DE PESSOAS JURÍDICAS
(Estado da Federação)
(Comarca)
(Município)

Livro A (número)   Folha (número)

NÚMERO DE ORDEM: (número)

DATA DA APRESENTAÇÃO: (data)

INSCRIÇÃO:

Aos (data), nesta Serventia de Registro Civil de Pessoas Jurídicas do (município) e (comarca) do Estado de (Estado da Federação), sito na (endereço), **faço a INSCRIÇÃO DO ESTATUTO SOCIAL**, datado de (data), apresentado por (PRENOME E SOBRENOME), residente na (rua), (número), (bairro), (município), (estado), em (data), protocolo (número), **da seguinte pessoa jurídica: DENOMI-NAÇÃO**: FUNDAÇÃO (NOME LEGAL DA PESSOA JURÍDICA). **FINS**: (finalidade da fundação). **SEDE**: (rua), (número), (bairro), (município), (estado), (CEP). TEMPO DE DURAÇÃO: O prazo de duração é indeterminado. **FUNDO SOCIAL**: (capital em dinheiro ou patrimônio suscetível de avaliação). **FUNDADOR**: (PRENOME E SOBRENOME), (nacionalidade), (estado civil), (profissão), portador do (RG) e do (CPF), residente na (rua), (número), (bairro), (município), (estado). **ADMINISTRAÇÃO E REPRESENTAÇÃO**: A fundação será administrada pelos seguintes órgãos (órgãos) e representada, ativa e passivamente, judicial e extrajudicialmente, pelo Diretor-Presidente. **MEMBROS DA DIRE-**

---

6. Vide item 1.1.4.

TORIA: Presidente (PRENOME E SOBRENOME), (nacionalidade), (estado civil), (profissão), portador do (RG) e do (CPF), residente na (rua), (número), (bairro), (município), (estado); Vice-Presidente (PRENOME E SOBRENOME), (nacionalidade), (estado civil), (profissão), portador do (RG) e do (CPF), residente na (rua), (número), (bairro), (município), (estado); Secretário (PRENOME E SOBRENOME), (nacionalidade), (estado civil), (profissão), portador do (RG) e do (CPF), residente na (rua), (número), (bairro), (município), (estado) e Tesoureiro (PRENOME E SOBRENOME), (nacionalidade), (estado civil), (profissão), portador do (RG) e do (CPF), residente na (rua), (número), (bairro), (município), (estado). **REFORMA DO ESTATUTO**: O estatuto da fundação poderá ser alterado ou reformado por proposta de dois terços dos competentes para gerir e representar a fundação, desde que não contrarie ou desvirtue o fim desta e seja aprovado pelo órgão do Ministério Público. **RESPON-SABILIDADE DOS MEMBROS**: Os integrantes dos órgãos administrativos não responderão, nem mesmo subsidiariamente, pelas obrigações assumidas pela Fundação em virtude de ato regular de gestão. **EXTINÇÃO DA FUNDAÇÃO**: A Fundação extinguir-se-á por deliberação de seus órgãos administrativos, aprovada por (quórum) de seus integrantes em reunião conjunta, quando se verificar (condições da extinção). Após a liquidação, o patrimônio residual da Fundação será revertido, integralmente, para outra entidade de fins congêneres. **VISTO ADVOGADO**: O Estatuto está visado pelo advogado (PRENOME E SOBRENOME), inscrito na OAB (número). **APROVAÇÃO DO MINISTÉRIO PÚBLICO**: Estatuto aprovado pelo Promotor de Justiça (PRENOME E SOBRENOME) da Promotoria de Justiça desta Comarca. **Nada mais havendo**, eu _____, Oficial, lavrei o presente termo, assino em público e raso e dou fé, encerrando o presente ato. **Emolumentos** (valor). **Selo de fiscalização** (número). **Certidão lançada nas duas vias do ato constitutivo apresentado, sendo uma delas devidamente rubricada e arquivada nesta Serventia**.

Assinatura do Oficial de Registro Civil

2.3 INSCRIÇÕES NO LIVRO B

Compete, ainda, ao Registro Civil de Pessoas Jurídicas, a matrícula de (LRP, art. 122):

a) Jornais e demais publicações periódicas;

b) Oficinas impressoras de quaisquer natureza, pertencentes a pessoas naturais ou jurídicas;

c) Empresas de radiodifusão que mantenham serviços de notícias, reportagens, comentários, debates e entrevistas;

d) Empresas que tenham por objeto o agenciamento de notícias.

Sendo considerado clandestino o jornal, ou outra publicação periódica, não matriculado nos termos do artigo 122 ou de cuja matrícula não constem os nomes e as qualificações do diretor ou redator e do proprietário (LRP, art. 125)

Logo, a matrícula tem dupla finalidade, pois serve "para controlar a regularidade destas organizações, assim como de delimitar a responsabilidade dos profissionais que nela atuam" (KÜMPEL, 2017, p. 809).

2.3.1 Roteiro para redação da matrícula

Para escrituração no Livro "B", referente às matrículas dos jornais, demais publicações periódicas, oficinas impressoras e empresas noticiosas, seguiremos o seguinte roteiro:

a) *Cabeçalho*: vide item 2.1.2.1;

b) *Abertura*: vide item 2.1.2.2;

MATRÍCULA DE (TÍTULO MATRICULADO).

c) Dados da matrícula: art. 123 da Lei 6.015/1973: videm item 2.3.1.1;

(Requisitos da matrícula).

d) Fechamento: vide item 2.1.2.3.

Nada mais havendo, eu ____, Oficial, lavrei o presente termo, assino em público e raso e dou fé, encerrando o presente ato. **Emolumentos** (valor). **Selo de fiscalização** (número). Certidão lançada nas duas vias do título apresentado, sendo uma delas devidamente rubricada e arquivada nesta Serventia.

_____

Assinatura do Oficial de Registro Civil

2.3.1.1 *Dados da matrícula*

A Lei de Registros de Públicos estabelece, em seu art. 123, as seguintes informações:

I – no caso de jornais ou outras publicações periódicas:

a) título do jornal ou periódico, sede da redação, administração e oficinas impressoras, esclarecendo, quanto a estas, se são próprias ou de terceiros, e indicando, neste caso, os respectivos proprietários;

b) nome, idade, residência e prova da nacionalidade do diretor ou redator--chefe;

c) nome, idade, residência e prova da nacionalidade do proprietário;

d) se propriedade de pessoa jurídica, exemplar do respectivo estatuto ou contrato social e nome, idade, residência e prova de nacionalidade dos diretores, gerentes e sócios da pessoa jurídica proprietária.

II – nos casos de oficinas impressoras:

a) nome, nacionalidade, idade e residência do gerente e do proprietário, se pessoa natural;

b) sede da administração, lugar, rua e número onde funcionam as oficinas e denominação destas;

c) exemplar do contrato ou estatuto social, se pertencentes a pessoa jurídica.

III – no caso de empresas de radiodifusão:

a) designação da emissora, sede de sua administração e local das instalações do estúdio;

b) nome, idade, residência e prova de nacionalidade do diretor ou redator-chefe responsável pelos serviços de notícias, reportagens, comentários, debates e entrevistas.

IV – no caso de empresas noticiosas:

a) nome, nacionalidade, idade e residência do gerente e do proprietário, se pessoa natural;

b) sede da administração;

c) exemplar do contrato ou estatuto social, se pessoa jurídica.

2.3.2 Modelo – Livro

(Brasão da República)[7]

República Federativa do Brasil

(Estado da Federação)

(Comarca)

(Município)

REGISTRO CIVIL DE PESSOAS JURÍDICAS

Livro B (número)   Folha (número)

Ou

REGISTRO CIVIL DE PESSOAS JURÍDICAS

(Estado da Federação)

(Comarca)

(Município)

Livro B (número)   Folha (número)

---

7. Vide item 1.1.4.

N. de ordem	Dia e mês	MATRÍCULA	Anotações e Averbações
(número)	(data)	**MATRÍCULA DE JORNAL. Título**: (Título do jornal). **Sede da redação**: (logradouro), (número), (bairro), (município), (estado), (CEP). **Diretor**: (PRENOME E SOBRENOME), (nacionalidade), (idade), (residência). **Redator-chefe**: (PRENOME E SOBRENOME), (nacionalidade), (idade), (residência). **Proprietário**: (PRENOME E SOBRENOME), (nacionalidade), (idade), (residência). **Nada mais havendo**, eu ____, Oficial, lavrei o presente termo, assino em público e raso e dou fé, encerrando o presente ato. **Emolumentos** (valor). **Selo** de fiscalização (número). Certidão lançada nas duas vias do título apresentado, sendo uma delas devidamente rubricada e arquivada nesta Serventia. _____ Assinatura do Oficial de Registro Civil	

2.3.3 Modelo – Dissertação

(Brasão da República)[8]

República Federativa do Brasil

(Estado da Federação)

(Comarca)

(Município)

REGISTRO CIVIL DE PESSOAS JURÍDICAS

Livro B (número)   Folha (número)

Ou

---

8. Vide item 1.1.4.

REGISTRO CIVIL DE PESSOAS JURÍDICAS
(Estado da Federação)
(Comarca)
(Município)

Livro B (número)   Folha (número)

N. de ordem: (número)

Dia e mês: (data)

MATRÍCULA

MATRÍCULA DE JORNAL. Título: (Título do jornal). **Sede da redação**: (logradouro), (número), (bairro), (município), (estado), (CEP). **Diretor**: (PRENOME E SOBRENOME), (nacionalidade), (idade), (residência). **Redator-chefe**: (PRENOME E SOBRENOME), (nacionalidade), (idade), (residência). **Proprietário**: (PRENOME E SOBRENOME), (nacionalidade), (idade), (residência). **Nada mais havendo**, eu _____, Oficial, lavrei o presente termo, assino em público e raso e dou fé, encerrando o presente ato. **Emolumentos** (valor). **Selo** de fiscalização (número). Certidão lançada nas duas vias do título apresentado, sendo uma delas devidamente rubricada e arquivada nesta Serventia.

_____

Assinatura do Oficial de Registro Civil

Anotações e Averbações:

3
REGISTRO DE TÍTULOS E DOCUMENTOS

3.1 REGRAS GERAIS

3.1.1 Escrituração

Estabelece a lei registrária que "no registro de Títulos e Documentos haverá os seguintes livros, todos com 300 folhas (art. 132):

a) Livro A – protocolo para apontamentos de todos os títulos, documentos e papéis apresentados, diariamente, para serem registrados, ou averbados;

b) Livro B – para trasladação integral de títulos e documentos, sua conservação e validade contra terceiros, ainda que registrados por extratos em outros livros;

c) Livro C – para inscrição, por extração, de títulos e documentos, a fim de surtirem efeitos em relação a terceiros e autenticação de data;

d) Livro D – indicador pessoal, substituível pelo sistema de fichas, a critério e sob a responsabilidade do oficial, o qual é obrigado a fornecer, com presteza, as certidões pedidas pelos nomes das partes que figurarem, por qualquer modo, nos livros de registros.

Na parte superior de cada página do livro se escreverá o título, a letra com o número e o ano em que começar (art. 133).

Como se verifica, todos os títulos serão, inicialmente, lançados no livro protocolo e depois de sua análise, será feito o registro e lançando-se, por fim, no livro índice.

Assim, o candidato, demonstrando amplo conhecimento das normas e da prática registral, redigirá quatro atos: o lançamento no protocolo, o registro integral, o registro por extrato[1] e o lançamento no livro índice.

3.1.2 Estrutura

Assim como ocorre nas atribuições de Registro Civil das Pessoas Naturais e Registro de Imóveis, a lei estabelece a estrutura dos livros do Registro de Títulos e Documentos dividido em colunas para lançamento das informações conforme a natureza do lançamento.

---

1. Se a prova não mencionar o duplo registro, o candidato poderá fazê-lo informando que fora exigido pelo interessado, nos termos do art. 155, da Lei 6.015/1973.

O **Livro de Protocolo (Livro A)** deverá conter colunas para as seguintes anotações (art. 135):

a) Número de ordem, continuando, indefinidamente, nos seguintes;

b) Dia e mês;

c) Natureza do título e qualidade do lançamento (integral, resumido, penhor etc.);

d) Nome do apresentante;

e) Anotações e averbações: na qual será feita remissão ao número da página do livro em que foi ele lançado o título, mencionando-se, também, o número e a página de outros livros em que houver qualquer nota ou declaração concernente ao mesmo ato (LRP, art. 135, parágrafo único).

N. de ordem	Dia e mês	Natureza do título e qualidade do lançamento	Nome do apresentante	Anotações e Averbações

O **Livro de Registro Integral (Livro B)** conterá colunas para as seguintes declarações (art. 136):

a) Número de ordem;

b) Dia e mês;

c) Transcrição;

d) Anotações e averbações.

N. de ordem	Dia e mês	Transcrição	Anotações e Averbações

Já o **Livro de Registro por extrato (Livro C)** conterá colunas para as seguintes declarações (art. 137):

a) Número de ordem;

b) Dia e mês;

c) Espécie e resumo do título;

d) Anotações e averbações.

N. de ordem	Dia e mês	Espécie e resumo do título	Anotações e Averbações

Quanto ao **Livro Indicador Pessoal (Livro D)** será dividido alfabeticamente para a indicação do nome de todas as pessoas que, ativa ou passivamente, individual ou coleti-

3 • REGISTRO DE TÍTULOS E DOCUMENTOS **113**

vamente, figurarem nos livros de registro e deverá conter, além dos nomes das pessoas, referências aos números de ordem e páginas dos outros livros e anotações (art. 138).

(PRENOME E SOBRENOME) – CPF (número)

Data	N. de ordem	Registro	Livro	Folha	Espécie do título	Anotações

3.1.2.1 Cabeçalho

Quanto às normas referentes ao cabeçalho do registro convidamos o candidato a leitura das explicações feitas no item 1.1.4 do capítulo referente ao Registro Civil das Pessoas Naturais.

Texto do cabeçalho para o Registro de Títulos e Documentos:

(Brasão da República)[2]

República Federativa do Brasil

(Estado da Federação)

(Comarca)

(Município)

REGISTRO DE TÍTULOS E DOCUMENTOS

(TÍTULO DO LIVRO)[3]

Livro (letra)-(número)   Ano (número)   Folha (número)

Ou

REGISTRO DE TÍTULOS E DOCUMENTOS

(Estado da Federação)

(Comarca)

(Município)

(TÍTULO DO LIVRO)

Livro (letra)-(número)   Ano (número)   Folha (número)

---

2. Vide item 1.1.4.
3. Art. 133. Na parte superior de cada página do livro se escreverá o título, a letra com o número e o ano em que começar.

3.1.2.2 Abertura

A introdução do termo de registro no Livro "B" ou "C" começa com a indicação da data e lugar de sua lavratura.

Em relação às datas, prefira sua utilização por extenso, quando esse dado for informado no caso proposto na prova prática da segunda fase, do contrário utilize "(data)" ou "dia ( ), do mês ( ) do ano de ( )". A utilização de "(xxx)" dependerá do comando da prova, a fim de evitar eventual identificação do candidato.

> Aos (data), nesta Serventia de Registro Títulos e Documentos (município) e (comarca) do Estado de (Estado da Federação), sito na (endereço), ...

> No dia ( ), do mês de ( ), do ano de ( ), nesta Serventia de Registro de Títulos e Documentos do Município de ( ) e Comarca de ( ) do Estado de ( ), sito na rua ( ), número ( ), bairro ( ), ...

> No (dia) de (mês) de (ano), Serventia de Registro de Títulos e Documentos do (município) e (comarca) do Estado de (Estado da Federação), sito na (endereço), ...

> Em (data), nesta Serventia de Registro de Títulos e Documentos do (município) e (comarca) do Estado de (Estado da Federação), sito na (endereço), ...

Na sequência será indicado o tipo de registro (integral ou resumido) e a denominação do título ou documento registrado, conforme rol dos arts. 127 e 129.

> ... faço o (TIPO DE REGISTRO) do (TÍTULO OU DOCUMENTO) ...

3.1.2.3 Fechamento

Feita a transcrição do título (Livro B) ou consignados todos elementos essenciais do registro (Livro C), será feito seu encerramento, mencionando-se eventual isenção de emolumentos (art. 30, LRP) ou ao seu recolhimento e, ainda, o número do selo[4], conforme determina as normativas estaduais. O registro é subscrito apenas pelo Oficial Registrador (art. 152).

Ressalte-se que, diferentemente do registro civil das pessoas naturais, não é emitida certidão do registro, concluído este, declarar-se-á no corpo do título, documento ou papel, o número de ordem e a data do procedimento no livro competente, rubricando o oficial essa declaração e as demais folhas do título, do documento ou do papel (art. 147).

---

4. Alguns estados utilizam a nomenclatura "Selo de Fiscalização", outros utilizam "Selo de Autenticidade", devendo o candidato verificar as normas do Estado em que estiver prestando concurso.

Assim, o candidato poderá demonstrar conhecimento da prática registral consignando no registro o lançamento da declaração no corpo do título com indicação do número de ordem, data e livro correspondente.

Modelo encerramento Livros B e C:

Nada mais havendo, eu _____, Oficial, lavrei este registro, assino em público e raso e dou fé, encerrando o presente ato. **Emolumentos** (valor). **Selo de fiscalização** (número). Lançado no corpo do título o presente registro, sendo mencionado o número de ordem, a data e o livro competente, e rubricadas todas suas folhas.

_____

Assinatura do Oficial de Registro

Quanto ao livro de protocolo este será encerrado diariamente, lavrando-se termo de encerramento com indicação da quantidade de títulos apresentados. Caso haja títulos cujos registros foram adiados, serão estes mencionados pelos respectivos números, com a declaração dos motivos do adiamento.

Modelo de encerramento Livro A – Protocolo:

TERMO DE ENCERRAMENTO

Encerro o lançamento diário do presente livro de protocolo, tendo sido protocolado (número) Títulos nesta data. O registro dos títulos protocolados sob o número (número) ficam adiados para o dia seguinte em virtude (motivo). Dou fé. (Data) _____ (assinatura do Oficial).

3.2 LIVRO A – PROTOCOLO

3.2.1 Dados do registro

Apresentado o título ou documento para registro ou averbação, serão anotados, no protocolo (LRP, art. 146):

a) a data de sua apresentação,

b) o número de ordem que se seguir imediatamente,

c) a natureza do instrumento,

d) a espécie de lançamento a fazer (registro integral ou resumido, ou averbação),

e) o nome do apresentante.

Serão reproduzidas as declarações relativas ao número de ordem, à data, e à espécie de lançamento a fazer no corpo do título, do documento ou do papel.

3.2.2 Modelo – Livro

(Brasão da República)[5]

República Federativa do Brasil

(Estado da Federação)

(Comarca)

(Município)

REGISTRO DE TÍTULOS E DOCUMENTOS

PROTOCOLO[6]

Livro A-(número)   Ano (número)   Folha (número)

Ou

REGISTRO DE TÍTULOS E DOCUMENTOS

(Estado da Federação)

(Comarca)

(Município)

PROTOCOLO

Livro A-(número)   Ano (número)   Folha (número)

N. de ordem	Dia e mês	Natureza do título e qualidade do lançamento	Nome do apresentante	Anotações e Averbações
(número)	(data)	CONTRATO DE PARCERIA AGRÍCOLA – Registro integral	(PRENOME E SOBRENOME) – CPF (número)	Registrado[7] no Livro B-(número), sob o número de ordem (número, (página) e no Livro C-(número), sob o número de ordem (número).

---

5. Vide item 1.1.4.
6. Art. 133. Na parte superior de cada página do livro se escreverá o título, a letra com o número e o ano em que começar.
7. Feito o registro nos demais livros, deve o candidato fazer menção no protocolo, demonstrando conhecimento das normas.

TERMO DE ENCERRAMENTO

Encerro o lançamento diário do presente livro de protocolo, tendo sido protocolado (número) Títulos nesta data. O registro dos títulos protocolados sob o número (número) ficam adiados par ao dia seguinte em virtude (motivo). Dou fé. (Data) _____ (assinatura do Oficial).

3.2.3 Modelo – Dissertação

(Brasão da República)[8]

República Federativa do Brasil

(Estado da Federação)

(Comarca)

(Município)

REGISTRO DE TÍTULOS E DOCUMENTOS

PROTOCOLO[9]

Livro A-(número)   Ano (número)   Folha (número)

Ou

REGISTRO DE TÍTULOS E DOCUMENTOS

(Estado da Federação)

(Comarca)

(Município)

PROTOCOLO

Livro A-(número)   Ano (número)   Folha (número)

N. DE ORDEM: (número)

DIA E MÊS: (data)

Natureza do título e qualidade do lançamento: CONTRATO DE PARCERIA AGRÍCOLA – Registro integral.

Nome do apresentante: (PRENOME E SOBRENOME) – CPF (número).

Anotações e Averbações: Registrado no Livro B-(número), sob o número de ordem (número, (página) e no Livro C-(número), sob o número de ordem (número).

---

8. Vide item 1.1.4.
9. Art. 133. Na parte superior de cada página do livro se escreverá o título, a letra com o número e o ano em que começar.

TERMO DE ENCERRAMENTO

Encerro o lançamento diário do presente livro de protocolo, tendo sido protocolado (número) Títulos nesta data. O registro dos títulos protocolados sob o número (número) ficam adiados para o dia seguinte em virtude (motivo). Dou fé. (Data) _____ (assinatura do Oficial).

3.3 LIVRO B – REGISTRO INTEGRAL

3.3.1 Dados do registro

Estabelece a Lei de Registros Públicos:

Art. 142. O **registro integral** dos documentos consistirá na trasladação dos mesmos, com a mesma ortografia e pontuação, com referência às entrelinhas ou quaisquer acréscimos, alterações, defeitos ou vícios que tiver o original apresentado, e, bem assim, com menção precisa aos seus característicos exteriores e às formalidades legais, podendo a transcrição dos documentos mercantis, quando levados a registro, ser feita na mesma disposição gráfica em que estiverem escritos, se o interessado assim o desejar.

§ 1º Feita a trasladação, na última linha, de maneira a não ficar espaço em branco, será conferida e realizado o seu encerramento, depois do que o oficial, seu substituto legal ou escrevente designado pelo oficial e autorizado pelo Juiz competente, ainda que o primeiro não esteja afastado, assinará o seu nome por inteiro.

3.3.2 Roteiro para redação do registro

a) Cabeçalho: item 3.1.2.1;

b) Abertura: item 3.1.2.2

Aos (data), nesta Serventia de Registro Títulos e Documentos (município) e (comarca) do Estado de (Estado da Federação), sito na (endereço), **faço o REGISTRO INTEGRAL** ...

c) Registro do título ou documento:

   c.1 Título registrado: LRP, arts. 127 e 129;

do INSTRUMENTO PARTICULAR DE (DENOMINAÇÃO), PARA PROVA DAS OBRIGAÇÕES CONVENCIONAIS DE QUALQUER VALOR ...

do CONTRATO DE PARCERIA AGRÍCOLA OU PECUÁRIA ...

do PENHOR COMUM SOBRE COISAS MÓVEIS, ...

   c.2 Transcrição do título: (art. 142)

com sua trasladação, com a mesma ortografia e pontuação, com referência às entrelinhas ou quaisquer acréscimos, alterações, defeitos ou vícios contidos no original apresentado, com menção precisa aos seus característicos exteriores e às formalidades legais, nos seguintes termos: "TRANSCRIÇÃO INTEGRAL DO DOCUMENTO".

d) Fechamento: item 3.1.2.3.

Nada mais havendo, eu ____, Oficial, lavrei este registro, assino em público e raso e dou fé, encerrando o presente ato. **Emolumentos** (valor). **Selo de fiscalização** (número). Lançado no corpo do título o presente registro, sendo mencionado o número de ordem, a data e o livro competente, e rubricadas todas suas folhas.

_____

Assinatura do Oficial de Registro

3.3.3 Modelo – Livro

(Brasão da República)[10]

República Federativa do Brasil

(Estado da Federação)

(Comarca)

(Município)

REGISTRO DE TÍTULOS E DOCUMENTOS

REGISTRO INTEGRAL[11]

Livro B-(número)   Ano (número)   Folha (número)

Ou

REGISTRO DE TÍTULOS E DOCUMENTOS

(Estado da Federação)

(Comarca)

(Município)

REGISTRO INTEGRAL

Livro B-(número)   Ano (número)   Folha (número)

---

10. Vide item 1.1.4.
11. Art. 133. Na parte superior de cada página do livro se escreverá o título, a letra com o número e o ano em que começar.

N. de ordem	Dia e mês	Transcrição	Anotações e Averbações
(número)	(data)	Aos (data), nesta Serventia de Registro Títulos e Documentos (município) e (comarca) do Estado de (Estado da Federação), sito na (endereço), faço o **REGISTRO INTEGRAL do CONTRATO DE PARCERIA AGRÍCOLA OU PECUÁRIA**, com sua trasladação, com a mesma ortografia e pontuação, com referência às entrelinhas ou quaisquer acréscimos, alterações, defeitos ou vícios contidos no original apresentado, com menção precisa aos seus característicos exteriores e às formalidades legais, nos seguintes termos: "TRANSCRIÇÃO INTEGRAL DO DOCUMENTO". **Nada mais havendo**, eu ____, Oficial, lavrei este registro, assino em público e raso e dou fé, encerrando o presente ato. **Emolumentos** (valor). **Selo** de fiscalização (número). Lançado no corpo do título o presente registro, sendo mencionado o número de ordem, a data e o livro competente, e rubricadas todas suas folhas. _____ Assinatura do Oficial de Registro	

3.3.4 Modelo – Dissertação

(Brasão da República)[12]

República Federativa do Brasil

(Estado da Federação)

(Comarca)

(Município)

REGISTRO DE TÍTULOS E DOCUMENTOS

REGISTRO INTEGRAL[13]

Livro B-(número)   Ano (número)   Folha (número)

Ou

---

12. Vide item 1.1.4.
13. Art. 133. Na parte superior de cada página do livro se escreverá o título, a letra com o número e o ano em que começar.

REGISTRO DE TÍTULOS E DOCUMENTOS

(Estado da Federação)

(Comarca)

(Município)

REGISTRO INTEGRAL

Livro B-(número)   Ano (número)   Folha (número)

N. de ordem: (número)   Dia e mês: (data)

TRANSCRIÇÃO

Aos (data), nesta Serventia de Registro Títulos e Documentos (município) e (comarca) do Estado de (Estado da Federação), sito na (endereço), **faço o REGISTRO INTEGRAL do CONTRATO DE PARCERIA AGRÍCOLA OU PECUÁRIA**, com sua trasladação, com a mesma ortografia e pontua-ção, com referência às entrelinhas ou quaisquer acréscimos, alterações, defeitos ou vícios contidos no original apresentado, com menção precisa aos seus característicos exteriores e às formalidades legais, nos seguintes termos: "TRANSCRIÇÃO INTEGRAL DO DOCUMENTO". **Nada mais havendo**, eu ____, Oficial, lavrei este registro, assino em público e raso e dou fé, encerrando o presente ato. **Emolumentos** (valor). **Selo** de fiscalização (número). Lançado no corpo do título o presente registro, sendo mencionado o número de ordem, a data e o livro competente, e rubricadas todas suas folhas.

_____

Assinatura do Oficial de Registro

Anotações e Averbações:

3.4 LIVRO C – REGISTRO POR EXTRATO

3.4.1 Dados do registro

O registro resumido consistirá na declaração (LRP, art. 143):

a) da natureza do título;

b) do documento ou papel;

c) valor;

d) prazo;

e) lugar em que tenha sido feito;

f) nome e condição jurídica das partes;

g) nomes das testemunhas;

h) data da assinatura e do reconhecimento de firma por tabelião, se houver, o nome deste,

i) o nome do apresentante;

j) o número de ordem e a data do protocolo, e da averbação;

k) a importância e a qualidade do imposto pago.

O registro de **contratos de penhor, caução e parceria** será feito com declaração (LRP, art. 144):

a) do nome, profissão e domicílio do credor e do devedor;

b) do valor da dívida, juros, penas, vencimento;

c) das especificações dos objetos apenhados, pessoa em poder de quem ficam;

d) da espécie do título, condições do contrato, data e número de ordem.

Nos contratos de parceria, serão considerados credor o parceiro proprietário e devedor, o parceiro cultivador ou criador (LRP, art. 144, parágrafo único).

3.4.2 Roteiro para redação do registro

a) Cabeçalho: item 3.1.2.1;

b) Abertura: item 3.1.2.2.

Aos (data), nesta Serventia de Registro Títulos e Documentos (município) e (comarca) do Estado de (Estado da Federação), sito na (endereço), **faço o REGISTRO POR EXTRATO** ...

c) Registro do título ou documento:

c.1 Título registrado: LRP, arts. 127 e 129;

do INSTRUMENTO PARTICULAR DE (DENOMINAÇÃO), PARA PROVA DAS OBRIGAÇÕES CONVENCIONAIS DE QUALQUER VALOR ...

do CONTRATO DE PARCERIA AGRÍCOLA OU PECUÁRIA ...

do PENHOR COMUM SOBRE COISAS MÓVEIS, ...

c.2 Requisitos do registro por extrato: (arts. 143 e 144)

no qual constam os seguintes elementos essenciais: Valor: R$ (valor). Prazo: (prazo), (juros) e (penas). Feito em (lugar). Partes: (condição jurídica da parte) (PRENOME E SOBRENOME), (profissão), (domicílio) e (condição jurídica da parte) (PRENOME E SOBRENOME), (profissão), (domicílio). Testemunhas: (PRENOME E SOBRENOME) e (PRENOME E SOBRENOME). Assinado em (data), com firmas reconhecidas em (data) pelo Tabelião de Notas (PRENOME E SOBRENOME) da (Comarca). Título apresentado por (PRENOME E SOBRENOME), protocolado em (data), sob o número de ordem (número) do Livro A-(número). Imposto pago: (qualidade) – R$ (valor).

d) Fechamento: item 3.1.2.3.

Nada mais havendo, eu ____, Oficial, lavrei este registro, assino em público e raso e dou fé, encerrando o presente ato. **Emolumentos** (valor). **Selo de fiscalização** (número). Lançado no corpo do título o presente registro, sendo mencionado o número de ordem, a data e o livro competente, e rubricadas todas suas folhas.

_____

Assinatura do Oficial de Registro

3.4.3 Modelo – Livro

(Brasão da República)[14]

República Federativa do Brasil

(Estado da Federação)

(Comarca)

(Município)

REGISTRO DE TÍTULOS E DOCUMENTOS

REGISTRO POR EXTRATO[15]

| **Livro C**-(número) | Ano (número) | Folha (número) |

Ou

REGISTRO DE TÍTULOS E DOCUMENTOS

(Estado da Federação)

(Comarca)

(Município)

REGISTRO POR EXTRATO

| **Livro C**-(número) | Ano (número) | Folha (número) |

_____

14. Vide item 1.1.4.
15. Art. 133. Na parte superior de cada página do livro se escreverá o título, a letra com o número e o ano em que começar.

N. de ordem	Dia e mês	Espécie e resumo do título	Anotações e Averbações
(número)	(data)	Aos (data), nesta Serventia de Registro Títulos e Documentos (município) e (comarca) do Estado de (Estado da Federação), sito na (endereço), **faço o REGISTRO POR EXTRATO do CONTRATO DE PARCERIA AGRÍCOLA OU PECUÁRIA**, no qual constam os seguintes **elementos essenciais**: Valor: R$ (valor). Prazo: (prazo), (juros) e (penas). Feito em (lugar). Partes: (condição jurídica da parte) (PRENOME E SOBRENOME), (profissão), (domicílio) e (condição jurídica da parte) (PRENOME E SOBRENOME), (profissão), (domicílio). Testemunhas: (PRENOME E SOBRENOME) e (PRENOME E SOBRENOME). Assinado em (data), com firmas reconhecidas em (data) pelo Tabelião de Notas (PRENOME E SOBRENOME) da (Comarca). Título apresentado por (PRENOME E SOBRENOME), protocolado em (data), sob o número de ordem (número) do Livro A-(número). Imposto pago: (qualidade) – R$ (valor). **Nada mais havendo**, eu ____, Oficial, lavrei este registro, assino em público e raso e dou fé, encerrando o presente ato. **Emolumentos** (valor). **Selo** de fiscalização (número). Lançado no corpo do título o presente registro, sendo mencionado o número de ordem, a data e o livro competente, e rubricadas todas suas folhas. _____ Assinatura do Oficial de Registro	

3.4.4 Modelo – Dissertação

(Brasão da República)[16]

República Federativa do Brasil

(Estado da Federação)

(Comarca)

(Município)

REGISTRO DE TÍTULOS E DOCUMENTOS

REGISTRO POR EXTRATO[17]

Livro C-(número)   Ano (número)   Folha (número)

---

16. Vide item 1.1.4.
17. Art. 133. Na parte superior de cada página do livro se escreverá o título, a letra com o número e o ano em que começar.

Ou

REGISTRO DE TÍTULOS E DOCUMENTOS

(Estado da Federação)

(Comarca)

(Município)

REGISTRO POR EXTRATO

Livro C-(número)   Ano (número)   Folha (número)

N. de ordem: (número)   Dia e mês: (data)

ESPÉCIE E RESUMO DO TÍTULO

Aos (data), nesta Serventia de Registro Títulos e Documentos (município) e (comarca) do Estado de (Estado da Federação), sito na (endereço), **faço o REGISTRO POR EXTRATO do CONTRATO DE PARCERIA AGRÍCOLA OU PECUÁRIA**, no qual constam os seguintes **elementos essenciais**: Valor: R$ (valor). Prazo: (prazo), (juros) e (penas). Feito em (lugar). Partes: (condição jurídica da parte) (PRENOME E SOBRENOME), (profissão), (domicílio) e (condição jurídica da parte) (PRENOME E SOBRENOME), (profissão), (domicílio). Testemunhas: (PRENOME E SOBRENOME) e (PRENOME E SOBRENOME). Assinado em (data), com firmas reconhecidas em (data) pelo Tabelião de Notas (PRENOME E SOBRENOME) da (Comarca). Título apresentado por (PRENOME E SOBRENOME), protocolado em (data), sob o número de ordem (número) do Livro A-(número). Imposto pago: (qualidade) – R$ (valor). **Nada mais havendo**, eu _____, Oficial, lavrei este registro, assino em público e raso e dou fé, encerrando o presente ato. **Emolumentos** (valor). **Selo** de fiscalização (número). Lançado no corpo do título o presente registro, sendo mencionado o número de ordem, a data e o livro competente, e rubricadas todas suas folhas.

_____

Assinatura do Oficial de Registro

Anotações e Averbações:

3.5 LIVRO D – INDICADOR PESSOAL

Registrado o título ou documento nos livros competentes, observadas as formalidades acima estudadas, o candidato redigirá como último ato o livro indicador pessoal, anotando alfabeticamente os nomes de todas as pessoas que, ativa ou passivamente, individual ou coletivamente, figurarem nos registros.

3.5.1 Modelo – Livro

(Brasão da República)[18]

República Federativa do Brasil

(Estado da Federação)

(Comarca)

(Município)

REGISTRO DE TÍTULOS E DOCUMENTOS

INDICADOR PESSOAL[19]

Livro D-(número)   Ano (número)   Folha (número)

Ou

REGISTRO DE TÍTULOS E DOCUMENTOS

(Estado da Federação)

(Comarca)

(Município)

INDICADOR PESSOAL

Livro D-(número)   Ano (número)   Folha (número)

(PRENOME E SOBRENOME) – CPF (número)

Data	N. de ordem	Registro	Livro	Folha	Espécie do título	Anotações
(data)	(número)	Integral	B-(número)	(número)	Contrato de Parceria Agrícola	Registro por extrato, Livro C-(número), folha (número)[20].

---

18. Vide item 1.1.4.

19. Art. 133. Na parte superior de cada página do livro se escreverá o título, a letra com o número e o ano em que começar.

20. LRP, Art. 139. Se a mesma pessoa já estiver mencionada no indicador, somente se fará, na coluna das anotações, uma referência ao número de ordem, página e número do livro em que estiver lançado o novo registro ou averbação.

3.5.2 Modelo – Dissertação

(Brasão da República)[21]

República Federativa do Brasil

(Estado da Federação)

(Comarca)

(Município)

REGISTRO DE TÍTULOS E DOCUMENTOS

INDICADOR PESSOAL[22]

Livro D-(número)   Ano (número)   Folha (número)

Ou

REGISTRO DE TÍTULOS E DOCUMENTOS

(Estado da Federação)

(Comarca)

(Município)

INDICADOR PESSOAL

Livro D-(número)   Ano (número)   Folha (número)

(PRENOME E SOBRENOME) – CPF (número)

Data: (data).

N. de ordem: (número).

Registro: Integral.

Livro: B-(número).

Folha: (número).

Espécie do título: Contrato de Parceria Agrícola.

Anotações: Registro por extrato, Livro C-(número), folha (número).

---

21. Vide item 1.1.4.
22. Art. 133. Na parte superior de cada página do livro se escreverá o título, a letra com o número e o ano em que começar.

4
REGISTRO DE IMÓVEIS

4.1 REGRAS GERAIS

4.1.1 Escrituração

Os atos da Serventia de Registro de Imóveis seguem o princípio basilar inovador: "a unificação do registro", ou seja, para cada imóvel será aberta uma só matrícula e nesta serão praticados todos os atos referentes aquele imóvel, garantindo uma maior segurança e agilidade no registro imóvel.

Com a vigência da Lei de Registros Públicos, a Serventia de Registro de Imóveis passou a ter os seguintes livros:

> Art. 173. Haverá, no Registro de Imóveis, os seguintes livros:
> I – Livro n. 1 – Protocolo;
> II – Livro n. 2 – Registro Geral;
> III – Livro n. 3 – Registro Auxiliar;
> IV – Livro n. 4 – Indicador Real;
> V – Livro n. 5 – Indicador Pessoal.
> Parágrafo único. Observado o disposto no § 2º do art. 3º, desta Lei, os livros ns. 2, 3, 4 e 5 poderão ser substituídos por fichas.

A lei registrária trouxe em seus anexos a estrutura de cada livro da serventia imobiliária, sendo estes divididos em colunas. Caso seja permitida a utilização de lei impressa, o candidato não terá maiores dificuldades em elaborar a peça prática que envolva o registro em alguns dos livros da Serventia de Registro de Imóveis.

Não sendo possível utilizar os anexos da lei impressa, os requisitos para escrituração dos livros estão nos artigos 175 a 173.

4.1.2 Cabeçalho

O cabeçalho será o mesmo que utilizamos para as demais atribuições, assim, convidamos o leitor a revisar o quanto dito no item "1.1.4".

(Brasão da República)

República Federativa do Brasil

(Estado da Federação)

(Comarca)

(Município)

REGISTRO DE IMÓVEIS

Ou[1]

REGISTRO DE IMÓVEIS

(Estado da Federação)

(Comarca)

(Município)

4.1.3   Fechamento

a) Encerramento: Nada mais.

b) Emolumentos e selo de fiscalização[2];

c) Formalidade tradicional de encerramento:

Eu, _____ (Oficial de Registro) DOU fé dos documentos apresentados e após conferidas as formalidades legais averbei e encerro o presente ato.

d) Local para assinatura do Oficial.

Nada mais. (Local), (data). Emolumentos (valor). Selo de fiscalização (número). Eu, _____ (Oficial de Registro) DOU fé dos documentos apresentados e após conferidas as formalidades legais **abri a matrícula** e encerro o presente ato. _____ (assinatura do Oficial)

Nada mais. (Local), (data). Emolumentos (valor). Selo de fiscalização (número). Eu, _____ (Oficial de Registro) DOU fé dos documentos apresentados e após conferidas as formalidades legais **registrei** e encerro o presente ato. _____ (assinatura do Oficial)

Nada mais. (Local), (data). Emolumentos (valor). Selo de fiscalização (número). Eu, _____ (Oficial de Registro) DOU fé dos documentos apresentados e após conferidas as formalidades legais **averbei** e encerro o presente ato. _____ (assinatura do Oficial)

---

1. Vide item 1.1.4.
2. Em alguns Estados é denominado "Selo de Autenticidade".

4.2 LIVRO 1 – PROTOCOLO

Todos os títulos levados a registro ou averbação na Serventia de Registro de Imóveis deverão ser lançados no Livro 1 – Protocolo, os quais tomarão o número de ordem que lhes competir em razão da sequência rigorosa de sua apresentação (LRP, art. 182).

Assim, se a prova prática trouxer um título para ser registrado ou averbado na Serventia de Registro de Imóveis, o candidato deve inicialmente lançá-lo no livro de protocolo (Livro n. 01).

4.2.1 Requisitos do livro

São requisitos da escrituração do Livro n. 1 – Protocolo (LRP, art. 175):

a) número de ordem, que seguirá indefinidamente nos livros da mesma espécie;

b) data da apresentação;

c) nome do apresentante;

d) a natureza formal do título;

e) os atos que formalizar, resumidamente mencionados.

O livro de protocolo será encerrado diariamente (LRP, art. 184). Ou seja, no término de cada dia será feito um termo de encerramento contendo o número de prenotações feitas naquele dia.

4.2.2 Roteiro para redação do Livro 1 – Protocolo

a) Cabeçalho: vide item 1.1.4;

b) Requisitos: Art. 175, da Lei 6.015/1973;

c) Encerramento diário:

TERMO DE ENCERRAMENTO

Encerro o lançamento diário do presente livro de protocolo, tendo sido protocolado (número) Títulos nesta data. Dou fé. (Data) _____ (assinatura do Oficial).

4.2.3 Modelo – Livro

(Brasão da República)

República Federativa do Brasil

(Estado da Federação)

(Comarca)

(Município)

REGISTRO DE IMÓVEIS

Ou[3]

---

3. Vide item 1.1.4.

REGISTRO DE IMÓVEIS

(Estado da Federação)

(Comarca)

(Município)

Livro 1 – Protocolo (letra)   **Ano (número)** [4]

Folha (número)

N. de ordem	Data da apresentação	NOME DO APRESENTANTE	Natureza formal do título	ANOTAÇÕES

Termo de Encerramento: Encerro o lançamento diário do presente livro de protocolo, tendo sido protocolado (número) Títulos nesta data. Dou fé. (Data) _____ (assinatura do Oficial).

4.2.4   Modelo – Dissertação

(Brasão da República)

República Federativa do Brasil

(Estado da Federação)

(Comarca)

(Município)

REGISTRO DE IMÓVEIS

Ou[5]

---

4.   Modelo constante no anexo da Lei 6.015/1973.

5.   Vide item 1.1.4.

REGISTRO DE IMÓVEIS

(Estado da Federação)

(Comarca)

(Município)

Livro 1 – Protocolo (letra)　　　　　　　　　**Ano (número)**

Folha (número)

N. de ordem:

Data:

NOME DO APRESENTANTE:

Natureza formal do título:

ANOTAÇÕES:

Termo de Encerramento: Encerro o lançamento diário do presente livro de protocolo, tendo sido protocolado (número) Títulos nesta data. Dou fé. (Data) _____ (assinatura do Oficial).

4.3　LIVRO 2 – REGISTRO GERAL

O livro 2, de Registro Geral, é o repositório básico, a alma do assentamento imobiliário (CENEVIVA, 2009, p. 410).

Referido livro é destinado "à matrícula dos imóveis e ao registro[6] ou averbação dos atos relacionados no art. 167 e não atribuídos ao Livro n. 3" (LRP, art. 176).

Antes de proceder ao lançamento do título no Livro 2 – Registro Geral, o candidato deverá analisar se este será ato de registro (LRP, art. 167, I), ou de averbação (LRP, art. 167, II). Também deverá analisar o cumprimento dos requisitos formais e legais do título e verificar se o mesmo tem entrada no fólio real[7], caso contrário fará

---

6. Art. 168. Na designação genérica de registro, consideram-se englobadas a *inscrição* e a *transcrição* a que se referem as leis civis.

7. **Art. 221. Somente são admitidos registro:**

    I – escrituras públicas, inclusive as lavradas em consulados brasileiros;

    II – escritos particulares autorizados em lei, assinados pelas partes e testemunhas, com as firmas reconhecidas, dispensado o reconhecimento quando se tratar de atos praticados por entidades vinculadas ao Sistema Financeiro da Habitação;

    III – atos autênticos de países estrangeiros, com força de instrumento público, legalizados e traduzidos na forma da lei, e registrados no cartório do Registro de Títulos e Documentos, assim como sentenças proferidas por tribunais estrangeiros após homologação pelo Supremo Tribunal Federal;

    IV – cartas de sentença, formais de partilha, certidões e mandados extraídos de autos de processo;

    V – contratos ou termos administrativos, assinados com a União, Estados, Municípios ou o Distrito Federal, no âmbito de programas de regularização fundiária e de programas habitacionais de interesse social, dispensado o reconhecimento de firma.

Nota Devolutiva[8], negando o registro ou averbação ou informando as exigências a serem cumpridas.

4.3.1 Requisitos do livro

4.3.1.1 *Matrícula*

A matrícula é ato de individualização do imóvel, será aberta, obrigatoriamente, por ocasião do primeiro registro relativo ao imóvel (LRP, art. 176, § 1º, I) e conterá os seguintes requisitos (LRP, art. 176, § 1º, II):

a) Número de ordem, que seguirá ao infinito;

b) Data de abertura;

c) Identificação do imóvel:

– Rural: denominação e características, confrontações, localização, área e código do imóvel constante do CCIR;

– Urbano: características, logradouro, número, área, confrontações e sua designação cadastral, se houver.

d) Qualificação do proprietário:

– Pessoa física: nome, nacionalidade, estado civil, profissão, domicílio, CPF, cédula de identidade, ou à falta deste, sua filiação;

– essoa jurídica: nome (denominação), sede social e número do CNPJ.

e) Número do registro anterior.

No alto da face de cada folha será lançada a matrícula do imóvel e no espaço restante e no verso, serão lançados por ordem cronológica e em forma narrativa, os registros e averbações dos atos pertinentes ao imóvel matriculado (LRP, art. 231, I).

MATRÍCULA N. (número)   **Data**: (data)

IDENTIFICAÇÃO DO IMÓVEL: IMÓVEL URBANO, (características), (logradouro), (número), (bairro), (município), com área de (número) metros quadrados, confrontando-se pela frente com a citada rua, pelos fundos com (nome confrontante), pelo lado direito com (nome confrontante), pelo lado esquerdo com (nome confrontante) e pelos fundos com (nome confrontante), inscrição imobiliária municipal (número).

PROPRIETÁRIO: (PRENOME E SOBRENOME), (nacionalidade), (estado civil) (profissão), domiciliado na (rua), (número), (bairro), (município e estado), CPF (número), cédula de identidade (número).

REGISTRO ANTERIOR: (número) do Livro (número), de (data), do Registro de Imóveis de (denominação).

Nada mais. (Local), (data). Emolumentos (valor). Selo de fiscalização (número). Eu, _____ (Oficial de Registro) DOU fé dos documentos apresentados e após conferidas as formalidades legais **abri a matrícula** e encerro o presente ato. _____ (assinatura do Oficial)

---

8. Ou Nota de Devolução.

4.3.1.2 Registro

São registrados na matrícula[9] do imóvel os atos arrolados no art. 167, inciso I. Referido rol é exemplificativo, pois não engloba todos os registros possíveis.

A doutrina se posicionou no sentido de que o registro é acolhido apenas *se e quando* previsto em lei, mas não exclusivamente na Lei de Registros Públicos, uma vez que o artigo 167 não esgota todas as alternativas de registro imobiliário.

Na escrituração do Livro 2, a lei registrária estabelece os seguintes requisitos do registro (art. 176, § 1º, inciso III):

a) Data do registro

b) Identificação do transmitente ou do devedor, e do adquirente ou credor[10]:

 – Pessoa física: nome, nacionalidade, estado civil, profissão, domicílio, CPF, cédula de identidade, ou à falta deste, sua filiação;

 – Pessoa jurídica: nome (denominação), sede social e número do CNPJ.

c) Título da transmissão ou do ônus;

d) Forma do título, sua procedência e caracterização;

e) Valor do contrato, da coisa ou da dívida, prazo desta, condições e mais especificações, inclusive os juros, se houver.

Além dos dados estabelecidos pela lei registrária, o registro ainda deve mencionar a consulta feita à Central Nacional de Indisponibilidade de Bens – CNIB, nos termos do Provimento 39/2014, do Conselho Nacional de Justiça:

> Art. 7º A **consulta** ao banco de dados da Central Nacional de Indisponibilidade de Bens – CNIB **será obrigatória para todos os notários e registradores** do país, no desempenho regular de suas atividades e **para a prática dos atos de ofício**, nos termos da Lei e das normas específicas.

---

9. Art. 236. Nenhum registro poderá ser feito sem que o imóvel a que se referir esteja matriculado.
10. **Art. 220.** São considerados, para fins de escrituração, **credores e devedores**, respectivamente:

 I – nas servidões, o dono do prédio dominante e dono do prédio serviente;

 II – no uso, o usuário e o proprietário;

 III – na habitação, o habitante e proprietário;

 IV – na anticrese, o mutuante e mutuário;

 V – no usufruto, o usufrutuário e nu-proprietário;

 VI – na enfiteuse, o senhorio e o enfiteuta;

 VII – na constituição de renda, o beneficiário e o rendeiro censuário;

 VIII – na locação, o locatário e o locador;

 IX – nas promessas de compra e venda, o promitente comprador e o promitente vendedor;

 X – nas penhoras e ações, o autor e o réu;

 XI – nas cessões de direitos, o cessionário e o cedente;

 XII – nas promessas de cessão de direitos, o promitente cessionário e o promitente cedente.

Parágrafo único. Nenhum pagamento será devido por qualquer modalidade de utilização da Central Nacional de Indisponibilidade de Bens – CNIB pelos registradores, tabeliães de notas, órgãos do Poder Judiciário e da Administração Pública.

Por fim, também deve ser mencionada a emissão da Declaração sobre Operações Imobiliárias (DOI), ainda que conste da escritura sua emissão pelo tabelião de notas.

Instrução Normativa Receita Federal do Brasil 1.112, de 28 de dezembro de 2010

Art. 1º Aprovar o programa e as instruções para preenchimento da Declaração sobre Operações Imobiliárias (DOI), versão 6.1, **para uso obrigatório pelos** Serventuários da Justiça, **responsáveis por Cartórios de Notas, de Registro de Imóveis e de Títulos e Documentos,** relativa às **operações imobiliárias anotadas,** *averbadas,* lavradas, *matriculadas* ou *registradas.*

Art. 2º A declaração **deverá** ser apresentada sempre que ocorrer operação imobiliária de aquisição ou alienação, realizada por pessoa física ou jurídica, independentemente de seu valor, **cujos documentos sejam lavrados, anotados, averbados, matriculados ou registrados no respectivo cartório.**

§ 1º Deverá ser emitida uma declaração para cada imóvel alienado ou adquirido.

[...]

Cada lançamento de registro será precedido pela letra "R" e o da averbação pelas letras "AV", seguindo-se o número de ordem do lançamento e o da matrícula (ex: R-1-1, R-2-1, AV-3-1, R-4-1, AV-5-1 etc.), conforme estabelece o art. 232.

Para melhor organização e visualização do objeto do ato a ser registrado, na abertura do registro o candidato poderá colocar, além do tipo de ato (*registro*, indicado pela letra "R"), seu número de ordem e o número da matrícula (exemplo: R-1-1), também o objeto do registro (art. 167, I), tais como, compra e venda, doação, instituição de bem de família, permuta etc., demonstrando conhecimento da prática registral.

Exemplo: R-1-234. COMPRA E VENDA. Data: 01/01/2021...

R-2-234. DOAÇÃO. Data: 01/02/2021...

R-3-234. DAÇÃO EM PAGAMENTO. Data: 01/03/2021...

R-(número de ordem do lançamento)-(número da matrícula). (OBJETO DO REGISTRO). (Data). TRANSMITENTE: (nome), (nacionalidade), (estado civil), (profissão), CPF (número), cédula de identidade (número), (domicílio). ADQUIRENTE: (nome), (nacionalidade), (estado civil), (profissão), CPF (número), cédula de identidade (número), (domicílio). TÍTULO: (forma), (data), lavrada na Serventia de Tabelionato de Notas de (lugar). VALOR: O imóvel foi vendido por (valor), pagamento (forma de pagamento). O imóvel foi avaliador por (valor), tendo sido recolhido o imposto de transmissão em (data), no valor de (valor). CONSULTA CENTRAL NACIONAL DE INDISPONIBILIDADE DE BENS: Feita consulta prévia, cujo resultado foi negativo, conforme código HASH gerado (código). DOI: Emitida a Declaração sobre Operações Imobiliárias, nos termos da Instrução Normativa da Receita Federal vigente. Nada mais. (Local), (data). Emolumentos (valor). Selo de fiscalização (número). Eu, _____ (Oficial de Registro) DOU fé dos documentos apresentados e após conferidas as formalidades legais **registrei** e encerro o presente ato. _____ (assinatura do Oficial)

4.3.1.3 Averbação

Serão averbados no Livro 2, os títulos cujos atos alterem ou complementem o registro e estão enunciados no art. 167, inciso II da lei registrária e, como dito, é um rol exemplificativo, na medida que referido artigo não esgota todas as averbações possíveis, uma vez que outras hipóteses podem constar de outras leis ou serem arroladas nos demais artigos da própria lei registrária. Nesse sentido:

> Art. 246. Além dos casos expressamente indicados no item II do artigo 167, **serão averbados na matrícula as sub-rogações e outras ocorrências que, por qualquer modo, alterem o registro.**
> Art. 247. **Averbar-se-á, também, na matrícula,** a declaração de indisponibilidade de bens, na forma prevista na Lei.

A Lei de Registros Públicos não estabelece os elementos do ato de averbação, tal qual o faz com o registro. Apenas estabelece que o lançamento da averbação será precedido pelas letras "AV", seguindo-se o número de ordem do lançamento e o da matrícula (LRP, art. 232).

Como mencionado no item 4.3.1.2, após indicar o tipo de ato (*averbação*, indicada pelas letras "AV"), o número de ordem do lançado e da matrícula, o candidato indicará o objeto da averbação (art. 167, II), tais como, mudança de logradouro, locação para fins de exercício de direito de preferência, reserva legal etc., na sequência irá descrever o título e alteração ou complementação promovida.

Exemplo: AV-1-234. MUDANÇA DE LOGRADOURO. Data: 01/01/2021...

AV-2-234. EXTINÇÃO DE USUFRUTO. Data: 01/02/2021...

AV-3-234. RESERVA LEGAL. Data: 01/03/2021...

Sugere-se a seguinte estrutura da redação do ato de averbação:

> **AV-(número de ordem do lançamento)-(número da matrícula). (OBJETO DE AVERBAÇÃO). (Data). (Descrição do título e da alteração/atualizada promovida).** Nada mais. (Local), (data). Emolumentos (valor). Selo de fiscalização (número). Eu, _____ (Oficial de Registro) DOU fé dos documentos apresentados e após conferidas as formalidades legais **averbei** e encerro o presente ato. _____ (assinatura do Oficial)

4.3.2 Roteiro para redação dos atos no Livro 2 – Registro Geral

a) **Cabeçalho**

b) **Matrícula**

- *Requisitos*: Art. 176, § 1º, II c/c art. 231, I;
  - Número de ordem
  - Data;
  - Identificação do imóvel;

- Proprietário (qualificação);
- Registro anterior (número, livro e Serventia).
- *Fechamento*:
  - Encerramento;
  - Local e data;
  - Emolumentos;
  - Selo de fiscalização[11];
  - Formalidade tradicional de encerramento;
  - Local assinatura do Oficial.

c) **Registro**:
- *Abertura*:
  - Letra designativa do ato de registro (R), número de ordem do lançamento do registro e número da matrícula, separados por hífen (art. 232);
  - Objeto do registro (art. 167, I).
- *Requisitos*: art. 176, § 1º, III
  - Data;
  - Transmitente ou Devedor (qualificação);
  - Título da transmissão ou do ônus (escritura, contrato, sentença, formal de partilha etc.), forma (pública ou particular), procedência e caracterização;
  - Valor do contrato ou da dívida, prazo, condições e demais especificações.
- *Consulta à Central de Indisponibilidade de bens*: Provimento CNJ 39/2014;
- *Emissão de DOI*: Instrução Normativa RFB 1112/2010;
- *Fechamento*:
  - Encerramento;
  - Local e data;
  - Emolumentos;
  - Selo de fiscalização[12];
  - Formalidade tradicional de encerramento;
  - Local e assinatura do Oficial.

---

11. Em alguns Estados é denominado "Selo de Autenticidade".
12. Em alguns Estados é denominado "Selo de Autenticidade".

d) **Averbação:**

- *Abertura*;
  - Letras designativas do ato da averbação (AV), número de ordem do lançamento do registro e número da matrícula, separados por hífen (art. 232);
  - Objeto da averbação (art. 167, I).
- *Requisitos*
  - Data;
  - Descrição do título: forma, procedência e características;
  - Alteração/atualização/complementação promovida.
- *Fechamento*:
  - Encerramento;
  - Local e data;
  - Emolumentos;
  - Selo de fiscalização;
  - Formalidade tradicional de encerramento;
  - Local assinatura do Oficial.

4.3.3 Modelo – Livro

(Brasão da República)

República Federativa do Brasil

(Estado da Federação)

(Comarca)

(Município)

REGISTRO DE IMÓVEIS

Ou[13]

13.Vide item 1.1.4.

REGISTRO DE IMÓVEIS

(Estado da Federação)

(Comarca)

(Município)

REGISTRO GERAL [14]

Livro n. 02	Folha: (número)

MATRÍCULA N. (número)   **Data**: (data)
IDENTIFICAÇÃO DO IMÓVEL: IMÓVEL URBANO, (características), (logradouro), (número), (bairro), (município), com área de (número) metros quadrados, confrontando-se pela frente com a citada rua, pelos fundos com (nome confrontante), pelo lado direito com (nome confrontante), pelo lado esquerdo com (nome confrontante) e pelos fundos com (nome confrontante), inscrição imobiliária municipal (número).
PROPRIETÁRIO: (PRENOME E SOBRENOME), (nacionalidade), (estado civil), (profissão), domiciliado na (rua), (número), (bairro), (município e estado), CPF (número), cédula de identidade (número).
REGISTRO ANTERIOR: (número) do Livro (número), de (data), do Registro de Imóveis de (denominação). Nada mais. (Local), (data). Emolumentos (valor). Selo de fiscalização (número). Eu, _____ (Oficial de Registro) DOU fé dos documentos apresentados e após conferidas as formalidades legais abri a matrícula e encerro o presente ato. _____ (assinatura do Oficial)

R-(número de ordem do lançamento)-(número da matrícula). (OBJETO DO REGISTRO[15]). (Data). TRANSMITENTE: (nome), (nacionalidade), (estado civil), (profissão), CPF (número), cédula de identidade (número), (domicílio). ADQUIRENTE: (nome), (nacionalidade), (estado civil), (profissão), CPF (número), cédula de identidade (número), (domicílio). TÍTULO: (forma), (data), lavrada na Serventia de Tabelionato de Notas de (lugar). VALOR: O imóvel foi vendido por (valor), pagamento (forma de pagamento). O imóvel foi avaliado por (valor), tendo sido recolhido o imposto de transmissão em (data), no valor de (valor). CONSULTA CENTRAL NACIONAL DE INDISPONIBILIDADE DE BENS: Feita consulta prévia, cujo resultado foi negativo, conforme código HASH gerado (código). DOI: Emitida a Declaração sobre Operações Imobiliárias, nos termos da Instrução Normativa da Receita Federal vigente. Nada mais. (Local), (data). Emolumentos (valor). Selo de fiscalização (número). Eu, _____ (Oficial de Registro) DOU fé dos documentos apresentados e após conferidas as formalidades legais registrei e encerro o presente ato. _____ (assinatura do Oficial)

AV-(número de ordem do lançamento)-(número da matrícula). (TIPO DE AVERBAÇÃO[16]). (Data). (Descrição do título e da alteração/atualizada promovida). Nada mais. (Local), (data). Emolumentos (valor). Selo de fiscalização (número). Eu, _____ (Oficial de Registro) DOU fé dos documentos apresentados e após conferidas as formalidades legais averbei e encerro o presente ato. _____ (assinatura do Oficial)

---

14. Modelo constante no anexo da Lei 6.015/1973.
15. Exemplo: Compra e Venda; Doação, Arrematação; Cláusula de Inalienabilidade, Hipoteca, Inventário etc.
16. Exemplo: Renúncia de Usufruto Vitalício, Servidão Ambiental, Extinção da Concessão de Direito Real DE Uso, Alteração de Numeração Predial etc.

4.3.4 Modelo – Dissertação

(Brasão da República)

República Federativa do Brasil

(Estado da Federação)

(Comarca)

(Município)

REGISTRO DE IMÓVEIS

REGISTRO GERAL

Ou[17]

REGISTRO DE IMÓVEIS

(Estado da Federação)

(Comarca)

(Município)

REGISTRO GERAL

Livro n. 02   **Folha: (número)**

MATRÍCULA (número)

Data: (data)

IDENTIFICAÇÃO DO IMÓVEL: IMÓVEL URBANO, (características), (logradouro), (número), (bairro), (município), com área de (número) metros quadrados, confrontando-se pela frente com a citada rua, pelos fundos com (nome confrontante), pelo lado direito com (nome confrontante), pelo lado esquerdo com (nome confrontante) e pelos fundos com (nome confrontante), inscrição imobiliária municipal (número).

PROPRIETÁRIO: (PRENOME E SOBRENOME), (nacionalidade), (estado civil), (profissão), domiciliado na (rua), (número), (bairro), (município e estado), CPF (número), cédula de identidade (número).

REGISTRO ANTERIOR: (número) do Livro (número), de (data), do Registro de Imóveis de (denominação).

Nada mais. (Local), (data). Emolumentos (valor). Selo de fiscalização (número). Eu, _____ (Oficial de Registro) DOU fé dos documentos apresentados e após conferidas as formalidades legais abri a matrícula e encerro o presente ato. _____ (assinatura do Oficial)

---

17. Vide item 1.1.4.

R-(número de ordem do lançamento)-(número da matrícula). (OBJETO DO REGISTRO). (Data). TRANSMITENTE: (nome), (nacionalidade), (estado civil), (profissão), CPF (número), cédula de identidade (número), (domicílio). ADQUIRENTE: (nome), (nacionalidade), (estado civil), (profissão), CPF (número), cédula de identidade (número), (domicílio). TÍTULO: (forma), (data), lavrada na Serventia de Tabelionato de Notas de (lugar). VALOR: O imóvel foi vendido por (valor), pagamento (forma de pagamento). O imóvel foi avaliador por (valor), tendo sido recolhido o imposto de transmissão em (data), no valor de (valor). CONSULTA CENTRAL NACIONAL DE INDISPONIBILIDADE DE BENS: Feita consulta prévia, cujo resultado foi negativo, conforme código HASH gerado (código). DOI: Emitida a Declaração sobre Operações Imobiliárias, nos termos da Instrução Normativa da Receita Federal vigente. Nada mais. (Local), (data). Emolumentos (valor). Selo de fiscalização (número). Eu, _____ (Oficial de Registro) DOU fé dos documentos apresentados e após conferidas as formalidades legais registrei e encerro o presente ato. _____ (assinatura do Oficial).

AV-(número de ordem do lançamento)-(número da matrícula). (TIPO DE AVERBAÇÃO[18]). (Data). (Descrição do título e da alteração/atualizada promovida). Nada mais. (Local), (data). Emolumentos (valor). Selo de fiscalização (número). Eu, _____ (Oficial de Registro) DOU fé dos documentos apresentados e após conferidas as formalidades legais averbei e encerro o presente ato. _____ (assinatura do Oficial).

4.4 LIVRO 3 – REGISTRO AUXILIAR

Estabelece a Lei de Registros Públicos que o Livro n. 3 – Registro Auxiliar será **destinado ao registro dos atos** que, sendo atribuídos ao Registro de Imóveis por disposição legal, **não digam** respeito **diretamente** a imóvel matriculado[19] (art. 177).

"O fim principal do livro 3 é constituir repositório de atos **sem** relação imediata com imóvel matriculado, mas cujo registro deve ser feito no cartório imobiliário, em virtude de disposição de lei (art. 177)" (CENEVIVA, 2009, p. 425).

Art. 178. Registrar-se-ão no Livro n. 3 – Registro Auxiliar:

I – a emissão de debêntures, sem prejuízo do registro eventual e definitivo, na matrícula do imóvel, da hipoteca, anticrese ou penhor que abonarem especialmente tais emissões, firmando-se pela ordem do registro a prioridade entre as séries de obrigações emitidas pela sociedade;

II – as cédulas de crédito industrial, sem prejuízo do registro da hipoteca cedular;

III – as convenções de condomínio edilício, condomínio geral voluntário e condomínio em multipropriedade;

IV – o penhor de máquinas e de aparelhos utilizados na indústria, instalados e em funcionamento, com os respectivos pertences ou sem eles;

---

18. Exemplo: Renúncia de Usufruto Vitalício, Servidão Ambiental, Extinção da Concessão de Direito Real de Uso, Alteração de Numeração Predial etc.

19. Art. 176. § 1º. I – cada imóvel terá matrícula própria, que será aberta por ocasião do primeiro registro a ser feito na vigência desta Lei;

Art. 195. Se o imóvel não estiver matriculado ou registrado em nome do outorgante, o oficial exigirá a prévia matrícula e o registro do título anterior, qualquer que seja a sua natureza, para manter a continuidade do registro.

Art. 228. A matrícula será efetuada por ocasião do primeiro registro a ser lançado na vigência desta Lei, mediante os elementos constantes do título apresentado e do registro anterior nele mencionado.

V – as convenções antenupciais;

VI – os contratos de penhor rural;

VII – os títulos que, a requerimento do interessado, forem registrados no seu inteiro teor, sem prejuízo do ato, praticado no Livro n. 2.

4.4.1 Requisitos do livro

A Lei de Registros Públicos não estabelece os requisitos do Livro 3 – Registro Auxiliar, como o faz para o Livros 1 e 2. No entanto, em seus anexos, traz modelo do livro, cuja estrutura é dividida em cinco colunas, cada uma com o seguinte requisito:

a) Número de ordem;

b) Data;

c) Registro;

d) Referência aos demais livros;

e) Averbações

REGISTRO DE IMÓVEIS[20]				
REGISTRO AUXILIAR				
Livro n. 03				**Ano**
N. de ordem	**Data**	**Registro**	**Ref. aos demais livros**	**AVERBAÇÕES**

Caso não seja permitida a utilização da lei impressa com seus anexos, o candidato memorizará o número de colunas e seus respectivos itens.

4.4.1.1 Elementos dos registros

A lei registrária também não esclarece quais elementos devam constar do registro, se este será feito mediante transcrição integral do título ou pelo método de registro por extrato.

Na prática registral, na escrituração do livro 3, o lançamento do registro é feito por extrato, assim, vamos analisar cada título atribuído ao referido livro e seus elementos obrigatórios.

---

20. Modelo constante do anexo da Lei 6.015/1973.

a) **Cédulas de crédito industrial, sem prejuízo do registro da hipoteca cedular (LRP, art. 178, II)**

A cédula de crédito industrial é um título de crédito industrial, regulamentada pelo Decreto-lei 413/1969, caracterizada por ser uma promessa de pagamento em dinheiro, com garantia real, cedularmente constituída (art. 9º).

A cédula de crédito industrial pode ser garantida por (art. 19):

I – Penhor cedular.

II – Alienação fiduciária.

III – Hipoteca cedular.

Por conseguinte, o referido Decreto-lei enumera, em seu art. 20, os objetos de penhor cedular.

São requisitos da cédula de crédito industrial:

Art. 14. A cédula de crédito industrial conterá os seguintes requisitos, lançados no contexto:

I – Denominação "Cédula de Crédito Industrial".

II – Data do pagamento, se a cédula for emitida para pagamento parcelado, acrescentar-se-á cláusula discriminando valor e data de pagamento das prestações.

III – Nome do credor e cláusula à ordem.

IV – Valor do crédito deferido, lançado em algarismos por extenso, e a forma de sua utilização.

V – Descrição dos bens objeto do penhor, ou da alienação fiduciária, que se indicarão pela espécie, qualidade, quantidade e marca, se houver, além do local ou do depósito de sua situação, indicando-se, no caso de hipoteca, situação, dimensões, confrontações, benfeitorias, título e data de aquisição do imóvel e anotações (número, livro e folha) do registro imobiliário.

VI – Taxa de juros a pagar e comissão de fiscalização, se houver, e épocas em que serão exigíveis, podendo ser capitalizadas.

VII – Obrigatoriedade de seguro dos bens objeto da garantia.

VIII – Praça do pagamento.

IX – Data e lugar da emissão.

X – Assinatura do próprio punho do emitente ou de representante com poderes especiais.

Roteiro para redação do registro, utilizando-se os requisitos acima citados e modelo da cédula constante do anexo do decreto-lei:

i. Denominação CÉDULA DE CRÉDITO INDUSTRIAL

ii. Data de emissão;

iii. Data de vencimento;

iv. Qualificação do devedor;

v. Qualificação do credor;

vi. Crédito deferido:

- Valor;
- Forma de utilização do crédito.

vii. Pagamento
- Data e condições de pagamento;
- Praça de pagamento.

viii.Garantia: descrição dos bens objetos do penhor (art. 20):
- Espécie;
- Qualidade;
- Quantidade;
- Marca, se houver;
- Local ou depósito em que os bens se encontrarem.

ix. Juros
- Comissão de fiscalização, se houver, épocas em que serão exigíveis, podendo ser capitalizadas.

x. Seguro dos bens objeto da garantia;

xi. Fechamento: vide item 4.1.3.

CÉDULA DE CRÉDITO INDUSTRIAL (número). EMISSÃO: (data). VENCIMENTO: (data). CREDOR: (PRENOME E SOBRENOME), (nacionalidade), (estado civil), (profissão), (domicílio), CPF (número) e cédula de identidade (número). DEVEDOR: (PRENOME E SOBRENOME), (nacionalidade), (estado civil), (profissão), (domicílio), CPF (número) e cédula de identidade (número). CRÉDITO: R$ (valor), a ser utilizado do seguinte modo: (forma de utilização). PAGAMENTO: em (número) prestações mensais, no valor de R$ (valor) cada uma, vencendo a primeira em (data) e a última em (data), a serem pagas na (praça de pagamento). GARANTIA: (Descrição dos bens objetos do penhor), (espécie), (qualidade), (quantidade), (marca), que se encontram em (local ou depósito). JUROS: Os juros são devidos à taxa de (número) % ao ano, exigíveis em trinta (30) de junho, trinta e um (31) de dezembro, no vencimento e na liquidação da cédula. SEGURO: Os bens objetos do penhor estão segurados conforme contrato de seguro (número), firmado com a (Nome da seguradora), em (data). Nada mais. (Local), (data). Emolumentos (valor). Selo de fiscalização (número). Eu, _____ (Oficial de Registro) DOU fé dos documentos apresentados e após conferidas as formalidades legais **registrei** e encerro o presente ato. _____ (assinatura do Oficial)

b) Convenções de condomínio edilício, condomínio geral voluntário e condomínio em multipropriedade (LRP, art. 178, III)

Para ser oponível contra terceiros, a convenção do condomínio deverá ser registrada no Cartório de Registro de Imóveis[21] (CC, art. 1.333, parágrafo único).

---

21. Lei 4.591/1964: Art. 9º. [...] § 1º Far-se-á o registro da Convenção no Registro de Imóveis, bem como a averbação das suas eventuais alterações.

A convenção de condomínio deverá dispor sobre (CC, art. 1.332 a 1.334), que servirá de roteiro para o registro no livro 3:

i. Discriminação e individualização das unidades de propriedade exclusiva, estremadas uma das outras e das partes comuns;

ii. Determinação da fração ideal atribuída a cada unidade, relativamente ao terreno e partes comuns;

iii. Fim a que as unidades se destinam.

iv. Quota proporcional e o modo de pagamento das contribuições dos condôminos para atender às despesas ordinárias e extraordinárias do condomínio;

vi. Sua forma de administração;

vi. Competência das assembleias, forma de sua convocação e quórum exigido para as deliberações;

vii. Sanções a que estão sujeitos os condôminos, ou possuidores;

CONVENÇÃO DE CONDOMÍNIO EDILÍCIO. TÍTULO: Instrumento particular de convenção e instituição de condomínio edilício, datado de (data), do Condomínio "DENOMINAÇÃO". **INSTITUIDOR:** (PRENOME E SOBRENOME), (nacionalidade), (estado civil), (profissão), (domicílio), portador da carteira de identidade (número) e CPF (número). **DISCRIMINAÇÃO INDIVIDUALIZADA DAS UNIDADES EXCLUSIVAS:** São unidades exclusivas do "Condomínio (denominação)": (descrição das unidades). **FRAÇÃO IDEAL DAS UNIDADES:** A unidades possuem o seguinte quadro de fração ideal: (descrição das frações ideais de cada unidade). **FIM A QUE SE DESTINA:** As unidades exclusivas do "Condomínio (denominação)" têm como destinação a moradia. **CONTRIBUIÇÕES DOS CONDÔMINOS:** Para atender às despesas ordinárias e extraordinárias do condomínio, cada condômino pagará uma cota de (valor), cujo valor pode ser alterado em assembleia geral. **ADMINISTRAÇÃO DO CONDOMÍNIO:** O "Condomínio (denominação)" será administrado pelo síndico eleito em assembleia geral para este fim, com mandato de dois anos, autorizada a recondução. **ASSEMBLEIA GERAL:** (competência das assembleias), (forma de sua convocação) e (quórum exigido para as deliberações). **DIREITOS DOS CONDÔMINOS:** São direitos dos condôminos, conforme cláusula (número): (descrição dos direitos). **DEVERES DOS CONDÔMINOS:** São deveres dos condôminos, conforme cláusula (número): (descrição dos deveres). **SANÇÕES:** Os condôminos ou possuidores estão sujeitos as seguintes sanções, conforme cláusula (número): (descrição das sanções). **Nada mais**. (Local), (data). **Emolumentos** (valor). **Selo** de fiscalização (número). Eu, _____ (Oficial de Registro) DOU fé dos documentos apresentados e após conferidas as formalidades legais **registrei** e encerro o presente ato. _____ Assinatura do Oficial.

c) Convenções antenupciais (LRP, art. 178, V)

Estabelece a lei civil que quanto à forma deverá ser feito pacto antenupcial por instrumento público nos regimes da comunhão universal de bens, separação convencional de bens e participação final nos aquestos (CC, art. 1.640, parágrafo único).

As convenções antenupciais não terão efeito perante terceiros senão depois de registradas, em livro especial, pelo oficial do Registro de Imóveis do domicílio dos cônjuges (CC, art. 1.657).

A escritura de convenção de pacto antenupcial para ser registrada no Livro n. 3 – Registro Auxiliar deverá vir acompanhada da comprovação do casamento, mediante certidão do registro civil.

Assim, o candidato deve analisar a questão apresentada na prova e após fazer o lançamento do título no livro de protocolo, antes de registrá-lo no livro 3, verificará a forma, que deverá ser pública, sendo causa de nulidade absoluta, e se ocorreu o casamento, sua não realização é causa de ineficácia do pacto, conforme estabelece o art. 1.653[22] do Código Civil.

O registro compreenderá:

a) Título: caracterização, data e origem;

b) Qualificação dos cônjuges;

c) Regime escolhido;

d) Casamento: data, registro e cartório;

e) Fechamento: vide item 5.1.3.

CONVENÇÃO ANTENUPCIAL. TÍTULO: Escritura pública de convenção com pacto antenupcial, lavrada em (data), no livro (número), folha (número), do Tabelionato de Notas da Comarca de (município e estado). **CÔNJUGES**: (PRENOME E SOBRENOME), (nacionalidade), (estado civil), (profissão), (domicílio), CPF (número), cédula de identidade (número) e (PRENOME E SOBRENOME), (nacionalidade), (estado civil), (profissão), (domicílio), CPF (número), cédula de identidade (número). **REGIME DE BENS**: O regime de bens escolhido foi o da (regime). **CASAMENTO**: celebrado em (data), e registrado no livro B (número), folha (número), termo (número), da Serventia de Registro Civil das Pessoas Naturais de (município e estado). **Nada mais**. (Local), (data). Emolumentos (valor). Selo de fiscalização (número). Eu, _____ (Oficial de Registro) DOU fé dos documentos apresentados e após conferidas as formalidades legais **registrei** e encerro o presente ato. _____ (assinatura do Oficial)

d) Contratos de penhor rural (LRP, art. 178, VI)

O inciso II do art. 178 da lei registrária sofreu alteração pela Lei 13.986/2020[23], a qual retirou a previsão de registro no livro 3 da "cédula de crédito rural", bem como revogou o item 13 do inciso I do art. 167.

Referida Lei 13.986/2020 atribuiu a competência do registro da Cédula de Produto Rural[24] (CPR) à entidade autorizada pelo Banco Central do Brasil a exercer a atividade de registro ou de depósito centralizado de ativos financeiros ou de valores mobiliários (art. 42).

---

22. Art. 1.653. É nulo o pacto antenupcial se não for feito por escritura pública, e ineficaz se não lhe seguir o casamento.
23. Institui o Fundo Garantidor Solidário (FGS); dispõe sobre o patrimônio rural em afetação, a Cédula Imobiliária Rural (CIR), a escrituração de títulos de crédito e a concessão de subvenção econômica para empresas cerealistas; altera diversas leis; e dá outras providências.
24. **Lei 8.929/1994: Art. 1º** Fica instituída a Cédula de Produto Rural (CPR), representativa de promessa de entrega de produtos rurais, com ou sem garantias cedularmente constituídas.

Por conseguinte, o art. 45 da citada lei, determinou que a Cédula de Crédito Rural[25] poderá ser emitida sob a forma escritural em sistema eletrônico de escrituração, sendo que tal sistema será mantido em entidade autorizada pelo Banco Central do Brasil a exercer a atividade de escrituração.

Diante de tais alterações, as cédulas de crédito rural (CRP, CRH e CRPH[26]) e as CPR, inclusive com liquidação financeira, não serão mais registradas no Livro n. 3 – Registro Auxiliar do Registro de Imóveis.

No entanto, as **garantias reais** nelas pactuadas (*penhor rural, hipoteca e alienação fiduciária*), para terem validade contra terceiros, deverão ser registradas na Serventia de Registro de Imóveis competente.

Dessa forma será registrado no Livro n. 3 – Registro Auxiliar o **penhor rural** pactuado na Cédula Rural Pignoratícia, na Cédula de Produto Rural e, ainda, nos contratos por instrumento público ou particular, na Serventia de Registro de Imóveis da circunscrição do imóvel onde estiverem os bens empenhados.

Nesse sentido:

Código Civil
Art. 1.438. Constitui-se o penhor rural mediante instrumento público ou particular, registrado no Cartório de Registro de Imóveis da circunscrição em que estiverem situadas as coisas empenhadas.
Parágrafo único. Prometendo pagar em dinheiro a dívida, que garante com penhor rural, o devedor poderá emitir, em favor do credor, cédula rural pignoratícia, na forma determinada em lei especial.

Para escrituração do registro do penhor rural no livro 3, pactuado em cédula de crédito rural ou em contrato particular, utilizaremos os seguintes elementos estabelecidos para cédula rural pignoratícia no art. 14 do Decreto-Lei 167/1967:

i. Título de crédito rural garantido pelo penhor rural ou contrato de penhor rural
   – Tipo;
   – Data de emissão;
   – Data de vencimento.
ii. Qualificação do devedor;
iii. Qualificação do credor;
iv. Crédito deferido
   – Valor;

---

25. **Decreto-Lei 167/1967: Art. 9º** A cédula de crédito rural é promessa de pagamento em dinheiro, sem ou com garantia real cedularmente constituída, sob as seguintes denominações e modalidades: I – Cédula Rural Pignoratícia. II – Cédula Rural Hipotecária. III – Cédula Rural Pignoratícia e Hipotecária. IV – Nota de Crédito Rural.
26. Cédula Rural Pignoratícia, Cédula Rural Hipotecária Cédula Rural Pignoratícia e Hipotecária.

- Indicação da finalidade ruralista a que se destina o financiamento concedido;
- Forma de utilização do crédito.

v. Pagamento

- Data e condições de pagamento;
- Praça de pagamento.

vi. Garantia: descrição dos bens empenhados:

- Espécie;
- Qualidade;
- Quantidade;
- Marca e período de produção, se for o caso;
- Local ou depósito em que os bens se encontrarem.

vii. Juros

- Comissão de fiscalização, se houver,
- Tempo de seu pagamento.

viii. Fechamento: vide item 5.1.3.

Modelo 01: Penhor rural pactuado em cédula de crédito rural:

PENHOR RURAL. TÍTULO: Cédula Rural Pignoratícia (número), emitida em (data). **VENCIMENTO**: (data). **CREDOR:** (PRENOME E SOBRENOME), (nacionalidade), (estado civil), (profissão), (domicílio), CPF (número) e cédula de identidade (número). **DEVEDOR**: (PRENOME E SOBRENOME), (nacionalidade), (estado civil), (profissão), (domicílio), CPF (número) e cédula de identidade (número). **CRÉDITO**: R$ (valor), deferido para financiamento de (atividade rural do devedor) e que será utilizado do seguinte modo: (forma de utilização). **PAGAMENTO**: em (número) prestações mensais (semestrais, anuais), vencendo a primeira em (data) e a última em (data), a serem pagas na (praça de pagamento). **GARANTIA**: (Descrição dos bens vinculado ao penhor), (espécie), (qualidade), (quantidade), (marca), (ano de produção), que se encontram em (local ou depósito). **JUROS**: Os juros são devidos à taxa de (número) % ao ano. **Nada mais**. (Local), (data). Emolumentos (valor). Selo de fiscalização (número). Eu, _____ (Oficial de Registro) DOU fé dos documentos apresentados e após conferidas as formalidades legais **registrei** e encerro o presente ato. _____ (assinatura do Oficial)

Modelo 02: Contrato de penhor rural:

PENHOR RURAL. TÍTULO: Contrato de penhor rural por instrumento particular, passado nesta cidade, em (data). **VENCIMENTO**: (data). **CREDOR:** (PRENOME E SOBRENOME), (nacionalidade), (estado civil), (profissão), (domicílio), CPF (número) e cédula de identidade (número). **DEVEDOR**: (PRENOME E SOBRENOME), (nacionalidade), (estado civil), (profissão), (domicílio), CPF (número) e cédula de identidade (número). **CRÉDITO**: R$ (valor), deferido exclusivamente para (atividade rural do devedor), a ser utilizado (forma de utilização). **PAGAMENTO**: em (número) prestações mensais (semestrais, anuais), vencendo a primeira em (data) e a última em (data), a serem pagas na (praça de pagamento). **GARANTIA**: (Descrição dos bens vinculado ao penhor), (espécie), (qualidade), (quantidade), (marca), (ano de produção), que se encontram em (local ou depósito). **JUROS**: juros de mora de (número)% ao ano. **Nada mais**. (Local), (data). Emolumentos (valor). Selo de fiscalização (número). Eu, _____ (Oficial de Registro) DOU fé dos documentos apresentados e após conferidas as formalidades legais **registrei** e encerro o presente ato. _____ (assinatura do Oficial)

4.4.2 Modelo – Livro

(Brasão da República)

República Federativa do Brasil

(Estado da Federação)

(Comarca)

(Município)

REGISTRO DE IMÓVEIS

Ou[27]

REGISTRO DE IMÓVEIS

(Estado da Federação)

(Comarca)

(Município)

---

27. Vide item 1.1.4.

4 • REGISTRO DE IMÓVEIS   **151**

REGISTRO AUXILIAR[28]				
Livro n. 03		**Ano: (número)**		
N. de ordem	Data	Registro	Ref. aos demais livros	AVERBAÇÕES
(número)	(Data)	**CONVENÇÃO ANTENUPCIAL**. TÍTULO: Escritura pública de convenção com pacto antenupcial, lavrada em (data), no livro (número), folha (número), do Tabelionato de Notas da Comarca de (município e estado). CÔNJUGES: (PRENOME E SOBRENOME), (nacionalidade), (estado civil), (profissão), (domicílio), CPF (número), cédula de identidade (número) e (PRENOME E SOBRENOME), (nacionalidade), (estado civil), (profissão), (domicílio), CPF (número), cédula de identidade (número). REGIME DE BENS: O regime de bens escolhido foi o da (regime). CASAMENTO: celebrado em (data), e registrado no livro B (número), folha (número), termo (número), da Serventia de Registro Civil das Pessoas Naturais de (município e estado). Nada mais. (Local), (data). Emolumentos (valor). Selo de fiscalização (número). Eu, _____ (Oficial de Registro) DOU fé dos documentos apresentados e após conferidas as formalidades legais registrei e encerro o presente ato. _____ (assinatura do Oficial)	Livro n. 02 – Matrícula (número)	

4.4.3 Modelo – Dissertação

(Brasão da República)

República Federativa do Brasil

(Estado da Federação)

(Comarca)

(Município)

REGISTRO DE IMÓVEIS

---

28. Modelo constante do anexo da Lei 6.015/1973.

Ou[29]

REGISTRO DE IMÓVEIS
(Estado da Federação)

(Comarca)

(Município)

REGISTRO AUXILIAR
Livro n. 03

Ano: (número)

N. de ordem: (número)

Data: (data)

REGISTRO:

CONVENÇÃO ANTENUPCIAL. TÍTULO: Escritura pública de convenção com pacto antenupcial, lavrada em (data), no livro (número), folha (número), do Tabelionato de Notas da Comarca de (município e estado). CÔNJUGES: (PRENOME E SOBRENOME), (nacionalidade), (estado civil), (profissão), (domicílio), CPF (número), cédula de identidade (número) e (PRENOME E SOBRENOME), (nacionalidade), (estado civil), (profissão), (domicílio), CPF (número), cédula de identidade (número). REGIME DE BENS: O regime de bens escolhido foi o da (regime). CASAMENTO: celebrado em (data), e registrado no livro B (número), folha (número), termo (número), da Serventia de Registro Civil das Pessoas Naturais de (município e estado). Nada mais. (Local), (data). Emolumentos (valor). Selo de fiscalização (número). Eu, _____ (Oficial de Registro) DOU fé dos documentos apresentados e após conferidas as formalidades legais registrei e encerro o presente ato. _____ (assinatura do Oficial)

Ref. aos demais livros: Livro n. 2 – matrícula (número).

AVERBAÇÕES:

4.5 LIVRO 4 – INDICADOR REAL

O livro 4 é o "repositório de todos os imóveis que figurarem nos demais livros, devendo conter sua identificação, referência aos números de ordem dos outros livros e anotações necessárias" (LRP, art. 179).

A Lei de Registros Públicos também não estabelece os elementos necessários do referido livro. Porém, em seu anexo, ao apresentar o modelo, verifica-se que o mesmo é dividido em quatro colunas, com os seguintes requisitos: número de ordem, identificação do imóvel, referência aos demais livros e anotações.

---

29. Vide item 1.1.4.

4 • REGISTRO DE IMÓVEIS · 153

A escrituração do livro 4 é simples, não possui abertura ou fechamento oficial. O candidato deve fazer o lançamento neste livro, após fazer o registro do título no livro 2.

4.5.1 Modelo – Livro

(Brasão da República)

República Federativa do Brasil

(Estado da Federação)

(Comarca)

(Município)

REGISTRO DE IMÓVEIS

Ou[30]

REGISTRO DE IMÓVEIS

(Estado da Federação)

(Comarca)

(Município)

INDICADOR REAL[31]			
Livro n. 04		**Ano: (número)**	
N. de ordem	IDENTIFICAÇÃO DO IMÓVEL	Ref. aos demais livros	AVERBAÇÕES
(número)	IMÓVEL URBANO, (características), (confrontações), (localização), (área), (logradouro), (número), (designação cadastral)[32]	Registrado na matrícula (número) do Livro 2 (letra). Anotado no Livro 5, número de ordem (número).	
(número)	IMÓVEL RURAL, (código do imóvel), (dados constantes do CCIR), (denominação), (características), (confrontações), (localização) e (área).	Registrado na matrícula (número) do livro 2 (letra). Anotado no Livro 5, número de ordem (número).	

---

30. Vide item 1.1.4.
31. Modelo constante do anexo da Lei 6.015/1973.
32. LRP, art. 176, § 1º, inciso II, item 3, letra "b".

4.5.2   Modelo – Dissertação

(Brasão da República)

República Federativa do Brasil

(Estado da Federação)

(Comarca)

(Município)

REGISTRO DE IMÓVEIS

Ou[33]

REGISTRO DE IMÓVEIS

(Estado da Federação)

(Comarca)

(Município)

INDICADOR REAL

Livro n. 04

Ano: (número)

N. de ordem: (número)

IDENTIFICAÇÃO DO IMÓVEL:

IMÓVEL URBANO, (características), (confrontações), (localização), (área), (logradouro), (número), (designação cadastral).

Referência aos demais livros:

Registrado na matrícula (número) do Livro 2 (letra). Anotado no Livro 5, número de ordem (número).

ANOTAÇÕES:

4.6   LIVRO 5 – INDICADOR PESSOAL

O livro 5 é o "repositório dos nomes de todas as pessoas que, individual ou coletivamente, ativa ou passivamente, direta ou indiretamente, figurarem nos demais livros, fazendo-se referência aos respectivos números de ordem" (LRP, art. 180).

Em seu anexo, a Lei de Registros Públicos apresenta modelo do livro 5, dividido em quatro colunas, com os seguintes requisitos: número de ordem, pessoas, referências aos demais livros e anotações.

---

33. Vide item 1.1.4.

Tendo em vista a ocorrência de homonímias, como forma de facilitar as buscas, algumas normas estaduais estabelecem que, na escrituração do livro indicador pessoal, ao lado do nome deverá constar o número de inscrição no Cadastro de Pessoa Física – CPF ou de registro geral da cédula de identidade, quando se tratar de pessoa física, ou o número de inscrição no Cadastro Nacional de Pessoas Jurídicas – CNPJ, quando pessoa jurídica.

Assim, deve o candidato verificar a existências de regras específicas para escrituração no livro 5 nas normas do Estado em que estiver prestando concurso.

Após registro do título no livro 2 ou no livro 3, o candidato também deverá fazer o lançamento no livro 5.

4.6.1 Modelo – Livro

(Brasão da República)

República Federativa do Brasil

(Estado da Federação)

(Comarca)

(Município)

REGISTRO DE IMÓVEIS

Ou[34]

REGISTRO DE IMÓVEIS

(Estado da Federação)

(Comarca)

(Município)

INDICADOR PESSOAL[35]			
Livro n. 05		**Ano: (número)**	
N. de ordem	IDENTIFICAÇÃO DO IMÓVEL	Ref. aos demais livros	AVERBAÇÕES
(número)	(PRENOME E SOBRENOME) – CPF (número)	Livro 2-(letra), matrícula (número), R-(número de ordem); Livro 3-(letra), número de ordem (número)	

---

34. Vide item 1.1.4.
35. Modelo constante do anexo da Lei 6.015/1973.

4.6.2 Modelo – Dissertação

(Brasão da República)

República Federativa do Brasil

(Estado da Federação)

(Comarca)

(Município)

REGISTRO DE IMÓVEIS

Ou[36]

REGISTRO DE IMÓVEIS

(Estado da Federação)

(Comarca)

(Município)

INDICADOR PESSOAL

Livro n. 05

Ano: (número)

N. de ordem: (número)

PESSOAS:

(PRENOME E SOBRENOME) – CPF (número).

Referência aos demais livros:

Livro 2-(letra), matrícula (número), R-(número de ordem);

Livro 3-(letra), número de ordem (número).

ANOTAÇÕES:

---

36. Vide item 1.1.4.

5
TABELIONATO DE PROTESTO

5.1 REGRAS GERAIS

5.1.1 Escrituração

Os serviços concernentes ao protesto, garantidores da autenticidade, publicidade, segurança e eficácia dos atos jurídicos, ficam sujeitos ao regime estabelecido na Lei 9.492/1997 (art. 2º) e, ainda, na Lei 8.935/1994.

Os livros, bem como os arquivos relativos ao protesto de títulos e outros documentos representativos de obrigação econômica, se encontram disciplinados nos art. 32 a 36 da Lei de Protesto. E sua escrituração obedecerá às disposições legais normativas de cada espécie de livro.

Livros:

a) Livro de Protocolo;

b) Livro de Registro de Protesto.

Arquivos:

a) Intimações;

b) Editais;

c) Documentos apresentados para a averbação no registro de protestos e ordens de cancelamentos;

d) Mandados e ofícios judiciais;

e) Solicitações de retirada de documentos pelo apresentante;

f) Comprovantes de entrega de pagamentos aos credores;

g) Comprovantes de devolução de documentos de dívida irregulares.

O procedimento do protesto inicia-se com o apontamento do título no Livro de Protocolo, segue-se a intimação do devedor pessoalmente ou por edital, finalizando-se com o registro do protesto em livro próprio e lavratura do instrumento de protesto, entregando-o ao apresentante.

5.1.1.1 Cabeçalho

O cabeçalho será o mesmo que utilizamos para as demais atribuições, assim convidamos o leitor a revisar o quanto dito no item "1.1.4".

(Brasão da República)
República Federativa do Brasil
(Estado da Federação)
(Comarca)
(Município)
TABELIONATO DE PROTESTO

Ou[1]

TABELIONATO DE PROTESTO
(Estado da Federação)
(Comarca)
(Município)

5.2 LIVRO DE PROTOCOLO

5.2.1 Requisitos do livro

Conforme estabelece o art. 32 da Lei de Protesto[2] o livro de Protocolo poderá ser escriturado mediante processo manual, mecânico, eletrônico ou informatizado, em folhas soltas e com colunas destinadas às seguintes anotações:

i. Número de ordem;

ii. Natureza do título ou documento de dívida;

iii. Valor;

iv. Apresentante;

v. Devedor;

vi. Ocorrências.

Algumas normas estaduais trazem, ainda, **outros elementos do livro de protocolo**, tais como:

a) **Mato Grosso**: Características principais do título, sua natureza, seu valor ou saldo devedor, o nome e endereço completo do devedor, o número do seu documento de identidade ou de inscrição no CPF, bem como, quando fornecidos, outros dados que possibilitem sua exata qualificação (art. 475, § 1º);

b) **Mato Grosso do Sul**: número do título, data do vencimento, saldo devedor, nome do cedente ou credor, motivo do protesto e emolumentos (art. 1761);

---

1. Vide item 1.1.4.
2. Lei 9.492/1997.

5 • TABELIONATO DE PROTESTO — 159

c) **Paraná:** Data do protocolo, data e número da distribuição (art. 776);

d) **Piauí:** Tipo de protesto (art. 324, VI);

e) **Rio Grande do Norte:** número do protocolo, data da intimação, data da devolução do comprovante de entrega da intimação, valor recolhido relativo às taxas e data do repasse do pagamento ao apresentante (art. 601);

f) **Roraima:** número do título, data do vencimento, nome do cedente ou credor, motivo do protesto (art. 458);

g) **São Paulo:** espécie do protesto (Cap. XV, Subseção II, item 86);

h) **Sergipe:** espécie do protesto (art. 246).

Assim, além dos elementos obrigatórios estabelecidos na lei, deve o candidato verificar as normas do Estado em que estiver prestando o concurso.

A escrituração do Livro de Protocolo será diária, constando do termo de encerramento o número de documentos apresentados no dia, sendo a data da protocolização a mesma do termo diário do encerramento (art. 32, parágrafo único).

Na coluna "ocorrências" poderão ser lançadas as hipóteses incidentes durante o procedimento de protesto, quais sejam: desistência do protesto, devolução por vício formal ou outro motivo, pagamento, sustação judicial do protesto.

5.2.2 Roteiro para redação do Livro de Protocolo

a) Cabeçalho: vide item 5.1.1.1;

b) Requisitos: Art. 32, da Lei 9.492/1997;

c) Encerramento diário:

TERMO DE ENCERRAMENTO

Encerro o lançamento diário do presente livro de protocolo, tendo sido protocolado (número) Títulos nesta data. Dou fé. (Data) _____ (assinatura do Oficial).

5.2.3 Modelo – Livro

(Brasão da República)

República Federativa do Brasil

(Estado da Federação)

(Comarca)

(Município)

TABELIONATO DE PROTESTO

Ou[3]

---

3. Vide item 1.1.4.

TABELIONATO DE PROTESTO

(Estado da Federação)

(Comarca)

(Município)

LIVRO DE PROTOCOLO

(ANO)   FOLHA (número)

N. de ordem	Natureza do título	Valor	Nome do Apresentante	Nome do Devedor	Tipo de Protesto[4]	Ocorrências
(número)	Cheque (número)	R$ (valor)	(Prenome e sobrenome)	(Prenome e sobrenome)	Fins falimentares	Protestado em (data), livro (número), folha (número)
(número)	Duplicata Mercantil	R$ (valor)	(Prenome e sobrenome)	(Prenome e sobrenome)	Comum	Desistência do apresentante em (data)
(número)	Nota Promissória	R$ (valor)	(Prenome e sobrenome)	(Prenome e sobrenome)	Comum	Pago em (data)

TERMO DE ENCERRAMENTO

Encerro o lançamento diário do presente livro de protocolo, tendo sido protocolado (número) Títulos nesta data. Dou fé. (Data) _____ (assinatura do Oficial).

5.2.4   Modelo – Dissertação

(Brasão da República)

República Federativa do Brasil

(Estado da Federação)

(Comarca)

(Município)

TABELIONATO DE PROTESTO

Ou[5]

---

4. Algumas normas estaduais utilizam o termo "espécie de protesto", se "comum" ou "especial para fins de falência". As normas do Mato Grosso do Sul e de Roraima estabelecem como requisito do Livro de Protocolo o "motivo do protesto", que poderá ser: "por falta de pagamento", "por falta de aceite" ou "por falta de devolução".
5. Vide item 1.1.4.

TABELIONATO DE PROTESTO
(Estado da Federação)
(Comarca)
(Município)

LIVRO DE PROTOCOLO

(ANO)   FOLHA (número)

N. DE ORDEM: (número)
NATUREZA DO TÍTULO: Cheque
VALOR: R$ (valor)
NOME DO APRESENTANTE: (Prenome e sobrenome)
NOME DO DEVEDOR: (Prenome e sobrenome)
TIPO DE PROTESTO: Fins falimentares
OCORRÊNCIAS: Protestado em (data), livro (número), folha (número).

TERMO DE ENCERRAMENTO

Encerro o lançamento diário do presente livro de protocolo, tendo sido protocolado (número) Títulos nesta data. Dou fé. (Data) _____ (assinatura do Oficial).

5.3 INTIMAÇÃO

5.3.1 Requisitos

Protocolizado o título ou documento de dívida, o Tabelião de Protesto expedirá a intimação ao devedor, no endereço fornecido pelo apresentante do título ou documento, considerando-se cumprida quando comprovada a sua entrega no mesmo endereço (art. 14, *caput*).

A intimação tem por finalidade precípua de notificar ou cientificar o devedor de que este tem obrigações a serem cumpridas, consubstanciadas no pagamento, aceite ou devolução ou aposição de data no aceite do título ou documento de dívida (KÜMPEL e FERRARI, 2017, p. 221).

A intimação deverá conter (art. 14, § 2º):

a) Nome e endereço do devedor;

b) Elementos de identificação do título ou documento de dívida;

c) Prazo limite para cumprimento da obrigação no Tabelionato;

d) Número do protocolo;

e) Valor a ser pago.

Como dito no item 5.2.1, o candidato deve ficar atento às normas do Estado em que estiver prestando o concurso, que poderá estabelecer outros elementos obrigatórios da intimação, tais como: motivo do protesto, tipo do protesto, data da apresentação do título e número do respectivo protocolo, advertência de que o registro do protesto será informado aos órgãos de proteção ao crédito etc.

5.3.2 Roteiro para redação da intimação

a) **Cabeçalho**: vide item 5.1.1.1;

b) **Abertura**:

INTIMAÇÃO

Nos termos da Lei 9.492/97, intimamos Vossa Senhoria a pagar o título abaixo descrito, sob pena de protesto, podendo alegar por escrito, os motivos do não pagamento/aceite do título, cuja declaração será anotada no respectivo instrumento.

c) **Requisitos**: Art. 14, § 2º, da Lei 9.492/1997 e normativa estadual conforme local do concurso;

c.1 Nome e endereço do devedor:

DEVEDOR: (PRENOME E SOBRENOME) – CPF (número)[6]. Endereço: (rua), (número), (bairro), (município), (estado), (CEP).

c.2 Elementos de identificação do título ou documento de dívida:

TÍTULO OU DOCUMENTO DE DÍVIDA: (Natureza do título), (número), emitido em (data), data de vencimento (data). Valor da dívida (valor).

c.3 Número do protocolo:

PROTOCOLO: (número). Data do protocolo: (data)[7].

c.4 Prazo limite para cumprimento da obrigação no Tabelionato:

DATA LIMITE/PAGAMENTO: O pagamento deve ser feito até (data) – 03 dias úteis contados da protocolização do título ou documento de dívida.

---

6. Algumas normas estaduais exigem a informação do CPF, com o fim de evitar a ocorrência de homonímia e melhor individualizar as partes.

7. Em alguns Estados é exigida a data do protocolo na Intimação. Tal informação é importante para fins de contagem do prazo para pagamento: três dias úteis contados da protocolização do título ou documento de dívida (art. 12).

c.5 Valor a ser pago:

VALOR A SER PAGO: O pagamento será feito diretamente no Tabelionato, no valor igual ao declarado pelo apresentante, acrescido das custas, dos emolumentos e demais despesas comprovadas. Valor a protestar: R$ (valor). Emolumentos/Custas: R$ (valor). Valor a pagar: R$ (valor).

d) Outros requisitos, conforme normativas estaduais:

d.1 Tipo e motivo do protesto:

TIPO/MOTIVO DO PROTESTO: Protesto do tipo comum, por falta de pagamento.

TIPO/MOTIVO DO PROTESTO: Protesto para fins falimentares, por falta de pagamento.

d.2 Nome do apresentante do título:

APRESENTANTE: (PRENOME E SOBRENOME) – CPF (número).

d.3 Nome do credor ou sacador:

CREDOR/SACADOR: (PRENOME E SOBRENOME) – CPF (número).

d.4 Endereço e horário de funcionamento da Serventia:

ENDEREÇO DO TABELIONATO DE PROTESTO: (rua), (número), (bairro), (município), (estado), (CEP). Funcionamento: (horário). Telefone (número).

d.5 Advertência de que o registro do protesto será informado aos órgãos de proteção ao crédito:

ADVERTÊNCIA: Não pago o título, retirado pelo apresentante ou sustado judicialmente, será lavrado o PROTESTO respectivo. Fica desde já cientificado que o referido protesto será comunicado às entidades de proteção ao crédito (art. 29 da Lei 9492/97).

e) Fechamento
e.1 Encerramento;
e.2 Local e data da intimação;
e.3 Assinatura do tabelião.

Nada mais. (Local), (data).

Assinatura do Tabelião

5.3.3 Modelo de intimação

(Brasão da República)
República Federativa do Brasil
(Estado da Federação)
(Comarca)
(Município)
TABELIONATO DE PROTESTO

Ou[8]

TABELIONATO DE PROTESTO
(Estado da Federação)
(Comarca)
(Município)

INTIMAÇÃO

Nos termos da Lei 9.492/97, intimamos Vossa Senhoria a pagar o título abaixo descrito, sob pena de protesto, podendo alegar por escrito, os motivos do não pagamento/aceite do título, cuja declaração será anotada no respectivo instrumento. **DEVEDOR**: (PRENOME E SOBRENOME) – CPF (número). Endereço: (rua), (número), (bairro), (município), (estado), (CEP). **TÍTULO OU DOCUMENTO DE DÍVIDA**: (Natureza do título), (número), emitido em (data), data de vencimento (data). Valor da dívida (valor). **PROTOCOLO**: (número). Data do protocolo: (data). **DATA LIMITE/PAGAMENTO**: O pagamento deve ser feito até (data) – 03 dias úteis contados da protocolização do título ou documento de dívida. **VALOR A SER PAGO**: O pagamento será feito diretamente no Tabelionato, no valor igual ao declarado pelo apresentante, acrescido das custas, dos emolumentos e demais despesas comprovadas. Valor a protestar: R$ (valor). Emolumentos/Custas: R$ (valor). Valor a pagar: R$ (valor). **TIPO/MOTIVO DO PROTESTO**: Protesto do tipo comum, por falta de pagamento. **APRESENTANTE**: (PRENOME E SOBRENOME) – CPF (número). **CREDOR/SACADOR**: (PRENOME E SOBRENOME) – CPF (número). **ENDEREÇO DO TABELIONATO DE PROTESTO**: (rua), (número), (bairro), (município), (estado), (CEP). Funcionamento: (horário). Telefone (número). **ADVERTÊNCIA**: Não pago o título, retirado pelo apresentante ou sustado judicialmente, será lavrado o PROTESTO respectivo. Fica desde já cientificado que o referido protesto será comunicado às entidades de proteção ao crédito (art. 29 da Lei 9492/97). **Nada mais**. (Local), (data).

_____

Assinatura do Tabelião

---

8. Vide item 1.1.4.

5.4 EDITAL

5.4.1 Requisitos

É admitida a intimação por edital nas seguintes hipóteses (art. 15):

a) Devedor for desconhecido;

b) Localização incerta ou ignorada do devedor;

c) Devedor residente ou domiciliado fora da competência territorial do Tabelionato;

d) Ninguém se dispuser a receber a intimação no endereço fornecido pelo apresentante.

A Lei de Protesto não estabelece os elementos da intimação por edital, devendo o candidato se atentar ao disposto nas normas do Estado em que estiver prestando o concurso.

Amapá
Art. 406. A intimação-edital obedecerá aos padrões constantes de modelo aprovado pela Corregedoria.

Ceará
Art. 292.
§ 2º O edital conterá os seguintes requisitos:
I – nome do devedor e seu CNPJ/MF ou CPF/MF;
II – a data do pagamento;
III – o horário de funcionamento e o endereço do ofício.
IV – certificação da data de afixação;
V – a identificação do título ou do documento de dívida pela sua natureza e pelo número do protocolo;

Distrito Federal de Territórios
Art. 100.
§ 4º Do edital constarão o nome, o CPF ou CNPJ do devedor, o prazo de cumprimento da obrigação, o horário de funcionamento e o endereço físico e eletrônico da serventia.
§ 5º Além dos dados elencados no parágrafo anterior, constará do edital a informação de que os devedores deverão comparecer, pessoalmente, para quitar a dívida ou apresentar, via e-mail indicado pela serventia, cópia do documento de identificação e requerimento expresso para recebimento dos boletos por meio de endereço eletrônico fornecido pelos interessados.

Maranhão
Art. 748.
Parágrafo único. **O edital, no qual constarão os mesmos requisitos da intimação,** será afixado em lugar adequado no tabelionato, nele certificando-se tal ato e, publicado se no

local houver jornal de circulação diária, devendo ser arquivado, posteriormente, em ordem cronológica de publicação.

Mato Grosso
Art. 521.
§ 3º A intimação por edital será realizada por meio de jornal eletrônico criado para essa finalidade e **deve atender aos mesmos requisitos formais de intimação.**

Mato Grosso do Sul
Art. 1.833.
§ 3º A intimação deverá conter ao menos o nome, CPF ou CNPJ e endereço do devedor, os nomes do credor e do apresentante, com respectivos CPF e ou CNPJ, elementos de identificação do título ou documento de dívida e o prazo limite para cumprimento da obrigação no tabelionato, bem como o número do protocolo e o valor a ser pago, **exceção à intimação por edital que se limitará a conter o nome e a identificação do devedor.**

Minas Gerais
Art. 355. O edital conterá a data de sua afixação no mural da serventia e será publicado na Central de Editais Eletrônicos – CENEDI, com os seguintes requisitos:
I – nome e CPF ou CNPJ do devedor;
II – número do protocolo;
III – endereço e horário de funcionamento do Tabelionato de Protesto;
IV – informação sobre o prazo para o pagamento;
V – intimação para o aceite ou pagamento no tríduo legal, alertando-se quanto à possibilidade de oferecimento de resposta escrita no mesmo prazo.

Pará
Art. 422. O edital deverá conter a data de sua afixação e também os seguintes requisitos:
I –nome e endereço do devedor;
II – número do protocolo e data de apresentação;
III – endereço e horário de funcionamento do Tabelionato de Protesto;
IV – informação sobre o prazo para o pagamento;
V – intimação para o aceite ou pagamento no tríduo legal, alertando-se quanto à possibilidade de oferecimento de resposta escrita no mesmo prazo.
VI – a identificação do título ou documento de dívida pela sua natureza.

Paraíba
Art. 462. O edital deverá conter a data de sua afixação e também os seguintes requisitos:
I – nome e CPF do devedor;
II – número do protocolo, data de apresentação e valor a ser pago;
III – endereço e horário de funcionamento do Tabelionato de Protesto;
IV – informação sobre o prazo para o pagamento;
V – intimação para o aceite ou pagamento no tríduo legal, alertando-se quanto à possibilidade de oferecimento de resposta escrita no mesmo prazo.

Paraná

Art. 794. O **edital conterá os requisitos das demais formas de intimação**, e dele deverá também constar a data da afixação.

Pernambuco

518.

§ 3º O **edital** será afixado no tabelionato e publicado pela imprensa local onde houver jornal de circulação diária, **contendo os requisitos das demais formas de intimação** ou publicado, a critério dos tabeliães, no jornal eletrônico denominado "Jornal do Protesto de Pernambuco" (www.jornaldoprotestope.com.br), devidamente matriculado na forma do art. 122 da Lei 6.015/73, de livre acesso ao público até a data do registro do protesto, disponível na internet, divulgado e mantido pelo Instituto de Estudos de Protesto de Títulos do Brasil, Seção Pernambuco – IEPTB-PE.

Piauí

Art. 306.

§ 3º O **edital**, no qual será certificada a data da afixação, **conterá** o nome do devedor, o número de seu CPF, ou cédula de identidade, ou CNPJ, a identificação do título ou documento de dívida pela sua natureza e pelo número do protocolo, a indicação do código da Tabela de Custas correspondente à faixa de valor em que se insere e o prazo limite para cumprimento da obrigação no Tabelionato.

Rio de Janeiro

Art. 991.

§ 1º. O edital, no qual será certificada a data da afixação, conterá:

a) o nome do devedor;

b) o número de inscrição no Cadastro de Pessoas Físicas do Ministério da Fazenda (CPF/MF) ou da cédula de identidade, se o devedor for pessoa física;

c) o número de inscrição no Cadastro Nacional da Pessoa Jurídica (CNPJ), se o devedor for pessoa jurídica;

d) a identificação do título ou documento de dívida pela sua natureza e pelo número do protocolo, com indicação da letra do item 1 da Tabela 24 anexa à Lei Estadual 3.350/99, correspondente à faixa de valor em que se insere;

e) o prazo limite para cumprimento da obrigação no Tabelionato.

Rio Grande do Norte

Art. 618. O edital **deverá conter, no mínimo, os requisitos** previstos no art. 14, § 2º, da Lei 9.492/97.

§ 1º. A data de afixação do edital nele será certificada.

Rondônia

Art. 277.

§ 5º Os **editais conterão** o nome e documento de identificação do devedor, protocolo e prazo limite para cumprimento da obrigação, certificando-se neles a data da afixação.

Roraima

Art. 409. O **edital**, no qual será certificada a data da afixação, **conterá:**

I – o nome do devedor;

II – o número de inscrição no CPF/MF ou da cédula de identidade, se o devedor for pessoa física;

III – o número de inscrição no CNPJ, se o devedor for pessoa jurídica;

IV – a identificação do título ou documento de dívida pela sua natureza e pelo número do protocolo;

V – o prazo limite para cumprimento da obrigação no Tabelionato.

Santa Catarina

Art. 876. O edital de protesto deverá conter os seguintes requisitos:

I – o nome do devedor;

II – o número de inscrição no Cadastro de Pessoas Físicas do Ministério da Fazenda (CPF/MF) ou da cédula de identidade, se o devedor for pessoa física, ou o número de inscrição no Cadastro Nacional da Pessoa Jurídica (CNPJ), se o devedor for pessoa jurídica;

III – a identificação do título ou do documento de dívida pela sua natureza e pelo número do protocolo;

IV – o prazo limite para cumprimento da obrigação na serventia.

§ 1º A data de afixação do edital nele será certificada.

São Paulo

Cap. XV – Seção V

54.2. O **edital**, no qual será certificada a data da afixação, conterá:

a) o nome do devedor;

b) o número de inscrição no Cadastro de Pessoas Físicas do Ministério da Fazenda (CPF/MF) ou da cédula de identidade, se o devedor for pessoa física;

c) o número de inscrição no Cadastro Nacional da Pessoa Jurídica (CNPJ), se o devedor for pessoa jurídica;

d) a identificação do título ou do documento de dívida pela sua natureza e pelo número do protocolo;

e) o prazo limite para cumprimento da obrigação no Tabelionato.

Sergipe

Art. 228.

§ 2º. O **edital**, no qual será certificada a data da afixação, **conterá** o nome do devedor, o número de seu CPF, ou cédula de identidade, ou CNPJ, seu endereço se residir fora da competência territorial do Tabelião e o prazo limite para cumprimento da obrigação no Tabelionato.

5.4.2 Roteiro para redação do edital de intimação

a) **Cabeçalho:** vide item 5.1.1.1;

b) **Abertura:**

EDITAL DE INTIMAÇÃO DE PROTESTO

Faço saber que foi entregue para protesto o título de responsabilidade da pessoa abaixo relacionada.

c) **Motivo do edital:** Art. 15, da Lei 9.492/97;

MOTIVO DO EDITAL: Intimação feita por edital em razão de a pessoa indicada para pagar ser desconhecida no endereço informado.

d) **Requisitos:** Normas locais (Exemplo: São Paulo, Cap. XV – Seção V, 54.2):
d.1 Data da afixação do edital

DATA DO EDITAL: (data).

d.2 Nome e número do CPF ou CNPJ do devedor:

DADOS DO DEVEDOR: (PRENOME E SOBRENOME) – CPF (número). Endereço: (rua), (número), (bairro), (município), (estado), (CEP).

d.3 a identificação do título ou do documento de dívida pela sua natureza e pelo número do protocolo:

DADOS DO TÍTULO: Natureza: (cheque). Protocolo (número).

d.4 o prazo limite para cumprimento da obrigação no Tabelionato:

PRAZO LIMITE PARA PAGAMENTO: O pagamento deverá ser feito até (data).

e) **Fechamento:**
e.1 Encerramento;
e.2 Local e data;
e.3 Assinatura do Tabelião.

Fica o devedor acima intimado a comparecer a este tabelionato, com sede à (endereço), a fim de efetuar o pagamento ou outras providências, até a data acima, no horário das (hora) às (hora), sob pena de protesto.

(Local), (data)

_____

Assinatura do tabelião

5.4.3 Modelo de edital de intimação

(Brasão da República)

República Federativa do Brasil

(Estado da Federação)

(Comarca)

(Município)

TABELIONATO DE PROTESTO

Ou[9]

TABELIONATO DE PROTESTO

(Estado da Federação)

(Comarca)

(Município)

EDITAL DE INTIMAÇÃO

Faço saber que foi entregue para protesto o título de responsabilidade da pessoa abaixo relacionada. **MOTIVO DO EDITAL**: Intimação feita por edital em razão de a pessoa indicada para pagar ser desconhecida no endereço informado. **DATA DO EDITAL**: (data). **DADOS DO DEVEDOR**: (PRENOME E SOBRENOME) – CPF (número). Endereço: (rua), (número), (bairro), (município), (estado), (CEP). **DADOS DO TÍTULO**: Natureza: (cheque). Protocolo (número). **PRAZO LIMITE PARA PAGAMENTO**: O pagamento deverá ser feito até (data).

Fica o devedor acima intimado a comparecer a este tabelionato, com sede à (endereço), a fim de efetuar o pagamento ou outras providências, até a data acima, no horário das (hora) às (hora), sob pena de protesto.

(Local), (data)

_____

Assinatura do tabelião

5.5 LIVRO DE REGISTRO/LAVRATURA DO PROTESTO

5.5.1 Requisitos do registro

Após transcorrido o prazo legal, ou seja, três dias úteis contados da protocolização do título e não ocorrendo o pagamento do título, desistência do credor ou ordem judicial de sustação, o protesto será registrado em livro próprio (art. 20).

O protesto será tirado por falta de pagamento, de aceite ou de devolução (art. 21).

_____

9. Vide item 1.1.4.

Quanto aos requisitos do registro do protesto, estabelece a lei, *in verbis*:

Art. 22. O registro do protesto e seu instrumento **deverão conter**:
I – data e número de protocolização;
II – nome do apresentante e endereço;
III – reprodução ou transcrição do documento ou das indicações feitas pelo apresentante e declarações nele inseridas;
IV – certidão das intimações feitas e das respostas eventualmente oferecidas;
V – indicação dos intervenientes voluntários e das firmas por eles honradas;
VI – a aquiescência do portador ao aceite por honra;
VII – nome, número do documento de identificação do devedor e endereço;
VIII – data e assinatura do Tabelião de Protesto, de seus substitutos ou de Escrevente autorizado.
Parágrafo único. Quando o Tabelião de Protesto conservar em seus arquivos gravação eletrônica da imagem, cópia reprográfica ou micrográfica do título ou documento de dívida, dispensa-se, no registro e no instrumento, a sua transcrição literal, bem como das demais declarações nele inseridas.
Art. 23. Os termos dos protestos lavrados, inclusive para fins especiais, por falta de pagamento, de aceite ou de devolução serão registrados em um único livro e **conterão as anotações do tipo e do motivo do protesto**, além dos requisitos previstos no artigo anterior.
Parágrafo único. Somente poderão ser protestados, para fins falimentares, os títulos ou documentos de dívida de responsabilidade das pessoas sujeitas às consequências da legislação falimentar.

Deve o candidato mencionar, ainda, o envio das informações à Central Nacional de Serviços Eletrônicos dos Tabeliães de Protesto – CENPROT, conforme art. 18, do Provimento 87/2019, do Conselho Nacional de Justiça.

5.5.2   Roteiro para redação do protesto

a) **Cabeçalho**: vide item 5.1.1.1;

b) **Abertura**:

Aos (data), nesta Serventia de Tabelionato de Protesto do (município) e (comarca) do Estado de (Estado da Federação), sito na (endereço), ...

c) **Requisitos**:

c.1 data e número de protocolização e nome do apresentante e endereço (art. 22, I e II):

me foi apresentado por (PRENOME E SOBRENOME), residente na (endereço), na data de (data), protocolo (número), o seguinte título para ser protestado: ...

c.2 Reprodução ou transcrição do documento ou das indicações feitas pelo apresentante e declarações nele inseridas:

Legislação sobre o título protestado:
- Duplicata: art. 2º, § 1º, da Lei 5.474/1968;
- Cheque: art. 1º, da Lei 7.537/1985;
- Nota Promissória: art. 54, do Decreto 2.044/1908;
- Letra de Câmbio: art. 1º, do Decreto 2.044/1908.

DESCRIÇÃO DO TÍTULO: "descrição".

c.3 Certidão das intimações feitas e das respostas eventualmente oferecidas:

Certifico que o devedor foi intimado pessoalmente no endereço indicado pelo apresentante, não oferecendo nenhuma resposta nem pagamento no prazo indicado.

c.4 Indicação dos intervenientes voluntários e das firmas por eles honradas:

Foram indicados os seguintes intervenientes voluntários: (PRENOME E SOBRENOME), (firmas honradas).

c.5 Nome, número do documento de identificação do devedor e endereço:

DEVEDOR: (PRENOME E SOBRENOME), portador do documento de identificação (número), residente na (endereço).

c.6 Dispensa da transcrição literal do título (art. 22, parágrafo único):

Arquivada gravação eletrônica da imagem do título, ficando dispensada sua transcrição integral, nos termos do art. 22, parágrafo único, da Lei 9.492/1997.

c.7 Tipo e motivo do protesto (art. 23):

O protesto é comum e lavrado por falta de pagamento.

O protesto é comum e lavrado por falta de aceite.

O protesto é para fins falimentares e lavrado por falta de pagamento.

d) Envio de informações à CENPROT: Provimento 87/2019 do CNJ:

Informações enviadas à CENPROT, nos termos do Provimento 87/2019, do Conselho Nacional de Justiça.

e) Fechamento
e.1 Encerramento;
e.2 Local e data;

5 • TABELIONATO DE PROTESTO
173

e.3 Emolumentos: Provimento 86/2019 do CNJ;

e.4 Assinatura do Tabelião.

Nada mais havendo. Eu _____ Tabelião de Protesto registrei, conferi, assino e dou fé. (Local), (data). Emolumentos: R$ (valor) – pagamento postergado, nos termos do Provimento 86/2019, do Conselho Nacional de Justiça.

5.5.3 Modelo – Registro de protesto: Cheque

Lei 7.357/1985

Art. 1º O cheque contém:

I – a denominação "cheque" inscrita no contexto do título e expressa na língua em que este é redigido;

II – a ordem incondicional de pagar quantia determinada;

III – o nome do banco ou da instituição financeira que deve pagar (sacado);

IV – a indicação do lugar de pagamento;

V – a indicação da data e do lugar de emissão;

VI – a assinatura do emitente (sacador), ou de seu mandatário com poderes especiais.

(Brasão da República)

República Federativa do Brasil

(Estado da Federação)

(Comarca)

(Município)

TABELIONATO DE PROTESTO

Ou[10]

TABELIONATO DE PROTESTO

(Estado da Federação)

(Comarca)

(Município)

LIVRO (número)   **FOLHA (número)**

REGISTRO/INSTRUMENTO DE PROTESTO

Aos (data), nesta Serventia de Tabelionato de Protesto do (município) e (comarca) do Estado de (Estado da Federação), sito na (endereço), me foi **apresentado por** (PRENOME E SOBRENOME), residente na (endereço), na data de (data), protocolo (número), o seguinte título para ser protes-

---

10. Vide item 1.1.4.

tado: DESCRIÇÃO DO TÍTULO: "**Cheque** (número), do Banco (denominação). Ordem incondicional de pagar quantia determinada: pague a quantia de R$ (valor) à (PRENOME E SOBRENOME). Lugar do pagamento: (lugar). Data e lugar de emissão: (Local), (data). Assinado por (PRENOME E SOBRE-NOME)". **Certifico** que o devedor foi intimado pessoalmente no endereço indicado pelo apresentante, não oferecendo nenhuma resposta nem pagamento no prazo indicado. **DEVEDOR:** (PRENOME E SOBRENOME), portador do documento de identificação (número), residente na (endereço). Arquivada gravação eletrônica da imagem do título, ficando dispensada sua transcrição integral, nos termos do art. 22, parágrafo único, da Lei 9.492/1997. O protesto é **para fins falimentares e lavrado por falta de pagamento**. Informações enviadas à CENPROT, nos termos do Provimento 87/2019, do Conselho Nacional de Justiça **Nada mais havendo**. Eu _____ Tabelião de Protesto registrei, conferi, assino e dou fé. (Local), (data). Emolumentos: R$ (valor) – pagamento postergado, nos termos do Provimento 86/2019, do Conselho Nacional de Justiça.

5.5.4   Modelo – Registro de protesto: Nota Promissória

Decreto 2.044/1908

Art. 54. A nota promissória é uma promessa de pagamento e deve conter estes requisitos essenciais, lançados, por extenso no contexto:

I. a denominação de "Nota Promissória" ou termo correspondente, na língua em que for emitida;

II. a soma de dinheiro a pagar;

III. o nome da pessoa a quem deve ser paga;

IV. a assinatura do próprio punho da emitente ou do mandatário especial.

§ 1º Presume-se ter o portador o mandato para inserir a data e lugar da emissão da nota promissória, que não contiver estes requisitos.

§ 2º Será pagável à vista a nota promissória que não indicar a época do vencimento. Será pagável no domicílio do emitente a nota promissória que não indicar o lugar do pagamento. É facultada a indicação alternativa de lugar de pagamento, tendo o portador direito de opção.

§ 3º Diversificando as indicações da soma do dinheiro, será considerada verdadeira a que se achar lançada por extenso no contexto. Diversificando no contexto as indicações da soma de dinheiro, o título não será nota promissória.

Brasão da República)

República Federativa do Brasil

(Estado da Federação)

(Comarca)

(Município)

TABELIONATO DE PROTESTO

Ou[11]

---

11. Vide item 1.1.4.

TABELIONATO DE PROTESTO
(Estado da Federação)
(Comarca)
(Município)

LIVRO (número)   **FOLHA (número)**

REGISTRO/INSTRUMENTO DE PROTESTO

Aos (data), nesta Serventia de Tabelionato de Protesto do (município) e (comarca) do Estado de (Estado da Federação), sito na (endereço), me foi **apresentado por** (PRENOME E SOBRENOME), residente na (endereço), na data de (data), protocolo (número), o seguinte título para ser protestado: DESCRIÇÃO DO TÍTULO: "**Nota Promissória** emitida em (data). Vencimento: (data). Quantia a pagar: R$ (valor). Nome da pessoa a quem deve ser paga: (PRENOME E SOBRENOME). Lugar de pagamento (Município/Estado). Emitida e assinada por: (PRENOME E SOBRENOME)". **Certifico** que o devedor foi intimado pessoalmente no endereço indicado pelo apresentante, não oferecendo nenhuma resposta nem pagamento no prazo indicado. **DEVEDOR**: (PRENOME E SOBRENOME), portador do documento de identificação (número), residente na (endereço). Arquivada gravação eletrônica da imagem do título, ficando dispensada sua transcrição integral, nos termos do art. 22, parágrafo único, da Lei 9.492/1997. O protesto é comum e lavrado por **falta de pagamento**. Informações enviadas à CENPROT, nos termos do Provimento 87/2019, do Conselho Nacional de Justiça **Nada mais havendo**. Eu _____ Tabelião de Protesto registrei, conferi, assino e dou fé. (Local), (data). Emolumentos: R$ (valor) – pagamento postergado, nos termos do Provimento 86/2019, do Conselho Nacional de Justiça.

5.5.5 Modelo – Registro de protesto: Letra de Câmbio

Decreto 2.044/1908

Art. 1º. letra de câmbio é uma ordem de pagamento e deve conter requisitos, lançados, por extenso, no contexto:

I. A denominação "letra de câmbio" ou a denominação equivalente na língua em que for emitida.

II. A soma de dinheiro a pagar e a espécie de moeda.

III. O nome da pessoa que deve pagá-la. Esta indicação pode ser inserida abaixo do contexto.

IV. O nome da pessoa a quem deve ser paga. A letra pode ser ao portador e também pode ser emitida por ordem e conta de terceiro. O sacador pode designar-se como tomador.

V. A assinatura do próprio punho do sacador ou do mandatário especial. A assinatura deve ser firmada abaixo do contexto.

Art. 4º Presume-se mandato ao portador para inserir a data e o lugar do saque, na letra que não os contiver.

Art. 7º A época do pagamento deve ser precisa, uma e única para a totalidade da soma cambial.

(Brasão da República)

República Federativa do Brasil

(Estado da Federação)

(Comarca)

(Município)

TABELIONATO DE PROTESTO

Ou[12]

TABELIONATO DE PROTESTO

(Estado da Federação)

(Comarca)

(Município)

LIVRO (número)   FOLHA (número)

REGISTRO/INSTRUMENTO DE PROTESTO

Aos (data), nesta Serventia de Tabelionato de Protesto do (município) e (comarca) do Estado de (Estado da Federação), sito na (endereço), me foi **apresentado por** (PRENOME E SOBRENOME), residente na (endereço), na data de (data), protocolo (número), o seguinte título para ser protestado: DESCRIÇÃO DO TÍTULO: "**Letra de câmbio** (número). Quantia e espécie da moeda: R$ (valor). Sacado: (PRENOME E SOBRENOME). Beneficiário: (PRENOME E SOBRENOME). Data e lugar do saque: Emitida em (lugar), na data de (data). Sacador: assinada por (PRENOME E SOBRENOME)". **Certifico** que o devedor foi intimado pessoalmente no endereço indicado pelo apresentante, não oferecendo nenhuma resposta nem pagamento no prazo indicado. **DEVEDOR:** (PRENOME E SOBRENOME), portador do documento de identificação (número), residente na (endereço). Arquivada gravação eletrônica da imagem do título, ficando dispensada sua transcrição integral, nos termos do art. 22, parágrafo único, da Lei 9.492/1997. O protesto é comum e lavrado por **falta de aceite**. Informações enviadas à CENPROT, nos termos do Provimento 87/2019, do Conselho Nacional de Justiça **Nada mais havendo**. Eu _____ Tabelião de Protesto registrei, conferi, assino e dou fé. (Local), (data). Emolumentos: R$ (valor) – pagamento postergado, nos termos do Provimento 86/2019, do Conselho Nacional de Justiça.

---

12. Vide item 1.1.4.

6
TABELIONATO DE NOTAS

6.1 REGRAS GERAIS

6.1.1 Escrituração

Ao notário compete intervir nos atos e negócios jurídicos a que as partes devam ou queiram dar forma legal ou autenticidade, autorizando a redação ou redigindo os instrumentos adequados, formalizando juridicamente suas vontades, garantindo--lhe eficácia e validade (Lei 8.935/94, art. 6º).

Nesse diapasão, compete exclusivamente ao Tabelião de Notas (art. 7º):

I – lavrar escrituras e procurações, públicas;

II – lavrar testamentos públicos e aprovar os cerrados;

III – lavrar atas notariais;

IV – reconhecer firmas;

V – autenticar cópias.

Não há lei específica que regulamente de forma detalhada a lavratura de cada espécie de ato notarial, tal qual ocorre com os registros públicos[1]. As regras para lavratura dos atos de competência do notário estão espalhadas por diversas leis[2] e atos normativos do Conselho Nacional de Justiça e, ainda, nas normas estaduais, devendo o candidato ficar atento às normas específicas do Estado em que estiver prestando concurso.

Para elaboração dos modelos dos atos notariais, utilizaremos os requisitos da escritura pública estabelecidos no art. 215 do Código Civil como parâmetro geral:

Art. 215. A escritura pública, lavrada em notas de tabelião, é documento dotado de fé pública, fazendo prova plena.

§ 1º Salvo quando exigidos por lei outros requisitos, a escritura pública deve conter:

I – data e local de sua realização;

II – reconhecimento da identidade e capacidade das partes e de quantos hajam comparecido ao ato, por si, como representantes, intervenientes ou testemunhas;

III – nome, nacionalidade, estado civil, profissão, domicílio e residência das partes e demais comparecentes, com a indicação, quando necessário, do regime de bens do casamento, nome do outro cônjuge e filiação;

---

1. Lei 6.015/1973.
2. Lei 10.406/2002, Lei 7.433/1985, Decreto 93.240/1986, Resolução CNJ 35/2007, Lei 5.709/1971 etc.

IV – manifestação clara da vontade das partes e dos intervenientes;

V – referência ao cumprimento das exigências legais e fiscais inerentes à legitimidade do ato;

VI – declaração de ter sido lida na presença das partes e demais comparecentes, ou de que todos a leram;

VII – assinatura das partes e dos demais comparecentes, bem como a do tabelião ou seu substituto legal, encerrando o ato.

§ 2º Se algum comparecente não puder ou não souber escrever, outra pessoa capaz assinará por ele, a seu rogo.

§ 3º A escritura será redigida na língua nacional.

§ 4º Se qualquer dos comparecentes não souber a língua nacional e o tabelião não entender o idioma em que se expressa, deverá comparecer tradutor público para servir de intérprete, ou, não o havendo na localidade, outra pessoa capaz que, a juízo do tabelião, tenha idoneidade e conhecimento bastantes.

§ 5º Se algum dos comparecentes não for conhecido do tabelião, nem puder identificar-se por documento, deverão participar do ato pelo menos duas testemunhas que o conheçam e atestem sua identidade.

Serão apresentados modelos de fácil assimilação, que deverão ser complementados pela norma estadual, conforme o caso apresentado na prova.

Roteiro geral para redação do instrumento público notarial:

a) Cabeçalho;

b) Abertura;

c) Comparecimento e qualificação das partes;

d) Reconhecimento da identidade e capacidade das partes;

e) Manifestação da vontade;

f) Fechamento.

A escrituração dos atos notariais deve ser seguida, sem claros ou espaços em branco, não sendo admitidas abreviaturas em palavras ou nomes de pessoas, senão quando autorizadas por lei.

Caso o candidato, durante da redação da peça prática notarial, cometa algum equívoco ou erro, consignará o termo *digo*, logo após a palavra errada, repetindo-a de forma correta. Se o erro, equívoco ou omissão de informação somente for verificado após redação completa do ato, fará ressalva no fim do texto e antes das assinaturas. Sendo após as assinaturas, será feita a corrigenda "em tempo", com nova subscrição.

6.1.1.1 Cabeçalho

Quanto ao cabeçalho remetemos o leitor ao quanto estudado no item 1.1.4. Após o cabeçalho, serão lançados os números do livro e da folha onde lançados o ato notarial.

(Brasão da República)

República Federativa do Brasil

(Estado da Federação)

(Comarca)

(Município)

TABELIONATO DE NOTAS

Livro (espécie)   **(número)**   **Folha (número)**

Ou

TABELIONATO DE NOTAS

(Estado da Federação)

(Comarca)

(Município)

Livro (espécie) (número) Folha (número)

6.1.1.2 Abertura

Na praxe notarial, o tipo de instrumento público lavrado é indicado na sua ementa:

ESCRITURA PÚBLICA DE COMPRA E VENDA QUE FAZEM AS PARTES ABAIXO NOMEADAS E QUA-LIFICADAS:

PROCURAÇÃO PÚBLICA QUE FAZ (PRENOME E SOBRENOME), NA FORMA ABAIXO:

ESCRITURA PÚBLICA DE DOAÇÃO QUE FAZEM (PRENOME E SOBRENOME) E (PRENOME E SOBRE-NOME), NA FORMA ABAIXO:

ESCRITURA PÚBLICA DE INVENTÁRIO E PARTILHA AMIGÁVEL DO ESPÓLIO DE (PRENOME E SOBRE-NOME), NA FORMA ABAIXO:

TESTAMENTO PÚBLICO QUE FAZ (PRENOME E SOBRENOME), NA FORMA ABAIXO:

Em seguida, o ato notarial inicia-se com a indicação da data e local de sua realização (CC, art. 215, I)

Quanto à data, será mencionado o dia, o mês e o ano, como forma de verificar o momento da manifestação de vontade. Já o local da lavratura do ato, demonstrará a observância à regra da competência territorial, podendo ser na própria Serventia Notarial ou outro lugar, desde que dentro do município da delegação.

SAIBAM quantos este público instrumento virem que, ao (dia) do (mês) do (ano), nesta Serventia de Tabelionato de Notas do (município) e (comarca) do Estado de (Estado da Federação), sito na (endereço), **perante mim** Tabelião de Notas, ...

Ao (dia) do (mês) do (ano), nesta Serventia de Tabelionato de Notas do (município) e (comarca) do Estado de (Estado da Federação), sito na (endereço), **perante mim** Tabelião de Notas, ...

6.1.1.3   Comparecimento e qualificação das partes

A prática do ato notarial está vinculada ao princípio da rogação (ou da instância), ou seja, o Tabelião de Notas redige o instrumento público sempre à requerimento de pessoa interessada.

Estabelece a Lei dos Notários e Registradores (Lei 8.935/1994) que é "livre a escolha do tabelião de notas, qualquer que seja o domicílio das partes ou o lugar de situação dos bens objeto do ato ou negócio" (art. 8º). Porém, o Tabelião de Notas sempre exercerá sua atividade dentro da circunscrição territorial de sua delegação (art. 9º).

Assim, o Tabelião de Notas irá identificar e qualificar os comparecentes do ato (CC, art. 215, III), consignando os nomes e o estado jurídico completo (nacionalidade, estado civil, profissão, domicílio, número do documento de identificação e número da inscrição no cadastro de pessoa física da Receita Federal). Quando se tratar de pessoa física casada, mencionar-se-á o nome do cônjuge e regime de bens.

Também irá mencionar a qualidade do comparecente, ou seja, se assina como outorgante, outorgado, vendedor, comprador, doador, donatário, cedente, cessionário, declarante, testador, testemunha, anuente etc.

... compareceu como **OUTORGANTE** (PRENOME E SOBRENOME), (nacionalidade), (estado civil), (profissão), (domicílio), documento de identidade (número), CPF (número).

... compareceram, de um lado como **OUTORGANTE VENDEDOR** (PRENOME E SOBRENOME), (nacionalidade), (estado civil), (profissão), (domicílio), documento de identidade (número), CPF (número); e, de outro lado como **OUTORGADO COMPRADOR** (PRENOME E SOBRENOME), (nacionalidade), (estado civil), (profissão), (domicílio), documento de identidade (número), CPF (número).

... compareceram como **OUTORGANTES RECIPROCAMENTE OUTORGADOS, o casal**: (PRENOME E SOBRENOME), (nacionalidade), (estado civil), (profissão), (domicílio), documento de identidade (número), CPF (número) **e** (PRENOME E SOBRENOME), (nacionalidade), (estado civil), (profissão), (domicílio), documento de identidade (número), CPF (número), acompanhados de seu **advogado** (PRENOME E SOBRENOME), (nacionalidade), (estado civil), (profissão), inscrição OAB (número), (domicílio), documento de identidade (número), CPF (número).

... compareceram como **TESTADOR** (PRENOME E SOBRENOME), (nacionalidade), (estado civil), (profissão), (domicílio), documento de identidade (número), CPF (número) e como **TESTEMUNHAS**

6 • TABELIONATO DE NOTAS

(PRENOME E SOBRENOME), (nacionalidade), (estado civil), (profissão), (domicílio), documento de identidade (número), CPF (número) e (PRENOME E SOBRENOME), (nacionalidade), (estado civil), (profissão), (domicílio), documento de identidade (número), CPF (número).

O candidato deve sempre verificar se a norma estadual do lugar do concurso exige outros dados a serem mencionados na qualificação das partes do ato notarial.

6.1.1.4 Reconhecimento da identidade e capacidade dos comparecentes

Na sequência, o Tabelião de Notas irá reconhecer a identidade das partes, seja mediante documento oficial ou pelo testemunho de duas pessoas que conheçam o comparecente[3].

Outro requisito relevante é o reconhecimento da capacidade das partes para o ato a ser praticado (CC, art. 215, II). O notário deve verificar o completo entendimento do comparecente em relação ao ato, bem como as consequências jurídicas dele decorrentes.

O presente reconhecido como o próprio, pela documentação civil que me foi apresentada, aqui mencionada, de cuja identidade e capacidade jurídica dou fé.

As presentes pessoas reconhecidas como as próprias, pela documentação civil que me foi apresentada, aqui mencionada, de cujas identidades e capacidade jurídica dou fé.

O presente reconhecido como o próprio, pelas testemunhas abaixo nomeadas e qualificadas e no fim assinadas, minhas conhecidas, de cuja identidade e capacidade jurídica dou fé.

6.1.1.5 Manifestação da vontade das partes

Como mencionado, o Tabelião de Notas formaliza juridicamente a vontade das partes. E, conforme cada tipo de ato notarial ter-se-á determinada manifestação de vontade, esta podendo ser:

a) Nomeação de mandatário, conferindo-lhe certos poderes: procuração;

b) Formalização de negócio jurídico translativo: compra e venda, doação, permuta;

c) Antecipação da capacidade civil de filho menor de idade: emancipação;

d) Disposição de última vontade, criando, transmitindo ou extinguindo direitos após sua morte: testamento;

e) Verificação e constatação de um fato: ata notarial.

---

3. CC, art. 215. § 5° Se algum dos comparecentes não for conhecido do tabelião, nem puder identificar-se por documento, deverão participar do ato pelo menos duas testemunhas que o conheçam e atestem sua identidade.

Dessa forma, este item ("manifestação da vontade das partes") terá requisitos específicos, de acordo com o ato notarial a ser lavrado.

Então, pelo outorgante me foi declarado, que ...

Nos modelos adiante apresentados, serão detalhados os requisitos de cada manifestação de vontade.

6.1.1.6 Fechamento

Não havendo nada a mais a ser declarado pelas partes ou consignado pelo Tabelião de Notas, será encerrado o ato, com as formalidades abaixo:

a) Referência ao cumprimento das exigências legais e fiscais inerentes à legitimidade do ato (CC, art. 215, V);

b) Declaração de ter sido lida na presença das partes e demais comparecentes, ou de que todos a leram (CC, art. 215, VI);

c) Compartilhamento do ato com a CENSEC: Provimento 18/2012 do CNJ;

d) Encerramento tradicional do ato pelo Tabelião;

e) Emolumentos: o candidato deve verificar a cobrança de emolumentos de acordo com o Estado em que estiver prestando concurso;

f) Selo[4];

g) Emissão e entrega do primeiro traslado;

h) Local para assinaturas (CC, art. 215, VII).

NADA MAIS DECLAROU. Foram cumpridas as exigências legais e fiscais inerentes à legitimidade do ato. **Lido em alta voz** perante o outorgante, sendo por ele achado conforme em todos os termos. **Será procedido o cadastro do presente ato**, no prazo legal, junto à Central Notarial de Serviços Eletrônicos Compartilhados – CENSEC, conforme estabelece o Provimento 18/2012, do Conselho Nacional de Justiça. Eu, _____ Tabelião de Notas lavrei, subscrevo e dou fé, encerrando o ato. Emolumentos (valor). Selo de fiscalização (número). Traslado emitido e entregue em seguida.

_____

Assinatura do outorgante

_____

Assinatura do Tabelião

---

4.   Alguns Estados usam a denominação "selo de autenticidade", outros usam "selo de fiscalização".

6 • TABELIONATO DE NOTAS **183**

NADA MAIS DECLARARAM. Foram cumpridas as exigências legais e fiscais inerentes à legitimidade do ato. **Lido em alta voz** perante as partes, sendo por elas achado conforme em todos os termos. **Será procedido o cadastro do presente ato**, no prazo legal, junto à Central Notarial de Serviços Eletrônicos Compartilhados – CENSEC, conforme estabelece o Provimento 18/2012, do Conselho Nacional de Justiça. Eu, _____ Tabelião de Notas lavrei, subscrevo e dou fé, encerrando o ato. Emolumentos (valor). Selo de fiscalização (número). Traslado emitido e entregue em seguida.

_____
Assinatura do outorgante

_____
Assinatura do outorgado

_____
Assinatura do Tabelião

6.2 PROCURAÇÃO

6.2.1 Legislação aplicável

O mandato é regulamentado no Código Civil, em seus artigos 653 a 691. Os requisitos da procuração são estabelecidos nas normas estaduais, devendo o candidato ficar atento a elas.

6.2.2 Roteiro para redação da procuração

a) *Cabeçalho*;

b) *Abertura*:

    b.1 Ementa;

    b.2 Data e local da lavratura;

    b.3 Indicação de presença perante o Tabelião.

PROCURAÇÃO PÚBLICA QUE FAZ (PRENOME E SOBRENOME), NA FORMA ABAIXO:

SAIBAM quantos este público instrumento virem que, ao (dia) do (mês) do (ano), às (horário) nesta Serventia de Tabelionato de Notas do (município) e (comarca) do Estado de (Estado da Federação), sito na (endereço), **perante mim** Tabelião de Notas, ...

c) *Comparecimento e qualificação do comparecente*: outorgante mandante;

compareceu como OUTORGANTE: (PRENOME E SOBRENOME), (nacionalidade), (estado civil), (profissão), (domicílio), documento de identidade (número), CPF (número). ...

d) *Reconhecimento da identidade e capacidade do comparecente* (CC, art. 215, II);

A presente pessoa reconhecida como a própria, pela documentação civil que me foi apresentada, aqui mencionada, de cuja identidade e capacidade jurídica dou fé. ...

e) *Manifestação da vontade*: outorga de mandato (CC, art. 653 e seguintes)

    e.1 nomeação de procurador (qualificação);

    e.2 poderes conferidos: descrever de acordo com o caso apresentado na prova;

    e.3 possibilidade de substabelecimento ou não;

    e.4 prazo do mandato[5].

Então, pelo outorgante me foi declarado, que por este público instrumento nomeia e constitui seu bastante PROCURADOR (PRENOME E SOBRENOME), (nacionalidade), (estado civil), (profissão), (domicílio), documento de identidade (número), CPF (número), **a quem confere poderes gerais e especiais para** (poderes); enfim, praticar todos os demais atos necessários ao fiel cumprimento do presente mandato, podendo ainda substabelecer, no todo ou em parte, com ou sem reservas de iguais poderes. O presente mandato é gratuito e outorgado por prazo de (prazo), a contar de sua lavratura.

f) *Fechamento*:

    f.1 Referência ao cumprimento das exigências legais e fiscais inerentes à legitimidade do ato (CC, art. 215, V);

    f.2 Declaração de ter sido lida na presença das partes e demais comparecentes, ou de que todos a leram (CC, art. 215, VI);

    f.3 Compartilhamento do ato com a CENSEC: Provimento 18/2012 do CNJ;

    f.4 Encerramento tradicional do ato pelo Tabelião;

    f.5 Emolumentos

    f.6 Selo;

    f.7 Emissão e entrega do primeiro traslado;

    f.8 Local para assinaturas.

NADA MAIS DECLAROU. Foram cumpridas as exigências legais e fiscais inerentes à legitimidade do ato. **Lido em alta voz perante o outorgante**, sendo por ele achado conforme em todos os termos. Será procedido o cadastro do presente ato, no prazo legal, junto à Central Notarial de Serviços Eletrônicos Compartilhados – CENSEC, conforme estabelece o Provimento 18/2012, do Conselho Nacional de Justiça. Eu, _____ Tabelião de Notas lavrei, subscrevo e dou fé, encerrando o ato. **Emolumentos** (valor). **Selo** de fiscalização (número). **Traslado emitido e entregue em seguida**.

_____

Assinatura do outorgante

_____

Assinatura do Tabelião

---

5. Diversas normas estaduais exigem a consignação de prazo de validade da procuração.

6.2.3 Modelo de procuração pública

(Brasão da República)
República Federativa do Brasil
(Estado da Federação)
(Comarca)
(Município)
TABELIONATO DE NOTAS

Livro de Procuração (número)   **Folha (número)**

Ou

TABELIONATO DE NOTAS
(Estado da Federação)
(Comarca)
(Município)

Livro de Procuração (número)   **Folha (número)**

PROCURAÇÃO PÚBLICA QUE FAZ (PRENOME E SOBRENOME), NA FORMA ABAIXO:

SAIBAM quantos este público instrumento virem que, aos (dia) do (mês) do (ano), nesta Serventia de Tabelionato de Notas do (município) e (comarca) do Estado de (Estado da Federação), sito na (endereço), perante mim Tabelião de Notas, **compareceu** como **OUTORGANTE** (PRENOME E SOBRENOME), (nacionalidade), (estado civil), (profissão), (domicílio), documento de identidade (número), CPF (número). O **presente reconhecido** como o próprio, pela documentação civil que me foi apresentada, aqui mencionada, de cuja identidade e capacidade jurídica dou fé. **Então, pelo outorgante me foi declarado**, que por este público instrumento **nomeia e constitui seu bastante PROCURADOR**[6] (PRENOME E SOBRENOME), (nacionalidade), (estado civil), (profissão), (domicílio), documento de identidade (número), CPF (número), **a quem confere poderes gerais e especiais** para (poderes)[7]; enfim, praticar todos os demais atos necessários ao fiel cumprimento do presente mandato, **podendo ainda substabelecer**, no todo ou em parte, com ou sem reservas de iguais poderes. O presente mandato é gratuito[8] e outorgado por **prazo** de (prazo), a

---

6. CC, Art. 666. O maior de dezesseis e menor de dezoito anos não emancipado pode ser mandatário, mas o mandante não tem ação contra ele senão de conformidade com as regras gerais, aplicáveis às obrigações contraídas por menores.
7. Art. 660. O mandato pode ser especial a um ou mais negócios determinadamente, ou geral a todos os do mandante.
   Art. 661. O mandato em termos gerais só confere poderes de administração.
   § 1º Para alienar, hipotecar, transigir, ou praticar outros quaisquer atos que exorbitem da administração ordinária, depende a procuração de poderes especiais e expressos.
   § 2º O poder de transigir não importa o de firmar compromisso.
8. CC, Art. 658. O mandato presume-se gratuito quando não houver sido estipulada retribuição, exceto se o seu objeto corresponder ao daqueles que o mandatário trata por ofício ou profissão lucrativa.

contar de sua lavratura. **NADA MAIS DECLAROU**. Foram cumpridas as exigências legais e fiscais inerentes à legitimidade do ato. **Lido em alta voz perante o outorgante**, sendo por ele achado conforme em todos os termos. **Será procedido o cadastro** do presente ato, no prazo legal, junto à Central Notarial de Serviços Eletrônicos Compartilhados – CENSEC, conforme estabelece o Provimento 18/2012, do Conselho Nacional de Justiça. Eu, _____ Tabelião de Notas lavrei, subscrevo e dou fé, encerrando o ato. **Emolumentos** (valor). **Selo de fiscalização** (número). **Traslado emitido e entregue em seguida**.

_____

Assinatura do outorgante

_____

Assinatura do Tabelião

6.3 PROCURAÇÃO EM CAUSA PRÓPRIA

6.3.1 Legislação aplicável

O "mandato em causa própria" é outorgado no exclusivo interesse do procurador, em solução definitiva de negócio jurídico entre mandante e mandatário, com natureza contratual, pelo qual autoriza-se a transferência de domínio de bem móvel ou imóvel pertencente ao outorgante.

Estabelece o Código Civil:

> **Art. 685**. **Conferido o mandato com a cláusula "em causa própria"**, a sua revogação não terá eficácia, nem se extinguirá pela morte de qualquer das partes, ficando o mandatário dispensado de prestar contas, e podendo transferir para si os bens móveis ou imóveis objeto do mandato, obedecidas as formalidades legais.

Referida espécie de mandato tem seus requisitos específicos regulamentados nas normas de cada Estado, as quais, em sua maioria, estabelecem que a procuração em causa própria relativa a imóveis deverá conter os requisitos da compra e venda (coisa, preço e consentimento) e por suas normas serão regidas, sendo o mandatário dispensando da prestação de contas.

Assim, o candidato redigirá o ato conforme modelo apresentado para as demais procurações e acrescentará:

a) A descrição do imóvel, mencionando-se matrícula e cadastro imobiliário;

b) Valor, forma de pagamento e quitação;

c) Recolhimento do imposto de transmissão.

_____

Parágrafo único. Se o mandato for oneroso, caberá ao mandatário a retribuição prevista em lei ou no contrato. Sendo estes omissos, será ela determinada pelos usos do lugar, ou, na falta destes, por arbitramento.

6.3.2 Roteiro para redação de procuração em causa própria

a) *Cabeçalho*;

b) *Abertura*:

b.1 Ementa;

b.2 Data e local da lavratura;

b.3 Indicação de presença perante o Tabelião.

PROCURAÇÃO PÚBLICA EM CAUSA PRÓPRIA QUE FAZ (PRENOME E SOBRENOME), NA FORMA ABAIXO:

SAIBAM quantos este público instrumento virem que, ao (dia) do (mês) do (ano), às (horário) nesta Serventia de Tabelionato de Notas do (município) e (comarca) do Estado de (Estado da Federação), sito na (endereço), **perante mim** Tabelião de Notas, ...

c) *Comparecimento e qualificação do comparecente*: outorgante mandante;

compareceu como OUTORGANTE: (PRENOME E SOBRENOME), (nacionalidade), (estado civil), (profissão), (domicílio), documento de identidade (número), CPF (número). ...

d) *Reconhecimento da identidade e capacidade do comparecente* (CC, art. 215, II);

A presente pessoa reconhecida como a própria, pela documentação civil que me foi apresentada, aqui mencionada, de cuja identidade e capacidade jurídica dou fé. ...

e) *Manifestação da vontade*: outorga de mandato (CC, art. 653 e seguintes)

e.1 nomeação de procurador (qualificação);

Então, pelo outorgante me foi declarado, que por este público instrumento nomeia e constitui seu bastante PROCURADOR (PRENOME E SOBRENOME), (nacionalidade), (estado civil), (profissão), (domicílio), documento de identidade (número), CPF (número), ...

e.2 poderes conferidos: transferência de bem imóvel do outorgante para si próprio:

– Descrição do imóvel, mencionando matrícula e cadastro;

– Valor, forma de pagamento e quitação;

a quem confere poderes específicos para transferir, vender e/ou alienar, **para si próprio**, o seguinte bem: imóvel urbano constituído por (identificação do imóvel), situado em (logradouro), (número), (bairro), (cidade), (estado), matrícula (número) do Cartório de Registro de Imóveis de (município/estado) e cadastro imobiliário municipal (número), **pelo valor de R$ (valor)**, já anteriormente recebido do procurador, à vista e em moeda corrente nacional, do qual dou plena quitação, transmitindo nesse ato a posse do imóvel; ...

– Demais poderes de transmissão do bem:

podendo a qualquer momento lavrar, aceitar e assinar a competente escritura pública venda para si próprio e quaisquer documentos necessários, inclusive os de aditamento e/ou rerratificação; transmitir e receber posse, domínio, direitos e ação, melhor descrever e caracterizar o imóvel; representá-lo perante qualquer Tabelionato de Notas e demais órgãos públicos.

e.3 Menção à irrevogabilidade do mandato nos termos do art. 685, CC:

A presente procuração é feita nos termos do art. 685 do Código Civil, gerando os efeitos da irrevogabilidade, sendo que eventual revogação não terá eficácia, nem se extinguirá pela morte de qualquer das partes.

e.4 Dispensa da prestação de contas (CC, art. 685, parte final):

O procurador fica dispensado da prestação de contas, podendo transferir para si o imóvel objeto deste mandato, obedecidas as formalidades legais.

e.5 Prazo do mandato e possibilidade de substabelecimento ou não:

O presente mandato é gratuito e outorgado por prazo indeterminado, vedado o substabelecimento.

f) *Fechamento*:

f.1 Referência ao cumprimento das exigências legais e fiscais inerentes à legitimidade do ato (CC, art. 215, V);

f.2 Declaração de ter sido lida na presença das partes e demais comparecentes, ou de que todos a leram (CC, art. 215, VI);

f.3 Compartilhamento do ato com a CENSEC: Provimento 8/2012 do CNJ;

f.4 Encerramento tradicional do ato pelo Tabelião;

f.5 Emolumentos

f.6 Selo;

f.7 Emissão e entrega do primeiro traslado;

f.8 Local para assinaturas.

NADA MAIS DECLAROU. Foram cumpridas as exigências legais e fiscais inerentes à legitimidade do ato. **Lido em alta voz perante o outorgante**, sendo por ele achado conforme em todos os termos. Será procedido o cadastro do presente ato, no prazo legal, junto à Central Notarial de Serviços Eletrônicos Compartilhados – CENSEC, conforme estabelece o Provimento 18/2012, do Conselho Nacional de Justiça. Eu, _____ Tabelião de Notas lavrei, subscrevo e dou fé, encerrando o ato. **Emolumentos** (valor). **Selo** de fiscalização (número). **Traslado emitido e entregue em seguida**.

_____

Assinatura do outorgante

_____

Assinatura do Tabelião

6.3.3 Modelo de procuração em causa própria

(Brasão da República)

República Federativa do Brasil

(Estado da Federação)

(Comarca)

(Município)

TABELIONATO DE NOTAS

Livro de Procuração (número)   **Folha (número)**

Ou

TABELIONATO DE NOTAS

(Estado da Federação)

(Comarca)

(Município)

Livro de Procuração (número)   **Folha (número)**

PROCURAÇÃO PÚBLICA EM CAUSA PRÓPRIA QUE FAZ (PRENOME E SOBRENOME), NA FORMA ABAIXO:

SAIBAM quantos este público instrumento virem que, ao (dia) do (mês) do (ano), às (horário) nesta Serventia de Tabelionato de Notas do (município) e (comarca) do Estado de (Estado da Federação), sito na (endereço), **perante mim** Tabelião de Notas, **compareceu** como OUTORGANTE: (PRENOME E SOBRENOME), (nacionalidade), (estado civil), (profissão), (domicílio), documento de identidade (número), CPF (número). A presente pessoa reconhecida como a própria, pela documentação civil que me foi apresentada, aqui mencionada, de cuja identidade e capacidade jurídica dou fé. **Então, pelo outorgante me foi declarado, que por este público instrumento nomeia e constitui seu bastante PROCURADOR** (PRENOME E SOBRENOME), (nacionalidade), (estado civil), (profissão), (domicílio), documento de identidade (número), CPF (número); **a quem confere poderes específicos para transferir, vender e/ou alienar, para si próprio, o seguinte bem**: imóvel urbano constituído por (identificação do imóvel), situado em (logradouro), (número), (bairro), (cidade), (estado), matrícula (número) do Cartório de Registro de Imóveis de (município/estado) e cadastro imobiliário municipal (número), pelo valor de R$ (valor), **já anteriormente recebido do procurador, à vista e em moeda corrente nacional, do qual dou plena quitação,** transmitindo nesse ato a posse do imóvel; podendo a qualquer momento lavrar, aceitar e assinar a competente escritura pública de venda para si próprio e quaisquer documentos necessários, inclusive os de aditamento e/ou rerratificação; transmitir e receber posse, domínio, direitos e ação, melhor descrever e caracterizar o imóvel; representá-lo perante qualquer Tabelionato de Notas e demais órgãos públicos. **A presente procuração é feita nos termos do art. 685 do Código Civil, gerando os efeitos da irrevogabilidade,** sendo que eventual revogação não terá eficácia, nem se extinguirá pela morte de qualquer das partes. **O procurador fica dispensado da prestação de contas**, podendo transferir para si o imóvel objeto deste mandato, obedecidas as formalidades legais. O presente mandato é gratuito e **outorgado por prazo indeterminado,** **vedado o substabelecimento. NADA MAIS DECLAROU.** Foram cumpridas as exigências legais e fiscais inerentes à legitimidade do ato. **Lido em alta voz perante o outorgante,** sendo por ele achado conforme em todos os termos. Será procedido o cadastro do presente ato, no prazo legal, junto à Central Notarial de Serviços Eletrônicos Compartilhados – CENSEC, conforme estabelece o Provimento 18/2012, do Conselho Nacional de Justiça. Eu, _____ Tabelião de Notas lavrei, subscrevo e dou fé, encerrando o ato. **Emolumentos** (valor). **Selo** de fiscalização (número). **Tras-lado emitido e entregue em seguida.**

_____

Assinatura do outorgante

_____

Assinatura do Tabelião

6.4 ESCRITURA DE EMANCIPAÇÃO

6.4.1 Legislação aplicável

Ao ato de emancipação voluntária, outorgado pelos genitores do menor, apli-cam-se as seguintes normas:

Código Civil:
Art. 5º
Parágrafo único. Cessará, para os menores, a incapacidade:
I – pela **concessão dos pais,** ou de um deles na falta do outro, mediante **instrumento públi-co,** independentemente de homologação judicial, ou por sentença do juiz, ouvido o tutor, se o menor tiver dezesseis anos completos;
[...]
Art. 1.635. Extingue-se o poder familiar:
[...]
II – pela emancipação, nos termos do art. 5º, parágrafo único;
Lei 6.015/1973
Art. 89. No cartório do 1º Ofício ou da 1ª subdivisão judiciária de cada comarca serão re-gistrados, em livro especial, as sentenças de emancipação, bem como os atos dos pais que a concederem, **em relação aos menores nela domiciliados.**
Art. 91. [...]
Parágrafo único. Antes do registro, a emancipação, em qualquer caso, não produzirá efeito.

O candidato deverá verificar a existência de regras específicas nas normas do Estado em que estiver prestando o concurso.

6 • TABELIONATO DE NOTAS — 191

6.4.2 Roteiro para redação da escritura de emancipação

a) *Cabeçalho*;

b) *Abertura*:

    b.1 Ementa;

    b.2 Data e local da lavratura;

    b.3 Indicação de presença perante o Tabelião.

ESCRITURA PÚBLICA DE EMANCIPAÇÃO QUE FAZEM AS PARTES ABAIXO NOMEADAS E QUALIFICADAS:

SAIBAM quantos este público instrumento virem que, ao (dia) do (mês) do (ano), às (horário) nesta Serventia de Tabelionato de Notas do (município) e (comarca) do Estado de (Estado da Federação), sito na (endereço), **perante mim** Tabelião de Notas, ...

c) *Comparecimento e qualificação dos comparecentes*: genitores e filho relativamente incapaz;

compareceram, de um lado como **OUTORGANTES: o pai** (PRENOME E SOBRENOME), (nacionalidade), (estado civil), (profissão), (domicílio), documento de identidade (número), CPF (número) **e a mãe** (PRENOME E SOBRENOME), (nacionalidade), (estado civil), (profissão), (domicílio), documento de identidade (número), CPF (número); e, de outro lado como **OUTORGADO, o filho relativamente incapaz**: (PRENOME E SOBRENOME), (nacionalidade), (estado civil), (profissão), (domicílio), documento de identidade (número), CPF (número). ...

d) *Reconhecimento da identidade e capacidade dos comparecentes* (CC, art. 215, II);

As presentes pessoas reconhecidas como as próprias, pela documentação civil que me foi apresentada, aqui mencionada, de cujas identidades e capacidade jurídica dou fé. ...

e) *Manifestação da vontade*:

    e.1 antecipação da capacidade civil do filho menor de idade pelos pais;

    e.2 aceitação da emancipação pelo filho menor.

Então, pelos outorgantes me foi declarado, que no pleno exercício do poder familiar sobre seu filho, acima qualificado, contando dezesseis anos de idade, pelo presente instrumento público, nos termos do art. 5º, inciso I, do Código Civil, emancipam referido menor, a fim de cessar-lhe a incapacidade, ficando apto a praticar livremente os atos de sua vida civil, sendo extinto, por conseguinte, o poder familiar em relação ao dito filho, após o registro desta escritura no Ofício de Registro Civil das Pessoas Naturais competente. Pelo outorgado foi dito que aceita a emancipação que lhe é concedida, assumindo de ora em diante toda a responsabilidade por seus atos.

f) *Fechamento*:

    f.1 Referência ao cumprimento das exigências legais e fiscais inerentes à legitimidade do ato (CC, art. 215, V);

f.2 Declaração de ter sido lida na presença das partes e demais comparecentes, ou de que todos a leram (CC, art. 215, VI);

f.3 Compartilhamento do ato com a CENSEC: Provimento 18/2012 do CNJ;

f.4 Encerramento tradicional do ato pelo Tabelião;

f.5 Emolumentos

f.6 Selo;

f.7 Emissão e entrega do primeiro traslado;

f.8 Local para assinaturas.

NADA MAIS DECLARARAM. Foram cumpridas as exigências legais e fiscais inerentes à legitimidade do ato. **Lido em alta voz perante as partes**, sendo por elas achado conforme em todos os termos. Será procedido o cadastro do presente ato, no prazo legal, junto à Central Notarial de Serviços Eletrônicos Compartilhados – CENSEC, conforme estabelece o Provimento 18/2012, do Conselho Nacional de Justiça. Eu, _____ Tabelião de Notas lavrei, subscrevo e dou fé, encerrando o ato. **Emolumentos** (valor). **Selo** de fiscalização (número). **Traslado emitido e entregue em seguida às partes**.

_____

Assinatura do pai

_____

Assinatura da mãe

_____

Assinatura do filho emancipado

_____

Assinatura do Tabelião

6.4.3 Modelo de escritura de emancipação

(Brasão da República)
República Federativa do Brasil
(Estado da Federação)
(Comarca)
(Município)

TABELIONATO DE NOTAS

Livro de Escrituras (número)   **Folha (número)**

Ou

TABELIONATO DE NOTAS
(Estado da Federação)
(Comarca)
(Município)

Livro de Escrituras (número)   **Folha (número)**

ESCRITURA PÚBLICA DE EMANCIPAÇÃO QUE FAZEM AS PARTES ABAIXO NOMEADAS E QUALIFICADAS:

SAIBAM quantos este público instrumento virem que, ao (dia) do (mês) do (ano), nesta Serventia de Tabelionato de Notas do (município) e (comarca) do Estado de (Estado da Federação), sito na (endereço), **perante mim** Tabelião de Notas, **compareceram**, de um lado como **OUTORGANTES**: **o pai** (PRENOME E SOBRENOME), (nacionalidade), (estado civil), (profissão), (domicílio), documento de identidade (número), CPF (número) e **a mãe** (PRENOME E SOBRENOME), (nacionalidade), (estado civil), (profissão), (domicílio), documento de identidade (número), CPF (número); e, de outro lado como **OUTORGADO, o filho relativamente incapaz**: (PRENOME E SOBRENOME), (nacionalidade), (estado civil), (profissão), (domicílio), documento de identidade (número), CPF (número). As presentes pessoas reconhecidas como as próprias, pela documentação civil que me foi apresentada, aqui mencionada, de cujas **identidades e capacidade jurídica** dou fé. **Então, pelos outorgantes me foi declarado**, que no pleno exercício do poder familiar sobre seu filho, acima qualificado, contando dezesseis anos de idade, pelo presente instrumento público, nos termos do art. 5º, inciso I, do Código Civil, **emancipam referido menor**, a fim de cessar-lhe a incapacidade, ficando apto a praticar livremente os atos de sua vida civil, sendo extinto, por conseguinte, o poder familiar em relação ao dito filho, após o registro desta escritura no Ofício de Registro Civil das Pessoas Naturais competente. Pelo outorgado foi dito que aceita a emancipação que lhe é concedida, assumindo de ora em diante toda a responsabilidade por seus atos. **NADA MAIS DECLARARAM**. Foram cumpridas as exigências legais e fiscais inerentes à legitimidade do ato. **Lido em alta voz perante as partes**, sendo por elas achado conforme em todos os termos. Será procedido o cadastro do presente ato, no prazo legal, junto à Central Notarial de Serviços Eletrônicos Compartilhados – CENSEC, conforme estabelece o Provimento 18/2012, do Conselho Nacional de Justiça. Eu, _____ Tabelião de Notas lavrei, subscrevo e dou fé, encerrando o ato. **Emolumentos** (valor). **Selo** de fiscalização (número). **Traslado** emitido e entregue em seguida às partes.

_____
Assinatura do pai

_____
Assinatura da mãe

_____
Assinatura do filho emancipado

_____
Assinatura do Tabelião

6.5 ESCRITURA DE COMPRA E VENDA DE IMÓVEL URBANO

6.5.1 Legislação aplicável

Para lavratura de escrituras públicas que envolvam imóveis, aplicam-se as seguintes normas:

a) Código Civil: arts. 481 a 504;

b) Lei 7.433, de 18 de dezembro de 1985;

c) Decreto 93.240, de 09 de setembro de 1986;

d) Recomendação 3, de 15 de março de 2012 do Conselho Nacional de Justiça: apresentação da Certidão Negativa de Débitos Trabalhistas;

e) Instrução Normativa RFB 1112, de 28 de dezembro de 2010 – envio da Declaração sobre Operações Imobiliárias – DOI;

f) Provimento 39, de 25 de julho de 2014, do Conselho Nacional de Justiça: Art. 7º – consulta obrigatória à Central Nacional de Indisponibilidade de Bens – CNIB.

O candidato deverá verificar a existência de regras específicas nas normas do Estado em que estiver prestando o concurso.

Ressalte-se, ainda, que em todas escrituras públicas, que tiverem como objeto transferência de imóvel, é obrigatória a indicação do número da inscrição no Cadastro de Pessoas Físicas – CPF ou no Cadastro Nacional da Pessoa Jurídica – CNPJ das partes comparecentes (Decreto 9.580/2018, arts. 32 e 204), ainda que seja pessoa estrangeira ou residente fora do Brasil. Nesse sentido:

Instrução Normativa da Receita Federal 1.548/2015:

Art. 3º Estão **obrigadas** a inscrever-se no CPF as pessoas físicas:

II – residentes no Brasil ou no exterior que:

a) praticarem operações imobiliárias de quaisquer espécies no Brasil;

6.5.2 Roteiro para redação da escritura de compra e venda de imóvel urbano

a) *Cabeçalho*;

b) *Abertura*:

　　b.1 Ementa;

　　b.2 Data e local da lavratura;

　　b.3 Indicação de presença perante o Tabelião.

6 • TABELIONATO DE NOTAS

ESCRITURA PÚBLICA DE COMPRA E VENDA DE IMÓVEL URBANO, QUE FAZEM AS PARTES ABAIXO NOMEADAS E QUALIFICADAS:

SAIBAM quantos este público instrumento virem que, ao (dia) do (mês) do (ano), às (horário) nesta Serventia de Tabelionato de Notas do (município) e (comarca) do Estado de (Estado da Federação), sito na (endereço), **perante mim** Tabelião de Notas, ...

c) *Comparecimento e qualificação dos comparecentes*: vendedor e comprador;

compareceram, de um lado como **OUTORGANTE VENDEDOR**: (PRENOME E SOBRENOME), (nacionalidade), (estado civil), (profissão), (domicílio), documento de identidade (número), CPF (número); e, de outro lado como **OUTORGADO COMPRADOR**: (PRENOME E SOBRENOME), (nacionalidade), (estado civil), (profissão), (domicílio), documento de identidade (número), CPF (número). ...

d) *Reconhecimento da identidade e capacidade dos comparecentes* (CC, art. 215, II);

As presentes pessoas reconhecidas como as próprias, pela documentação civil que me foi apresentada, aqui mencionada, de cujas identidades e capacidade jurídica dou fé. ...

e) *Manifestação da vontade* (CC, art. 215, IV): negócio jurídico translativo – compra e venda

e.1 Indicação do objeto (imóvel urbano);

e.2 Menção ao número da matrícula e da inscrição no cadastro imobiliário municipal;

e.3 Forma de aquisição;

Então, pelo outorgante me foi declarado, que é legítimo proprietário do **imóvel urbano** constituído por (identificação do imóvel), situado em (logradouro), (número), (bairro), (cidade), (estado), **matrícula** (número) do Cartório de Registro de Imóveis de (município/estado) e **cadastro imobiliário municipal** (número). Imóvel anteriormente adquirido pelo vendedor por escritura pública de compra e venda, lavrada no livro (número), folhas (número) do Tabelionato de Notas de (município/estado), em (data), devidamente registrada no R-(número de ordem) da referida matrícula. ...

e.4 Declaração de inexistência de ações reais e demais ônus (Lei 7.433/85, art. 1º, § 3º):

E, declara o outorgante, sob as penas da lei, que inexistem ações reais e pessoais reipersecutórias relativas ao imóvel objeto do presente instrumento, bem como estar o mesmo livre de outros ônus reais, ...

e.5 Venda, valor e forma de pagamento;

e.6 Quitação pela quantia recebida;

o **VENDE** ao outorgado comprador, pelo **preço** certo e previamente acordado de R$ (número) (valor por extenso), **pagos à vista**, em moeda corrente nacional, neste ato e em espécie, cuja importância foi contada e achada correta pelo vendedor, que dá **plena quitação**. ...

e.7 Transmissão dos direitos e responsabilidade pela evicção (CC, art. 447);

Desde já o vendedor transfere ao comprador toda posse, direito, domínio e ação que exercia sobre dito imóvel, responsabilizando-se pela evicção. ...

e.8 Menção às certidões obrigatórias e demais documentos apresentados e seu arquivamento (Lei 7.433/1985 e Decreto 93.240/1986):
  – Guia de recolhimento do imposto de transmissão e comprovante de pagamento;
  – Certidão negativa de débitos municipais do imóvel;
  – Certidão de propriedade com negativa de ônus.

Foram apresentados e ficam arquivados nestas notas, em pasta própria e em cópias autenticadas, os seguintes documentos: **a)** documentos de identificação civil das partes e comprovantes de inscrição no cadastro de pessoa física da Receita Federal; **b)** guia de recolhimento do imposto sobre a transmissão de bens imóveis e de direitos a eles relativos (número), com comprovante de pagamento , no valor de R$ (número) (valor por extenso), tendo como base de cálculo o imóvel avaliado em R$ (número) (valor por extenso), quitado em (data), (banco); **c)** certidão negativa de débitos municipais relativas ao imóvel objeto da venda, emitida em (data), pela Prefeitura Municipal de (município/estado); **d)** certidão negativa de ações reais e pessoais reipersecutórias, relativas ao imóvel, e negativa de ônus reais, expedidas pelo Registro de Imóveis de (município/estado), emitida em (data), dentro do prazo de validade de 30 (trinta) dias; **e)** certidão negativa de débitos trabalhistas em nome do vendedor, emitida em (data), pela Justiça do Trabalho, válida até (data) ....

e.9 Consulta à Central Nacional de Indisponibilidade de bens (Provimento 39/ 2014 CNJ):

Feita consulta à Central Nacional de Indisponibilidade de Bens – CNIB, cujo resultado foi negativo para o CPF do vendedor, conforme código HASH gerado (código). ...

e.10 Menção ao preenchimento da Declaração sobre Operações Imobiliárias – DOI;

EMITIDA A DOI – Declaração sobre Operações Imobiliárias, conforme Instrução Normativa da Receita Federal vigente. ...

f) *Fechamento*:
  f.1 Referência ao cumprimento das exigências legais e fiscais inerentes à legitimidade do ato (CC, art. 215, V);
  f.2 Declaração de ter sido lida na presença das partes e demais comparecentes, ou de que todos a leram (CC, art. 215, VI);
  f.3 Compartilhamento do ato com a CENSEC: Provimento 18/2012 do CNJ;

6 • TABELIONATO DE NOTAS

f.4 Encerramento tradicional do ato pelo Tabelião;

f.5 Emolumentos

f.6 Selo;

f.7 Emissão e entrega do primeiro traslado;

f.8 Local para assinaturas.

NADA MAIS DECLARARAM. Foram cumpridas as exigências legais e fiscais inerentes à legitimidade do ato. **Lido em alta voz perante as partes**, sendo por elas achado conforme em todos os termos. Será procedido o cadastro do presente ato, no prazo legal, junto à Central Notarial de Serviços Eletrônicos Compartilhados – CENSEC, conforme estabelece o Provimento 18/2012, do Conselho Nacional de Justiça. Eu, _____ Tabelião de Notas lavrei, subscrevo e dou fé, encerrando o ato. **Emolumentos** (valor). **Selo** de fiscalização (número). **Traslado emitido e entregue em seguida ao comprador**.

_____

Assinatura do outorgante vendedor

_____

Assinatura do outorgado comprador

_____

Assinatura do Tabelião

6.5.3 Modelo de escritura pública de compra e venda de imóvel urbano

(Brasão da República)

República Federativa do Brasil

(Estado da Federação)

(Comarca)

(Município)

TABELIONATO DE NOTAS

Livro de Escrituras (número)   **Folha (número)**

Ou

TABELIONATO DE NOTAS

(Estado da Federação)

(Comarca)

(Município)

Livro de Escrituras (número)   **Folha (número)**

ESCRITURA PÚBLICA DE COMPRA E VENDA DE IMÓVEL URBANO, QUE FAZEM AS PARTES ABAIXO NOMEADAS E QUALIFICADAS:

SAIBAM quantos este público instrumento virem que, ao (dia) do (mês) do (ano), nesta Serventia de Tabelionato de Notas do (município) e (comarca) do Estado de (Estado da Federação), sito na (endereço), **perante mim** Tabelião de Notas, **compareceram**, de um lado como **OUTORGANTE VENDEDOR**: (PRENOME E SOBRENOME), (nacionalidade), (estado civil), (profissão), (domicílio), documento de identidade (número), CPF (número); e, de outro lado como **OUTORGADO COMPRADOR**: (PRENOME E SOBRENOME), (nacionalidade), (estado civil), (profissão), (domicílio), documento de identidade (número), CPF (número). As presentes pessoas reconhecidas como as próprias, pela documentação civil que me foi apresentada, aqui mencionada, de cujas **identidades e capacidade jurídica** dou fé. **Então, pelo outorgante me foi declarado**, que é legítimo proprietário do **imóvel urbano** constituído por (identificação do imóvel[9]), situado em (logradouro), (número), (bairro), (cidade), (estado), **matrícula** (número) do Cartório de Registro de Imóveis de (município/estado) [10] e **cadastro imobiliário municipal** (número). Imóvel anteriormente adquirido[11] pelo vendedor por escritura pública de compra e venda, lavrada no livro (número), folhas (número) do Tabelionato de Notas de (município/estado), em (data), devidamente registrada no R-(número de ordem) da referida matrícula. E, declara o outorgante, sob as penas da lei, que inexistem ações reais e pessoais reipersecutórias relativas ao imóvel objeto do presente instrumento, bem como estar o mesmo livre de outros ônus reais[12], razão pela qual, **o VENDE** ao outorgado comprador, pelo **preço certo e previamente acordado de** R$ (número) (valor por extenso), **pagos** à vista[13], em moeda corrente nacional, neste ato e em espécie[14], cuja importância foi contada e achada correta pelo vendedor, que dá **plena quitação**. Desde já o vendedor transfere ao comprador toda posse, direito, domínio e ação que exercia sobre dito imóvel, responsabilizando-se pela evicção[15]. **Foram apresentados e ficam arquivados nestas notas, em pasta própria e em cópias autenticadas[16], os seguintes documentos: a)** documentos de identificação civil das partes e comprovantes de inscrição no cadastro de pessoa física da Receita Federal; **b)** guia de recolhimento do imposto sobre a transmissão de bens imóveis e de direitos a eles relativos (número), com compro-

---

9.   A depender do caso prático apresentado na prova: Lote de terreno, casa residencial, ponto comercial, apartamento etc.

10. Lei 7.433/1985: Art. 2º Ficam dispensados, na escritura pública de imóveis urbanos, sua descrição e caracterização, desde que constem, estes elementos, da certidão do Cartório do Registro de Imóveis.

     § 1º Na hipótese prevista neste artigo, o instrumento **consignará exclusivamente o número do registro ou matrícula** no Registro de Imóveis, **sua completa localização, logradouro, número, bairro, cidade, Estado** e os documentos e certidões constantes do § 2º do art. 1º desta mesma Lei.

11. Algumas normas estaduais exigem que seja consignado na escritura a forma de aquisição anterior do imóvel.

12. Lei 7.433/1985: Art. 1º, **§ 3º** A apresentação das certidões previstas no inciso IV, deste artigo, não eximirá o outorgante da obrigação de **declarar na escritura pública, sob pena de responsabilidade civil e penal, a existência de outras ações reais e pessoais reipersecutórias, relativas ao imóvel, e de outros ônus reais incidentes sobre o mesmo.**

13. Nessa parte o candidato deve prestar atenção ao caso narrado na prova, se o pagamento foi feito à vista ou a prazo.

14. Verificar o meio de pagamento informado na prova: em dinheiro, transferência bancária, ou mesmo, mediante cheques ou nota promissórias e, relação aos últimos, se em caráter *pro solvendo* ou *pro soluto*.

15. CC, art. 447. Nos contratos onerosos, o alienante responde pela evicção. Subsiste esta garantia ainda que a aquisição se tenha realizado em hasta pública.

16. Lei 7.433/1985: Art. 1º. § 3º Obriga-se o Tabelião **a manter, em Cartório, os documentos e certidões de que trata o parágrafo anterior, no original ou em cópias autenticadas.**

6 • TABELIONATO DE NOTAS   199

vante de pagamento[17], no valor de R$ (número) (valor por extenso), tendo como base de cálculo o imóvel avaliado em R$ (número) (valor por extenso), quitado em (data), (banco); **c)** certidão negativa de débitos municipais relativas ao imóvel objeto da venda, emitida em (data), pela Prefeitura Municipal de (município/estado)[18]; **d)** certidão negativa de ações reais e pessoais reipersecutórias, relativas ao imóvel, e negativa de ônus reais, expedidas pelo Registro de Imóveis de (município/estado), emitida em (data), dentro do prazo de validade de 30 (trinta) dias[19]; **e)** certidão negativa de débitos trabalhistas em nome do vendedor, emitida em (data), pela Justiça do Trabalho, válida até (data)[20]. **Feita consulta à Central Nacional de Indisponibilidade de Bens** – CNIB, cujo resultado foi negativo para o CPF do vendedor, conforme código HASH gerado (código)[21]. **EMITIDA A DOI** – Declaração sobre Operações Imobiliárias, conforme Instrução Normativa da Receita Federal vigente[22]. **NADA MAIS DECLARARAM.** Foram cumpridas as exigências legais e fiscais inerentes à legitimidade do ato. **Lido em alta voz perante as partes**, sendo por elas achado conforme em todos os termos. Será procedido o cadastro do presente ato, no prazo legal, junto à Central Notarial de Serviços Eletrônicos Compartilhados – CENSEC, conforme estabelece o Provimento 18/2012, do Conselho Nacional de Justiça. Eu, _____ Tabelião de Notas lavrei, subscrevo e dou fé, encerrando o ato. **Emolumentos** (valor). **Selo** de fiscalização (número). **Traslado** emitido e entregue em seguida ao comprador.

_____

Assinatura do outorgante vendedor

_____

Assinatura do outorgado comprador

_____

Assinatura do Tabelião

---

17. Art. 1º Para a lavratura de atos notariais, relativos a imóveis, serão apresentados os seguintes documentos e certidões: **II – o comprovante do pagamento do Imposto sobre a Transmissão de Bens Imóveis e de Direitos a eles relativos, quando incidente sobre o ato, ressalvadas as hipóteses em que a lei autorize a efetivação do pagamento após a sua lavratura.**
18. Decreto 93.240/1986: Art. 1º Para a lavratura de atos notariais, relativos a imóveis, serão apresentados os seguintes documentos e certidões: **III – as certidões fiscais, assim entendidas: a) em relação aos imóveis urbanos, as certidões referentes aos tributos que incidam sobre o imóvel, observado o disposto no § 2º, deste artigo.**
19. Decreto 93.240/1986: Art. 1º Para a lavratura de atos notariais, relativos a imóveis, serão apresentados os seguintes documentos e certidões: **IV – a certidão de ações reais e pessoais reipersecutórias, relativas ao imóvel, e a de ônus reais, expedidas pelo Registro de Imóveis competente, cujo prazo de validade, para este fim, será de 30 (trinta) dias;**
20. Recomendação 3 de 15/03/2012, do Conselho Nacional de Justiça: **Art. 1º** Recomendar aos tabeliães de notas que cientifiquem as partes envolvidas da possibilidade de obtenção prévia de Certidão Negativa de Débitos Trabalhistas (CNDT), nos termos do art. 642-A da CLT, com a redação dada pela Lei 12.440/2011, nas seguintes hipóteses: I – alienação ou oneração, a qualquer título, de bem imóvel ou direito a ele relativo; [...] **Art. 2º Deverá constar da escritura lavrada que a cientificação referida no artigo anterior foi previamente realizada.**
21. Provimento 39/2014, do Conselho Nacional de Justiça: Art. 14. Os registradores de imóveis e tabeliães de notas, antes da prática de qualquer ato notarial ou registral que tenha por objeto bens imóveis ou direitos a eles relativos, exceto lavratura de testamento, deverão promover prévia consulta à base de dados da Central Nacional de Indisponibilidade de Bens – CNIB, consignando no ato notarial o resultado da pesquisa e o respectivo código gerado (hash), dispensado o arquivamento do resultado da pesquisa em meio físico ou digital.
22. Instrução Normativa RFB 1112/2010: **Art. 2º** [...] **§ 3º** O preenchimento da DOI deverá ser feito: I – pelo Serventuário da Justiça titular ou designado para o **Cartório de Ofício de Notas, quando da lavratura do instrumento que tenha por objeto a alienação de imóveis, fazendo constar do respectivo instrumento a expressão "EMITIDA A DOI".**

6.6 ESCRITURA DE COMPRA E VENDA DE IMÓVEL RURAL

6.6.1 Legislação aplicável

Para lavratura de escrituras públicas que envolvam imóveis rurais, aplicam-se as seguintes normas:

a) Código Civil: arts. 481 a 504;

b) Lei 7.433, de 18 de dezembro de 1985;

c) Decreto 93.240, de 09 de setembro de 1986;

d) Recomendação 03, de 15 de março de 2012 do Conselho Nacional de Justiça: apresentação da Certidão Negativa de Débitos Trabalhistas;

e) Instrução Normativa RFB 1112, de 28 de dezembro de 2010 – envio da Declaração sobre Operações Imobiliárias – DOI;

f) Provimento 39, de 25 de julho de 2014, do Conselho Nacional de Justiça: Art. 7º – consulta obrigatória à Central Nacional de Indisponibilidade de Bens – CNIB;

g) Lei 5.709, de 7 de outubro de 1971: aquisição de imóvel rural por estrangeiro;

h) Lei 4.504, 30 de novembro de 1964: art. 65 – parcelamento do solo rural;

i) Decreto 62.504, de 08 de abril de 1968: regulamenta o art. 65 da Lei 4.504/1964.

O candidato deverá verificar a existência de regras específicas nas normas do Estado em que estiver prestando o concurso.

É importante ressaltar que, se a prova apresentar caso prático que envolva desmembramento de imóvel rural, o candidato, antes de redigir a peça, deverá certificar-se que a área desmembrada, objeto da venda, respeita o limite mínimo de parcelamento do solo rural (art. 65, da Lei 4.504/1964), quando informada na questão a fração mínima de parcelamento ou módulo expresso no certificado de cadastro correspondente. Caso não seja observado o limite de parcelamento do solo rural, deverá ser redigida Nota Devolutiva negando a prática do ato.

6.6.2 Roteiro para redação da escritura de compra e venda de imóvel rural

a) *Cabeçalho*;

b) *Abertura*:

b.1 Ementa;

b.2 Data e local da lavratura;

b.3 Indicação de presença perante o Tabelião.

6 • TABELIONATO DE NOTAS **201**

ESCRITURA PÚBLICA DE COMPRA E VENDA DE IMÓVEL RURAL, QUE FAZEM AS PARTES ABAIXO NOMEADAS E QUALIFICADAS:

SAIBAM quantos este público instrumento virem que, ao (dia) do (mês) do (ano), às (horário) nesta Serventia de Tabelionato de Notas do (município) e (comarca) do Estado de (Estado da Federação), sito na (endereço), **perante mim** Tabelião de Notas, ...

c) *Comparecimento e qualificação dos comparecentes*: vendedor e comprador;

compareceram, de um lado como **OUTORGANTE VENDEDOR**: (PRENOME E SOBRENOME), (nacionalidade), (estado civil), (profissão), (domicílio), documento de identidade (número), CPF (número); e, de outro lado como **OUTORGADO COMPRADOR**: (PRENOME E SOBRENOME), (nacionalidade), (estado civil), (profissão), (domicílio), documento de identidade (número), CPF (número). ...

d) *Reconhecimento da identidade e capacidade dos comparecentes* (CC, art. 215, II);

As presentes pessoas reconhecidas como as próprias, pela documentação civil que me foi apresentada, aqui mencionada, de cujas identidades e capacidade jurídica dou fé. ...

e) *Manifestação da vontade*: negócio jurídico translativo – compra e venda

e.1 Indicação do objeto (imóvel urbano);

e.2 Menção ao número da matrícula, do cadastro no INCRA e na Receita Federal;

e.3 Forma de aquisição;

Então, pelo outorgante me foi declarado, que é legítimo proprietário do **imóvel rural** constituído por (denominação), com área de (número) hectares e perímetro de (número) metros, com (limites), (características) e (confrontações), **matrícula** (número) do Cartório de Registro de Imóveis de (município/estado) e cadastro no **INCRA** (número) e na Receita Federal (número). Imóvel anteriormente adquirido pelo vendedor por escritura pública de compra e venda, lavrada no livro (número), folhas (número) do Tabelionato de Notas de (município/estado), em (data), devidamente registrada no R-(número de ordem) da referida matrícula. ...

e.4 Declaração de inexistência de ações reais e demais ônus

E, declara o outorgante, sob as penas da lei, que inexistem ações reais e pessoais reipersecutórias relativas ao imóvel objeto do presente instrumento, bem como estar o mesmo livre de outros ônus reais, ...

e.5 Venda, valor e forma de pagamento;

e.6 Quitação pela quantia recebida;

o **VENDE** ao outorgado comprador, pelo **preço** certo e previamente acordado de R$ (número) (valor por extenso), **pagos à vista**, em moeda corrente nacional, neste ato e em espécie, cuja importância foi contada e achada correta pelo vendedor, que dá **plena quitação**. ...

e.7 Transmissão dos direitos e responsabilidade pela evicção (CC, art. 447);

Desde já o vendedor transfere ao comprador toda posse, direito, domínio e ação que exercia sobre dito imóvel, responsabilizando-se pela evicção. ...

e.8 Menção às certidões obrigatórias e demais documentos apresentados e seu arquivamento (Lei 7.433/1985 e Decreto 93.240/1986):

- Guia de recolhimento do imposto de transmissão e comprovante de pagamento;
- Comprovante de quitação do último Imposto Territorial Rural – ITR ou certidão negativa de débitos federais do imóvel rural;
- Certidão de propriedade com negativa de ônus;
- Certificado de Cadastro de Imóvel Rural – CCIR.

Foram apresentados e ficam arquivados nestas notas, em pasta própria e em cópias autenticadas, os seguintes documentos **a)** documentos de identificação civil das partes e comprovantes de inscrição no cadastro de pessoa física da Receita Federal; **b)** guia de recolhimento do imposto sobre a transmissão de bens imóveis e de direitos a eles relativos (número), com comprovante de pagamento, no valor de R$ (número) (valor por extenso), tendo como base de cálculo o imóvel avaliado em R$ (número) (valor por extenso), quitado em (data), (banco); **c)** comprovante de quitação do último Imposto Territorial Rural – ITR; **d)** certidão negativa de ações reais e pessoais reipersecutórias, relativas ao imóvel, e negativa de ônus reais, expedidas pelo Registro de Imóveis de (município/estado), emitida em (data), dentro do prazo de validade de 30 (trinta) dias; **e)** certidão negativa de débitos trabalhistas em nome do vendedor, emitida em (data), pela Justiça do Trabalho, válida até (data) ; **f)** certificado de cadastro de imóvel rural – CCIR, com os seguintes dados: (código do imóvel), (denominação do imóvel), (localização do imóvel), (nome do detentor), (nacionalidade do detentor). ...

e.9 Consulta à Central Nacional de Indisponibilidade de bens (Provimento 39/ 2014 CNJ):

Feita consulta à Central Nacional de Indisponibilidade de Bens – CNIB, cujo resultado foi negativo para o CPF do vendedor, conforme código HASH gerado (código). ...

e.10 Menção ao preenchimento da Declaração sobre Operações Imobiliárias – DOI;

EMITIDA A DOI – Declaração sobre Operações Imobiliárias, conforme Instrução Normativa da Receita Federal vigente. ...

f) *Fechamento*:

- f.1 Referência ao cumprimento das exigências legais e fiscais inerentes à legitimidade do ato (CC, art. 215, V);
- f.2 Declaração de ter sido lida na presença das partes e demais comparecentes, ou de que todos a leram (CC, art. 215, VI);

6 • TABELIONATO DE NOTAS

203

f.3 Compartilhamento do ato com a CENSEC: Provimento 18/2012 do CNJ;

f.4 Encerramento tradicional do ato pelo Tabelião;

f.5 Emolumentos

f.6 Selo;

f.7 Emissão e entrega do primeiro traslado;

f.8 Local para assinaturas.

NADA MAIS DECLARARAM. Foram cumpridas as exigências legais e fiscais inerentes à legitimidade do ato. **Lido em alta voz perante as partes**, sendo por elas achado conforme em todos os termos. Será procedido o cadastro do presente ato, no prazo legal, junto à Central Notarial de Serviços Eletrônicos Compartilhados – CENSEC, conforme estabelece o Provimento 18/2012, do Conselho Nacional de Justiça. Eu, _____ Tabelião de Notas lavrei, subscrevo e dou fé, encerrando o ato. **Emolumentos** (valor). **Selo** de fiscalização (número). **Traslado emitido e entregue em seguida ao comprador**.

_____

Assinatura do outorgante vendedor

_____

Assinatura do outorgado comprador

_____

Assinatura do Tabelião

6.6.3 Modelo de escritura pública de compra e venda de imóvel rural

(Brasão da República)

República Federativa do Brasil

(Estado da Federação)

(Comarca)

(Município)

TABELIONATO DE NOTAS

Livro de Escrituras (número)   **Folha (número)**

Ou

TABELIONATO DE NOTAS

(Estado da Federação)

(Comarca)

(Município)

Livro de Escrituras (número)   **Folha (número)**

ESCRITURA PÚBLICA DE COMPRA E VENDA DE IMÓVEL RURAL QUE FAZEM AS PARTES ABAIXO NOMEADAS E QUALIFICADAS:

SAIBAM quantos este público instrumento virem que, ao (dia) do (mês) do (ano), nesta Serventia de Tabelionato de Notas do (município) e (comarca) do Estado de (Estado da Federação), sito na (endereço), **perante mim** Tabelião de Notas, **compareceram**, de um lado como **OUTORGANTE VENDEDOR**: (PRENOME E SOBRENOME), (nacionalidade), (estado civil), (profissão), (domicílio), documento de identidade (número), CPF (número); e, de outro lado como **OUTORGADO COMPRADOR**: (PRENOME E SOBRENOME), (nacionalidade), (estado civil), (profissão), (domicílio), documento de identidade (número), CPF (número). As presentes pessoas reconhecidas como as próprias, pela documentação civil que me foi apresentada, aqui mencionada, de cujas **identidades e capacidade jurídica** dou fé. **Então, pelo outorgante me foi declarado**, que é legítimo proprietário do **imóvel rural** constituído por (denominação[23]), com área de (número) hectares e perímetro de (número) metros, com (limites), (características) e (confrontações), **matrícula** (número) do Cartório de Registro de Imóveis de (município/estado)[24] e **cadastro no INCRA** (número) e na Receita Federal (número). Imóvel anteriormente adquirido[25] pelo vendedor por escritura pública de compra e venda, lavrada no livro (número), folhas (número) do Tabelionato de Notas de (município/estado), em (data), devidamente registrada no R-(número de ordem) da referida matrícula. E, declara o outorgante, sob as penas da lei, que inexistem ações reais e pessoais reipersecutórias relativas ao imóvel objeto do presente instrumento, bem como estar o mesmo livre de outros ônus reais[26], razão pela qual, **o VENDE** ao outorgado comprador, pelo **preço certo e previamente acordado de** R$ (número) (valor por extenso), **pagos** à vista[27], em moeda corrente nacional, neste ato e em espécie[28], cuja importância foi contada e achada correta pelo vendedor, que dá **plena quitação**. Desde já o vendedor transfere ao comprador toda posse, direito, domínio

---

23. A depender do caso prático apresentado na prova: Fazenda, Sítio, Rancho, Chácara, Gleba etc.
24. Lei 7.433/1985: Art. 2º Ficam dispensados, na escritura pública de imóveis urbanos, sua descrição e caracterização, desde que constem, estes elementos, da certidão do Cartório do Registro de Imóveis.

    § 1º Na hipótese prevista neste artigo, o instrumento **consignará exclusivamente o número do registro ou matrícula** no Registro de Imóveis, **sua completa localização, logradouro, número, bairro, cidade, Estado** e os documentos e certidões constantes do § 2º do art. 1º desta mesma Lei.
25. Algumas normas estaduais exigem que seja consignado na escritura a forma de aquisição anterior do imóvel.
26. Lei 7.433/1985: Art. 1º. § 3º A apresentação das certidões previstas no inciso IV, deste artigo, não eximirá o outorgante da obrigação de **declarar na escritura pública, sob pena de responsabilidade civil e penal, a existência de outras ações reais e pessoais reipersecutórias, relativas ao imóvel, e de outros ônus reais incidentes sobre o mesmo.**
27. Nesta parte o candidato deve prestar atenção ao caso narrado na prova, se o pagamento foi feito à vista ou a prazo.
28. Verificar o meio de pagamento informado na prova: em dinheiro, transferência bancária, ou mesmo, mediante cheques ou nota promissórias e, relação aos últimos, se em caráter *pro solvendo* ou *pro soluto*.

6 • TABELIONATO DE NOTAS   **205**

e ação que exercia sobre dito imóvel, responsabilizando-se pela evicção[29]. **Foram apresentados e ficam arquivados nestas notas, em pasta própria e em cópias autenticadas[30], os seguintes documentos: a)** documentos de identificação civil das partes e comprovantes de inscrição no cadastro de pessoa física da Receita Federal; **b)** guia de recolhimento do imposto sobre a transmissão de bens imóveis e de direitos a eles relativos (número), com comprovante de pagamento[31], no valor de R$ (número) (valor por extenso), tendo como base de cálculo o imóvel avaliado em R$ (número) (valor por extenso), quitado em (data), (banco); **c)** comprovante de quitação do último Imposto Territorial Rural – ITR[32-33]; **d)** certidão negativa de ações reais e pessoais reipersecutórias, relativas ao imóvel, e negativa de ônus reais, expedidas pelo Registro de Imóveis de (município/estado), emitida em (data), dentro do prazo de validade de 30 (trinta) dias[34]; **e)** certidão negativa de débitos trabalhistas em nome do vendedor, emitida em (data), pela Justiça do Trabalho, válida até (data)[35]; **f)** certificado de cadastro de imóvel rural – CCIR, com os seguintes dados: (código do imóvel), (denominação do imóvel), (localização do imóvel), (nome do detentor), (nacionalidade do detentor)[36]. **Feita consulta à Central Nacional de Indisponibilidade de Bens** – CNIB, cujo resultado foi negativo para o CPF do vendedor, conforme código HASH gerado (código)[37]. **EMITIDA A DOI** – Declaração sobre Operações Imobiliárias, conforme Instrução Normativa da Receita Federal vigente[38]. **NADA MAIS DECLARARAM**. Foram cumpridas as exigências legais e fiscais

---

29. CC, art. 447. Nos contratos onerosos, o alienante responde pela evicção. Subsiste esta garantia ainda que a aquisição se tenha realizado em hasta pública.
30. Lei 7.433/1985: Art. 1º. § 3º Obriga-se o Tabelião **a manter, em Cartório, os documentos e certidões de que trata o parágrafo anterior, no original ou em cópias autenticadas.**
31. Art. 1º Para a lavratura de atos notariais, relativos a imóveis, serão apresentados os seguintes documentos e certidões: **II – o comprovante do pagamento do Imposto sobre a Transmissão de Bens Imóveis e de Direitos a eles relativos, quando incidente sobre o ato, ressalvadas as hipóteses em que a lei autorize a efetivação do pagamento após a sua lavratura.**
32. Decreto 93.240/1986: Art. 1º Para a lavratura de atos notariais, relativos a imóveis, serão apresentados os seguintes documentos e certidões: **III – as certidões fiscais, assim entendidas: b) em relação aos imóveis rurais, o Certificado de Cadastro emitido pelo Instituto Nacional de Colonização e Reforma Agrária – INCRA, com a prova de quitação do último Imposto Territorial Rural lançado ou, quando o prazo para o seu pagamento ainda não tenha vencido, do Imposto Territorial Rural correspondente ao exercício imediatamente anterior.**
33. Ou certidão negativa de tributos federais relativos a imóvel rural, emitida em (data), pela Receita Federal. Alguns Códigos de Normas preveem a apresentação da certidão negativa em substituição ao comprovante de pagamento do ITR.
34. Decreto 93.240/1986: Art. 1º Para a lavratura de atos notariais, relativos a imóveis, serão apresentados os seguintes documentos e certidões: **IV – a certidão de ações reais e pessoais reipersecutórias, relativas ao imóvel, e a de ônus reais, expedidas pelo Registro de Imóveis competente, cujo prazo de validade, para este fim, será de 30 (trinta) dias.**
35. Recomendação 3 de 15/03/2012, do Conselho Nacional de Justiça: Art. 1º Recomendar aos tabeliães de notas que cientifiquem as partes envolvidas da possibilidade de obtenção prévia de Certidão Negativa de Débitos Trabalhistas (CNDT), nos termos do art. 642-A da CLT, com a redação dada pela Lei 12.440/2011, nas seguintes hipóteses: I – alienação ou oneração, a qualquer título, de bem imóvel ou direito a ele relativo; [...] **Art. 2º Deverá constar da escritura lavrada que a cientificação referida no artigo anterior foi previamente realizada.**
36. Descrição do CCIR exigida por alguns Códigos de Normas.
37. Provimento 39/2014, do Conselho Nacional de Justiça: Art. 14. Os registradores de imóveis e tabeliães de notas, antes da prática de qualquer ato notarial ou registral que tenha por objeto bens imóveis ou direitos a eles relativos, exceto lavratura de testamento, deverão promover prévia consulta à base de dados da Central Nacional de Indisponibilidade de Bens – CNIB, consignando no ato notarial o resultado da pesquisa e o respectivo código gerado (hash), dispensado o arquivamento do resultado da pesquisa em meio físico ou digital.
38. Instrução Normativa RFB 1112/2010: **Art. 2º.** [...] **§ 3º** O preenchimento da DOI deverá ser feito: I – pelo Serventuário da Justiça titular ou designado para o **Cartório de Ofício de Notas, quando da lavratura do instrumento que tenha por objeto a alienação de imóveis, fazendo constar do respectivo instrumento a expressão "EMITIDA A DOI".**

inerentes à legitimidade do ato. **Lido em alta voz perante as partes**, sendo por elas achado conforme em todos os termos. Será procedido o cadastro do presente ato, no prazo legal, junto à Central Notarial de Serviços Eletrônicos Compartilhados – CENSEC, conforme estabelece o Provimento 18/2012, do Conselho Nacional de Justiça. Eu, _____ Tabelião de Notas lavrei, subscrevo e dou fé, encerrando o ato. **Emolumentos** (valor)[39]. **Selo** de fiscalização (número). **Traslado** emitido e entregue em seguida ao comprador.

Assinatura do outorgante vendedor

Assinatura do outorgado comprador

Assinatura do Tabelião

6.7 ESCRITURA DE DOAÇÃO COM RESERVA DE USUFRUTO VITALÍCIO E CLÁUSULA DE REVERSÃO

6.7.1 Legislação aplicável

Para lavratura de escrituras públicas de doação, que envolvam imóveis, aplicam-se as seguintes normas:

a) Código Civil: Da doação – arts. 538 a 554;

b) Lei 7.433, de 18 de dezembro de 1985;

c) Decreto 93.240, de 09 de setembro de 1986;

d) Recomendação 03, de 15 de março de 2012 do Conselho Nacional de Justiça: apresentação da Certidão Negativa de Débitos Trabalhistas;

e) Instrução Normativa RFB 1112, de 28 de dezembro de 2010 – envio da Declaração sobre Operações Imobiliárias – DOI;

f) Provimento 39, de 25 de julho de 2014, do Conselho Nacional de Justiça: Art. 7º – consulta obrigatória à Central Nacional de Indisponibilidade de Bens – CNIB.

O candidato deverá verificar a existência de regras específicas nas normas do Estado em que estiver prestando o concurso.

---

39. Para menção dos emolumentos e demais taxas a serem recolhidas, o candidato deve verificar as normas do Estado em que estiver prestando concurso.

6 • TABELIONATO DE NOTAS   207

6.7.2 Roteiro para redação da escritura de doação com reserva de usufruto vitalício e cláusula de reversão

a) *Cabeçalho*;

b) *Abertura*:

    b.1 Ementa;

    b.2 Data e local da lavratura;

    b.3 Indicação de presença perante o Tabelião.

ESCRITURA PÚBLICA DE DOAÇÃO COM RESERVA DE USUFRUTO VITALÍCIO E CLÁUSULA DE REVERSÃO, QUE FAZEM AS PARTES ABAIXO NOMEADAS E QUALIFICADAS:

SAIBAM quantos este público instrumento virem que, ao (dia) do (mês) do (ano), nesta Serventia de Tabelionato de Notas do (município) e (comarca) do Estado de (Estado da Federação), sito na (endereço), **perante mim** Tabelião de Notas, ...

c) *Comparecimento e qualificação dos comparecentes*: doador e donatário;

compareceram, de um lado como **OUTORGANTE DOADOR**: (PRENOME E SOBRENOME), (nacionalidade), (estado civil), (profissão), (domicílio), documento de identidade (número), CPF (número); e, de outro lado como **OUTORGADO DONATÁRIO**: (PRENOME E SOBRENOME), (nacionalidade), (estado civil), (profissão), (domicílio), documento de identidade (número), CPF (número). ...

d) *Reconhecimento da identidade e capacidade dos comparecentes* (CC, art. 215, II);

As presentes pessoas reconhecidas como as próprias, pela documentação civil que me foi apresentada, aqui mencionada, de cujas identidades e capacidade jurídica dou fé. ...

e) *Manifestação da vontade* (CC, art. 215, IV): negócio jurídico translativo – doação

    e.1 Indicação do objeto (imóvel urbano);

    e.2 Menção ao número da matrícula e da inscrição no cadastro imobiliário municipal;

    e.3 Forma de aquisição;

Então, pelo outorgante me foi declarado, que é legítimo proprietário do **imóvel urbano** constituído por (identificação do imóvel), situado em (logradouro), (número), (bairro), (cidade), (estado), matrícula (número) do Cartório de Registro de Imóveis de (município/estado) e cadastro imobiliário municipal (número). Imóvel anteriormente adquirido pelo doador por escritura pública de compra e venda, lavrada no livro (número), folhas (número) do Tabelionato de Notas de (município/estado), em (data), devidamente registrada no R-(número de ordem) da referida matrícula. ...

    e.4 Declaração de inexistência de ações reais e demais ônus (Lei 7.433/85, art. 1º, § 3º):

CONCURSOS DE CARTÓRIO: PRÁTICA PARA A SEGUNDA FASE • Gracielle Veloso

E, declara o outorgante, sob as penas da lei, que inexistem ações reais e pessoais reipersecutórias relativas ao imóvel objeto do presente instrumento, bem como estar o mesmo livre de outros ônus reais, ...

e.5 Ato de liberalidade[40] e reserva do usufruto vitalício;

razão pela qual, o **DOA** ao outorgado donatário, **reservando para si o usufruto vitalício** sobre o dito imóvel....

e.6 Transmissão da nua propriedade, sem responsabilidade pela evicção (CC, art. 552);

Desde já o doador transfere ao donatário a nua propriedade, bem como direito, domínio e ação que exercia sobre dito imóvel, não se responsabilizando-se pela evicção. ...

e.7 Cláusula de reversão (CC, art. 547):

O doador declara e estabelece, nos termos do art. 547, do Código Civil, que no caso de falecimento do donatário antes dele doador, o imóvel acima descrito voltará a integrar o seu patrimônio. ...

e.8 Declaração que se trata de doação da parte disponível do patrimônio do doador e aceitação do donatário (CC, art. 549);

Por fim, o doador declara que o bem doado integra a parte disponível de seu patrimônio. ...

e.9 Menção às certidões obrigatórias e demais documentos apresentados e seu arquivamento (Lei 7.433/1985 e Decreto 93.240/1986):

- Guia de recolhimento do imposto de transmissão e comprovante de pagamento;
- Certidão negativa de débitos municipais do imóvel;
- Certidão de propriedade com negativa de ônus.

Foram apresentados e ficam arquivados nestas notas, em pasta própria e em cópias autenticadas, os seguintes documentos: **a)** documentos de identificação civil das partes e comprovantes de inscrição no cadastro de pessoa física da Receita Federal; **b)** guia de recolhimento do imposto sobre a transmissão de bens imóveis e de direitos a eles relativos (número), com comprovante de pagamento , no valor de R$ (número) (valor por extenso), tendo como base de cálculo o imóvel avaliado em R$ (número) (valor por extenso), quitado em (data), (banco); **c)** certidão negativa de débitos municipais relativas ao imóvel objeto da venda, emitida em (data), pela Prefeitura Municipal de (município/estado); **d)** certidão negativa de ações reais e pessoais reipersecutórias, relativas ao imóvel, e negativa de ônus reais, expedidas pelo Registro de Imóveis de (município/estado), emitida em (data), dentro do prazo de validade de 30 (trinta) dias; **e)** certidão negativa de débitos trabalhistas em nome do vendedor, emitida em (data), pela Justiça do Trabalho, válida até (data) ....

---

40. CC, art. 538. Considera-se doação o contrato em que uma pessoa, por liberalidade, transfere do seu patrimônio bens ou vantagens para o de outra.

6 • TABELIONATO DE NOTAS

e.9 Consulta à Central Nacional de Indisponibilidade de bens (Provimento 39/2014 CNJ):

Feita consulta à Central Nacional de Indisponibilidade de Bens – CNIB, cujo resultado foi negativo para o CPF do vendedor, conforme código HASH gerado (código). ...

e.10 Menção ao preenchimento da Declaração sobre Operações Imobiliárias – DOI;

EMITIDA A DOI – Declaração sobre Operações Imobiliárias, conforme Instrução Normativa da Receita Federal vigente. ...

f) *Fechamento*:

f.1 Referência ao cumprimento das exigências legais e fiscais inerentes à legitimidade do ato (CC, art. 215, V);

f.2 Declaração de ter sido lida na presença das partes e demais comparecentes, ou de que todos a leram (CC, art. 215, VI);

f.3 Compartilhamento do ato com a CENSEC: Provimento 18/2012 do CNJ;

f.4 Encerramento tradicional do ato pelo Tabelião;

f.5 Emolumentos;

f.6 Selo;

f.7 Emissão e entrega do primeiro traslado;

f.8 Local para assinaturas.

NADA MAIS DECLARARAM. Foram cumpridas as exigências legais e fiscais inerentes à legitimidade do ato. Lido em alta voz perante as partes, sendo por elas achado conforme em todos os termos. Será procedido o cadastro do presente ato, no prazo legal, junto à Central Notarial de Serviços Eletrônicos Compartilhados – CENSEC, conforme estabelece o Provimento 18/2012, do Conselho Nacional de Justiça. Eu, _____ Tabelião de Notas lavrei, subscrevo e dou fé, encerrando o ato. Emolumentos (valor). Selo de fiscalização (número). Traslado emitido e entregue em seguida ao comprador.

_____

Assinatura do outorgante doador

_____

Assinatura do outorgado donatário

_____

Assinatura do Tabelião

6.7.3 Modelo de escritura pública de doação com reserva de usufruto vitalício e cláusula de reversão

(Brasão da República)

República Federativa do Brasil

(Estado da Federação)

(Comarca)

(Município)

TABELIONATO DE NOTAS

Livro de Escrituras (número)   Folha (número)

Ou

TABELIONATO DE NOTAS

(Estado da Federação)

(Comarca)

(Município)

Livro de Escrituras (número)   Folha (número)

ESCRITURA PÚBLICA DE DOAÇÃO COM RESERVA DE USUFRUTO VITALÍCIO E CLÁUSULA DE REVERSÃO, QUE FAZEM AS PARTES ABAIXO NOMEADAS E QUALIFICADAS:

SAIBAM quantos este público instrumento virem que, ao (dia) do (mês) do (ano), nesta Serventia de Tabelionato de Notas do (município) e (comarca) do Estado de (Estado da Federação), sito na (endereço), **perante mim** Tabelião de Notas, **compareceram**, de um lado como **OUTORGANTE DOADOR**: (PRENOME E SOBRENOME), (nacionalidade), (estado civil), (profissão), (domicílio), documento de identidade (número), CPF (número); e, de outro lado como **OUTORGADO DONATÁRIO**: (PRENOME E SOBRENOME), (nacionalidade), (estado civil), (profissão), (domicílio), documento de identidade (número), CPF (número). As presentes pessoas reconhecidas como as próprias, pela documentação civil que me foi apresentada, aqui mencionada, de cujas **identidades e capacidade jurídica** dou fé. **Então, pelo outorgante me foi declarado**, que é legítimo proprietário do **imóvel urbano** constituído por (identificação do imóvel[41]), situado em (logradouro), (número), (bairro), (cidade), (estado), **matrícula** (número) do Cartório de Registro de Imóveis de (município/estado) [42] e **cadastro imobiliário municipal** (número). Imóvel anteriormente adquirido[43] pelo doador por escritura pública de compra e venda, lavrada no livro (número), folhas (número) do

---

41. A depender do caso prático apresentado na prova: Lote de terreno, casa residencial, ponto comercial, apartamento etc.

42. Lei 7.433/1985: Art. 2º Ficam dispensados, na escritura pública de imóveis urbanos, sua descrição e caracterização, desde que constem, estes elementos, da certidão do Cartório do Registro de Imóveis.

    § 1º Na hipótese prevista neste artigo, o instrumento **consignará exclusivamente o número do registro ou matrícula** no Registro de Imóveis, **sua completa localização, logradouro, número, bairro, cidade, Estado** e os documentos e certidões constantes do § 2º do art. 1º desta mesma Lei.

43. Algumas normas estaduais exigem que seja consignado na escritura a forma de aquisição anterior do imóvel.

6 • TABELIONATO DE NOTAS

Tabelionato de Notas de (município/estado), em (data), devidamente registrada no R-(número de ordem) da referida matrícula. E, declara o outorgante, sob as penas da lei, que inexistem ações reais e pessoais reipersecutórias relativas ao imóvel objeto do presente instrumento, bem como estar o mesmo livre de outros ônus reais[44], razão pela qual, **o DOA** ao outorgado donatário, reservando para si o **usufruto vitalício** sobre o dito imóvel. Desde já o doador transfere ao donatário a nua propriedade, bem como direito, domínio e ação que exercia sobre dito imóvel, não se responsabilizando-se pela evicção[45]. O doador declara e estabelece, nos termos do art. 547, do Código Civil, que no caso de falecimento do donatário antes dele doador, o imóvel acima descrito voltará a integrar o seu patrimônio[46]. Por fim, o doador declara que o bem doado integra a parte disponível de seu patrimônio[47], não atingindo a legítima de seus herdeiros necessários, por sua vez o donatário declara que aceita a doação, obrigando-se a respeitar o usufruto vitalício. **Foram apresentados e ficam arquivados nestas notas, em pasta própria e em cópias autenticadas**[48]**, os seguintes documentos: a)** documentos de identificação civil das partes e comprovantes de inscrição no cadastro de pessoa física da Receita Federal; **b)** guia de recolhimento do imposto sobre a transmissão *causa mortis* ou doação (número), com comprovante de pagamento[49], no valor de R$ (número) (valor por extenso), tendo como base de cálculo o imóvel avaliado em R$ (número) (valor por extenso), quitado em (data), (banco); **c)** certidão negativa de débitos municipais relativas ao imóvel objeto da doação, emitida em (data), pela Prefeitura Municipal de (município/estado)[50]; **d)** certidão negativa de ações reais e pessoais reipersecutórias, relativas ao imóvel, e negativa de ônus reais, expedidas pelo Registro de Imóveis de (município/estado), emitida em (data), dentro do prazo de validade de 30 (trinta) dias[51]; **e)** certidão negativa de débitos trabalhistas em nome do doador, emitida em (data), pela Justiça do Trabalho, válida até (data)[52]. **Feita consulta à Central Nacional de Indisponibilidade de Bens** – CNIB, cujo resul-

---

44. Lei 7.433/1985: Art. 1º. § 3º A apresentação das certidões previstas no inciso IV, deste artigo, não eximirá o outorgante da obrigação de **declarar na escritura pública, sob pena de responsabilidade civil e penal, a existência de outras ações reais e pessoais reipersecutórias, relativas ao imóvel, e de outros ônus reais incidentes sobre o mesmo.**
45. CC, art. 552. O doador não é obrigado a pagar juros moratórios, **nem é sujeito às consequências da evicção** ou do vício redibitório. Nas doações para casamento com certa e determinada pessoa, o doador ficará sujeito à evicção, salvo convenção em contrário.
46. CC, art. 547. O doador pode estipular que **os bens doados voltem ao seu patrimônio**, se sobreviver ao donatário. Parágrafo único. Não prevalece cláusula de reversão em favor de terceiro.
47. CC, art. 549. Nula é também a doação quanto à parte que exceder à de que o doador, no momento da liberalidade, poderia dispor em testamento.
48. Lei 7.433/1985: Art. 1º, § 3º Obriga-se o Tabelião **a manter, em Cartório, os documentos e certidões de que trata o parágrafo anterior, no original ou em cópias autenticadas.**
49. Art. 1º Para a lavratura de atos notariais, relativos a imóveis, serão apresentados os seguintes documentos e certidões: **II – o comprovante do pagamento do Imposto sobre a Transmissão de Bens Imóveis e de Direitos a eles relativos, quando incidente sobre o ato, ressalvadas as hipóteses em que a lei autorize a efetivação do pagamento após a sua lavratura.**
50. Decreto 93.240/1986: Art. 1º Para a lavratura de atos notariais, relativos a imóveis, serão apresentados os seguintes documentos e certidões: **III – as certidões fiscais, assim entendidas: a)** em relação aos imóveis urbanos, as **certidões referentes aos tributos que incidam sobre o imóvel, observado o disposto no § 2º, deste artigo.**
51. Decreto 93.240/1986: Art. 1º Para a lavratura de atos notariais, relativos a imóveis, serão apresentados os seguintes documentos e certidões: **IV – a certidão de ações reais e pessoais reipersecutórias, relativas ao imóvel, e a de ônus reais, expedidas pelo Registro de Imóveis competente, cujo prazo de validade, para este fim, será de 30 (trinta) dias.**
52. Recomendação 3 de 15/03/2012, do Conselho Nacional de Justiça: Art. 1º Recomendar aos tabeliães de notas que cientifiquem as partes envolvidas da possibilidade de obtenção prévia de Certidão Negativa de Débitos Trabalhistas (CNDT), nos termos do art. 642-A da CLT, com a redação dada pela Lei 12.440/2011, nas seguintes hipóteses: I – alienação ou oneração, a qualquer título, de bem imóvel ou direito a ele relativo; [...] **Art. 2º Deverá constar da escritura lavrada que a cientificação referida no artigo anterior foi previamente realizada.**

tado foi negativo para o CPF do doador, conforme código HASH gerado (código) [53]. **EMITIDA A DOI** – Declaração sobre Operações Imobiliárias, conforme Instrução Normativa da Receita Federal vigente[54]. **NADA MAIS DECLARARAM**. Foram cumpridas as exigências legais e fiscais inerentes à legitimidade do ato. **Lido em alta voz perante as partes**, sendo por elas achado conforme em todos os termos. Será procedido o cadastro do presente ato, no prazo legal, junto à Central Notarial de Serviços Eletrônicos Compartilhados – CENSEC, conforme estabelece o Provimento 18/2012, do Conselho Nacional de Justiça. Eu, _____ Tabelião de Notas lavrei, subscrevo e dou fé, encerrando o ato. **Emolumentos** (valor). **Selo** de fiscalização (número). **Traslado** emitido e entregue em seguida ao donatário.

_____

Assinatura do outorgante doador

_____

Assinatura do outorgado donatário

_____

Assinatura do Tabelião

6.8 ESCRITURA DE DIVÓRCIO CONSENSUAL

6.8.1 Legislação aplicável

Para lavratura de escritura pública de divórcio consensual, aplicam-se as seguintes normas:

a) Código Civil: Art. 1.571, IV;

b) Código de Processo Civil: Art. 733;

c) Resolução 35, de 24 de abril de 2007 do Conselho Nacional de Justiça;

d) Resolução 220, de 26 de abril de 2016 do Conselho Nacional de Justiça;

e) Havendo partilha de bens imóveis: Lei 7.433, de 18 de dezembro de 1985, Decreto 93.240, de 09 de setembro de 1986, Recomendação 03, de 15 de março de 2012 do Conselho Nacional de Justiça: apresentação da Certidão Negativa de Débitos Trabalhistas, Instrução Normativa RFB 1112, de 28 de

_____

53. Provimento 39/2014, do Conselho Nacional de Justiça: Art. 14. Os registradores de imóveis e tabeliães de notas, antes da prática de qualquer ato notarial ou registral que tenha por objeto bens imóveis ou direitos a eles relativos, exceto lavratura de testamento, deverão promover prévia consulta à base de dados da Central Nacional de Indisponibilidade de Bens – CNIB, consignando no ato notarial o resultado da pesquisa e o respectivo código gerado (hash), dispensado o arquivamento do resultado da pesquisa em meio físico ou digital.

54. Instrução Normativa RFB 1112/2010: **Art. 2°** [...] **§ 3° O** preenchimento da DOI deverá ser feito: I – pelo Serventuário da Justiça titular ou designado para o **Cartório de Ofício de Notas, quando da lavratura do instrumento que tenha por objeto a alienação de imóveis, fazendo constar do respectivo instrumento a expressão "EMITIDA A DOI".**

dezembro de 2010 – envio da Declaração sobre Operações Imobiliárias – DOI;

f) Provimento 39, de 25 de julho de 2014, do Conselho Nacional de Justiça: Art. 7º – consulta obrigatória à Central Nacional de Indisponibilidade de Bens – CNIB.

São requisitos do divórcio extrajudicial:

i. Consenso entre os cônjuges quanto ao divórcio;

ii. Inexistência de nascituro ou filhos incapazes;

iii. Assistência de advogado.

O candidato deverá verificar a existência de regras específicas nas normas do Estado em que estiver prestando o concurso.

6.8.2 Roteiro para redação da escritura de divórcio consensual

a) *Cabeçalho*;

b) *Abertura*:

b.1 Ementa;

b.2 Data e local da lavratura;

b.3 Indicação de presença perante o Tabelião.

ESCRITURA PÚBLICA DE DIVÓRCIO CONSENSUAL COM PARTILHA DE BENS, QUE FAZEM AS PARTES ABAIXO NOMEADAS E QUALIFICADAS:

SAIBAM quantos este público instrumento virem que, ao (dia) do (mês) do (ano), nesta Serventia de Tabelionato de Notas do (município) e (comarca) do Estado de (Estado da Federação), sito na (endereço), perante mim Tabelião de Notas, ...

c) *Comparecimento e qualificação dos comparecentes*: cônjuges e advogado;

compareceram como **OUTORGANTES RECIPROCAMENTE OUTORGADOS, o casal**: (PRENOME E SOBRENOME), (nacionalidade), (estado civil), (profissão), (domicílio), documento de identidade (número), CPF (número) e (PRENOME E SOBRENOME), (nacionalidade), (estado civil), (profissão), (domicílio), documento de identidade (número), CPF (número), **acompanhados de seu advogado comum** (PRENOME E SOBRENOME), (nacionalidade), (estado civil), (profissão), inscrição OAB (número), (domicílio), documento de identidade (número), CPF (número)....

d) *Reconhecimento da identidade e capacidade dos comparecentes* (CC, art. 215, II);

As presentes pessoas reconhecidas como as próprias, pela documentação civil que me foi apresentada, aqui mencionada, de cujas identidades e capacidade jurídica dou fé. ...

e) *Manifestação da vontade*: dissolução do casamento pelo divórcio (CC, art. 1.571, IV):

e.1 Indicação da data do casamento, regime de bens e cartório;

e.2 Declaração da inexistência de filhos comuns ou, havendo, que são absolutamente capazes, indicando seus nomes e datas de nascimento (art. 34, Resolução CNJ 35/2007);

e.3 Declaração de que o cônjuge virago não se encontra em estado gravídico (art. 34, parágrafo único, Resolução CNJ 35/2007);

Então, pelos outorgantes e reciprocamente outorgados me foi declarado: a) que contraíram matrimônio em (data), pelo (regime de bens), no Ofício de Registro Civil das Pessoas Naturais de (município/estado), conforme certidão de casamento apresentada, datada de (data); **b)** que do referido casamento não adveio filhos comuns e a cônjuge virago não se encontra em estado gravídico; ...

e.4 Declaração das partes de que estão cientes das consequências da separação e do divórcio, firmes no propósito de pôr fim à sociedade conjugal ou ao vínculo matrimonial, respectivamente, sem hesitação, com recusa de reconciliação (art. 35, Resolução CNJ 35/2007);

c) que estão cientes das consequências do divórcio, estando firmes no propósito de por fim ao vínculo conjugal, sem hesitação, tendo sido recusada a reconciliação; ...

e.5 Havendo bens a serem partilhados na escritura, distinguir-se-á o que é do patrimônio individual de cada cônjuge, se houver, do que é do patrimônio comum do casal, conforme o regime de bens, constando isso do corpo da escritura (art. 37, Resolução CNJ 35/2007 e art. 731, I do CPC);

e.6 Na partilha em que houver trnsmissão de propriedade do patrimônio individual de um cônjuge ao outro, ou a partilha desigual do patrimônio comum, deverá ser comprovado o recolhimento do tributo devido sobre a fração transferida (art. 38, Resolução CNJ 35/2007);

d) que na constância do casamento foi adquirido o seguinte bem imóvel, não havendo bens particulares: (descrição imóvel), situado na (logradouro), (número), (bairro), (município), (estado), matrícula (número) do Cartório de Registro de Imóveis (município/estado), ao qual atribuem o valor de R$ (número), para fins de partilha; **e)** que referido imóvel será partilhado na proporção de cinquenta por cento entre os outorgantes, ou seja, em partes iguais, não havendo, portanto, incidência de imposto de transmissão; ...

e.7 Disposição quanto a volta ao uso de nome de solteiro ou a manutenção do nome de casado;

f) que a divorcianda voltará a usar o nome de solteira, qual seja, (PRENOME E SOBRENOME); ...

e.8 Disposições relativas à pensão alimentícia entre os cônjuges (CPC, art. 731, II e art. 44 da Resolução CNJ 35/2007);

g) que dispensam mutuamente a prestação de alimentos e estão cientes que esta escritura poderá ser retificada, por consenso das partes, no tocante a obrigações alimentares, nos termos do art. 44 da Resolução 35/2007, do Conselho Nacional de Justiça; ...

e.9 Declaração das partes que o divórcio preserva os interesses dos cônjuges e não prejudica os de terceiros[55];

h) que o divórcio preserva os interesses dos cônjuges e não prejudica os de terceiros. ...

e.10 Disposição sobre dissolução do vínculo conjugal, passando ao estado civil de divorciados e extinção dos deveres do casamento;

Assim, diante da vontade espontânea e isenta de vícios dos outorgantes e reciprocamente outorgados, atendidos os requisitos legais, pela presente escritura **fica dissolvido o vínculo conjugal entre eles**, na forma acima convencionada, que **passam a ter o estado civil de divorciados**, e extintos todos os deveres do casamento. ...

e.11 Menção de que as foram orientadas sobre a necessidade de apresentação de seu traslado no registro civil do assento de casamento, para a averbação devida (art. 43, Resolução CNJ 35/2007);

A partes foram orientadas sobre a necessidade de apresentação do traslado da presente escritura no registro civil do assento de casamento, para a averbação devida, bem como ao registro imobiliário competente para registro da partilha do bem imóvel. ...

e.12 Menção aos documentos obrigatórios que foram apresentados (art. 33, Resolução CNJ 35/2007);

Foram apresentados e ficam arquivados em pasta própria e em cópias autenticadas, os seguintes documentos: a) certidão de casamento; **b)** documento de identidade oficial e CPF/MF; **c)** certidão de propriedade do bem imóvel, emitida em (data) e dentro do prazo de 30 dias, do Cartório de Registro de Imóveis de (município/estado); **d)** certidão negativa de débitos municipais do imóvel, emitida em (data), pela Prefeitura de (município/estado); **e)** certidões negativas de débitos trabalhistas em nome dos outorgantes, emitidas em (data), pela Justiça do Trabalho. ...

e.13 Consulta à Central Nacional de Indisponibilidade de bens (em caso de partilha de bens):

Feita consulta à Central Nacional de Indisponibilidade de Bens – CNIB, cujo resultado foi negativo para os CPFs dos outorgantes, conforme códigos HASH gerados (código). ...

e.14 Menção ao preenchimento da Declaração sobre Operações Imobiliárias – DOI (em caso de partilha de bens imóveis):

---

55. Exigências de diversas normas estaduais.

EMITIDA A DOI – Declaração sobre Operações Imobiliárias, conforme Instrução Normativa da Receita Federal vigente. ...

f) *Fechamento*:

f.1 Referência ao cumprimento das exigências legais e fiscais inerentes à legitimidade do ato (CC, art. 215, V);

f.2 Declaração de ter sido lida na presença das partes e demais comparecentes, ou de que todos a leram (CC, art. 215, VI);

f.3 Compartilhamento do ato com a CENSEC: Provimento 18/2012 do CNJ;

f.4 Encerramento tradicional do ato pelo Tabelião;

f.5 Emolumentos

f.6 Selo;

f.7 Emissão e entrega do primeiro traslado;

f.8 Local para assinaturas.

NADA MAIS DECLARARAM. Foram cumpridas as exigências legais e fiscais inerentes à legitimidade do ato. **Lido em alta voz perante as partes**, sendo por elas achado conforme em todos os termos. Será procedido o cadastro do presente ato, no prazo legal, junto à Central Notarial de Serviços Eletrônicos Compartilhados – CENSEC, conforme estabelece o Provimento 18/2012, do Conselho Nacional de Justiça. Eu, _____ Tabelião de Notas lavrei, subscrevo e dou fé, encerrando o ato. **Emolumentos** (valor). **Selo** de fiscalização (número). **Traslado emitido e entregue em seguida às partes.**

_____

Assinatura do outorgante cônjuge varão

_____

Assinatura do outorgante cônjuge virago

_____

Assinatura do advogado

_____

Assinatura do Tabelião...

6.8.3 Modelo de escritura de divórcio consensual com partilha de bens

(Brasão da República)
República Federativa do Brasil
(Estado da Federação)
(Comarca)
(Município)
TABELIONATO DE NOTAS

Livro de Escrituras (número)   **Folha (número)**

Ou

TABELIONATO DE NOTAS
(Estado da Federação)
(Comarca)
(Município)

Livro de Escrituras (número)   **Folha (número)**

ESCRITURA PÚBLICA DE DIVÓRCIO CONSENSUAL COM PARTILHA DE BENS, QUE FAZEM AS PARTES ABAIXO NOMEADAS E QUALIFICADAS:

SAIBAM quantos este público instrumento virem que, ao (dia) do (mês) do (ano), nesta Serventia de Tabelionato de Notas do (município) e (comarca) do Estado de (Estado da Federação), sito na (endereço), **perante mim** Tabelião de Notas, **compareceram** como **OUTORGANTES RECIPROCAMENTE OUTORGADOS, o casal**: (PRENOME E SOBRENOME), (nacionalidade), (estado civil), (profissão), (domicílio), documento de identidade (número), CPF (número) e (PRENOME E SOBRENOME), (nacionalidade), (estado civil), (profissão), (domicílio), documento de identidade (número), CPF (número), **acompanhados de seu advogado comum** (PRENOME E SOBRENOME), (nacionalidade), (estado civil), (profissão), inscrição OAB (número), (domicílio), documento de identidade (número), CPF (número). As presentes pessoas reconhecidas como as próprias, pela documentação civil que me foi apresentada, aqui mencionada, de cujas **identidades e capacidade jurídica** dou fé. **Então, pelos outorgantes e reciprocamente outorgados me foi declarado: a)** que contraíram matrimônio em (data), pelo (regime de bens)[56], no Ofício de Registro Civil das Pessoas Naturais de (município/estado), conforme certidão de casamento apresentada, datada de (data); **b)** que do referido casamento não adveio filhos comuns e a cônjuge virago não se encontra em estado gravídico; **c)** que estão cientes das consequências do divórcio, estando firmes no propósito de por fim ao vínculo conjugal, sem hesitação, tendo sido recusada a reconciliação; **d)** que na constância do casamento foi adquirido o seguinte bem imóvel, não havendo bens particulares: (descrição imóvel), situado na (logradouro), (número), (bairro), (município), (estado), matrícula (número) do Cartório de Registro de Imóveis (município/estado), ao qual atribuem o valor de R$ (número), para fins de partilha; **e)** que referido imóvel será partilhado na proporção de cinquenta por cento entre os outorgantes, ou seja, em partes iguais[57], não havendo, portanto, incidência de imposto de transmissão; **f)** que a divorcianda voltará a usar o nome de solteira, qual seja, (PRENOME E SOBRENOME); **g)** que dispen-

---

56. Se a prova mencionar regime de bens que dependa de escritura de pacto antenupcial, o candidato deverá informar os dados da escritura pública de pacto antenupcial (data, livro, folha e cartório), bem como seu registro no Livro n. 3 – Registro Auxiliar do Cartório de Registro de imóveis do primeiro domicílio conjugal.

57. A existência bens particulares e a partilha dos bens comuns, se houver, dependerá das informações trazidas na prova.

sam mutuamente a prestação de alimentos e estão cientes que esta escritura poderá ser retificada, por consenso das partes, no tocante a obrigações alimentares, nos termos do art. 44 da Resolução 35/2007, do Conselho Nacional de Justiça; **h)** que o divórcio preserva os interesses dos cônjuges e não prejudica os de terceiros. **Assim**, diante da vontade espontânea e isenta de vícios dos outorgantes e reciprocamente outorgados, atendidos os requisitos legais, pela presente escritura **fica dissolvido o vínculo conjugal entre eles, na forma acima convencionada, que passam a ter o estado civil de divorciados, e extintos todos os deveres do casamento**. A partes foram orientadas sobre a necessidade de apresentação do traslado da presente escritura no registro civil do assento de casamento, para a averbação devida, bem como ao registro imobiliário competente para registro da partilha do bem imóvel. **Foram apresentados e ficam arquivados em pasta própria e em cópias autenticadas, os seguintes documentos**: **a)** certidão de casamento; **b)** documento de identidade oficial e CPF/MF; **c)** certidão de propriedade do bem imóvel, emitida em (data) e dentro do prazo de 30 dias, do Cartório de Registro de Imóveis de (município/estado); **d)** certidão negativa de débitos municipais do imóvel, emitida em (data), pela Prefeitura de (município/estado); **e)** certidões negativas de débitos trabalhistas em nome dos outorgantes, emitidas em (data), pela Justiça do Trabalho. **Feita consulta à Central Nacional de Indisponibilidade de Bens** – CNIB, cujo resultado foi negativo para os CPFs dos outorgantes, conforme códigos HASH gerados (código) [58]. **EMITIDA A DOI** – Declaração sobre Operações Imobiliárias, conforme Instrução Normativa da Receita Federal vigente[59]. **NADA MAIS DECLARARAM**. Foram cumpridas as exigências legais e fiscais inerentes à legitimidade do ato. **Lido em alta voz perante as partes**, sendo por elas achado conforme em todos os termos. Será procedido o cadastro do presente ato, no prazo legal, junto à Central Notarial de Serviços Eletrônicos Compartilhados – CENSEC, conforme estabelece o Provimento 18/2012, do Conselho Nacional de Justiça. Eu, _____ Tabelião de Notas lavrei, subscrevo e dou fé, encerrando o ato. **Emolumentos** (valor). **Selo** de fiscalização (número). **Traslado** emitido e entregue em seguida às partes.

_____

Assinatura do outorgante cônjuge varão

_____

Assinatura do outorgante cônjuge virago

_____

Assinatura do advogado

_____

Assinatura do Tabelião

---

58. Provimento 39/2014, do Conselho Nacional de Justiça: Art. 14. Os registradores de imóveis e tabeliães de notas, antes da prática de qualquer ato notarial ou registral que tenha por objeto bens imóveis ou direitos a eles relativos, exceto lavratura de testamento, deverão promover prévia consulta à base de dados da Central Nacional de Indisponibilidade de Bens – CNIB, consignando no ato notarial o resultado da pesquisa e o respectivo código gerado (hash), dispensado o arquivamento do resultado da pesquisa em meio físico ou digital.

59. Instrução Normativa RFB 1112/2010: **Art. 2º.** [...] **§ 3º** O preenchimento da DOI deverá ser feito: **I** – pelo Serventuário da Justiça titular ou designado para o **Cartório de Ofício de Notas, quando da lavratura do instrumento que tenha por objeto a alienação de imóveis, fazendo constar do respectivo instrumento a expressão "EMITIDA A DOI".**

6.9 ESCRITURA DE INVENTÁRIO E PARTILHA AMIGÁVEL

6.9.1 Legislação aplicável

Para lavratura de escritura pública de inventário e partilha amigável, aplicam-se as seguintes normas:

a) Código Civil: art. 1.784 a 1.856;

b) Código de Processo Civil: art. 610, §§ 1º e 2º;

c) Resolução 35, de 24 de abril de 2007, do Conselho Nacional de Justiça;

d) Resolução 179, de 03 de outubro de 2013, do Conselho Nacional de Justiça;

e) Havendo partilha de bens imóveis: Lei 7.433, de 18 de dezembro de 1985, Decreto 93.240, de 09 de setembro de 1986, Recomendação 03, de 15 de março de 2012 do Conselho Nacional de Justiça: apresentação da Certidão Negativa de Débitos Trabalhistas, Instrução Normativa RFB 1112, de 28 de dezembro de 2010 – envio da Declaração sobre Operações Imobiliárias – DOI;

f) Provimento 39, de 25 de julho de 2014, do Conselho Nacional de Justiça: Art. 7º – consulta obrigatória à Central Nacional de Indisponibilidade de Bens – CNIB.

São requisitos do inventário extrajudicial:

iv. Herdeiros capazes e concordes;

v. Inexistência de testamento do autor da herança;

vi. Assistência de advogado.

O candidato deverá verificar a existência de regras específicas nas normas do Estado em que estiver prestando o concurso.

6.9.2 Roteiro para redação da escritura de inventário extrajudicial

a) *Cabeçalho*;

b) *Abertura*:

b.1 Ementa;

b.2 Data e local da lavratura;

b.3 Indicação de presença perante o Tabelião.

ESCRITURA PÚBLICA DE INVENTÁRIO E PARTILHA AMIGÁVEL DO ESPÓLIO DE (PRENOME E SOBRENOME), NA FORMA ABAIXO:

SAIBAM quantos este público instrumento virem que, ao (dia) do (mês) do (ano), nesta Serventia de Tabelionato de Notas do (município) e (comarca) do Estado de (Estado da Federação), sito na (endereço), **perante mim** Tabelião de Notas, ...

c) *Comparecimento e qualificação dos comparecentes*: viúvo, herdeiros e advogado:

c.1 As partes e respectivos cônjuges devem estar, na escritura, nomeados e qualificados (nacionalidade; profissão; idade; estado civil; regime de bens; data do casamento; pacto antenupcial e seu registro imobiliário, se houver; número do documento de identidade; número de inscrição no CPF/MF; domicílio e residência) (art. 20, Resolução CNJ 35/2007);

compareceram como **OUTORGANTES RECIPROCAMENTE OUTORGADOS, a viúva meeira**: (PRENOME E SOBRENOME), (nacionalidade), (estado civil), (profissão), (idade) (domicílio), documento de identidade (número), CPF (número); **os herdeiros**: (PRENOME E SOBRENOME), (nacionalidade), (estado civil), (profissão), (idade), (domicílio), documento de identidade (número), CPF (número) e (PRENOME E SOBRENOME), (nacionalidade), (estado civil), (profissão), (idade), (domicílio), documento de identidade (número), CPF (número); **todos acompanhados de seu advogado comum** (PRENOME E SOBRENOME), (nacionalidade), (estado civil), (profissão), inscrição OAB (número), (domicílio), documento de identidade (número), CPF (número)....

d) *Reconhecimento da identidade e capacidade dos comparecentes* (CC, art. 215, II);

As presentes pessoas reconhecidas como as próprias, pela documentação civil que me foi apresentada, aqui mencionada, de cujas identidades e capacidade jurídica dou fé. ...

e) *Manifestação da vontade*: inventário e partilha amigável do espólio de (PRENOME E SOBRENOME):

e.1 A escritura pública de inventário e partilha conterá a qualificação completa do autor da herança; o regime de bens do casamento; pacto antenupcial e seu registro imobiliário, se houver; dia e lugar em que faleceu o autor da herança; data da expedição da certidão de óbito; livro, folha, número do termo e unidade de serviço em que consta o registro do óbito (art. 21, Resolução CNJ 35/2007);

Então, pelos outorgantes e reciprocamente outorgados me foi declarado que pretendem fazer o inventário e partilha dos bens deixados por falecimento de (PRENOME E SOBRENOME), e **fazem as seguintes declarações**, sob as penas da lei: **1) DO AUTOR DA HERANÇA**: (PRENOME E SOBRENOME) era (nacionalidade), (profissão), casado com (PRENOME E SOBRENOME), acima qualificada, pelo regime da (regime de bens), escritura de pacto lavrada em (data), (livro), (folha), no Tabelionato de (município/estado), registrada no Livro 3 – Registro Auxiliar (número) do Ofício de Registro de Imóveis de (município/estado), portador do documento de identidade (número), CPF (número), (domicílio), faleceu em (data) e (lugar), conforme certidão de óbito emitida em (data), (livro), (folha), (termo), do Ofício de Registro Civil das Pessoas Naturais de (município/estado). ...

e.2 Relação dos herdeiros e sua classe (descendentes, ascendentes, cônjuge, colaterais);

e.3 Menção ou declaração dos herdeiros de que o autor da herança não deixou testamento e outros herdeiros, sob as penas da lei (art. 21, Resolução CNJ 35/2007);

2) DOS HERDEIROS: O falecido deixou (número) filhos, acima mencionados e qualificados, seus únicos herdeiros descendentes. **3)** O autor da herança não deixou testamento conhecido nem outros herdeiros com direito à sucessão. ...

e.4 É obrigatória a nomeação de interessado, na escritura pública de inventário e partilha, para representar o espólio, com poderes de inventariante, no cumprimento de obrigações ativas ou passivas pendentes, sem necessidade de seguir a ordem prevista no art. 617 do Código de Processo Civil (art. 11, Resolução CNJ 35/2007);

4) As partes nomeiam como representante do espólio, com poderes de inventariante, para cumprimento de obrigações ativas ou passivas pendentes, o herdeiro (PRENOME E SOBRENOME), acima qualificado. ...

e.5 Relação completa e individualizada de todos os bens do espólio, inclusive aqueles que devem ser conferidos à colação, e dos bens alheios que nele forem encontrados, descrevendo-se (CPC, art. 620, IV):

– os imóveis, com as suas especificações, nomeadamente local em que se encontram, extensão da área, limites, confrontações, benfeitorias, origem dos títulos, números das matrículas e ônus que os gravam;

– os móveis, com os sinais característicos;

– os semoventes, seu número, suas espécies, suas marcas e seus sinais distintivos;

– o dinheiro, as joias, os objetos de ouro e prata e as pedras preciosas, declarando-se-lhes especificadamente a qualidade, o peso e a importância;

– os títulos da dívida pública, bem como as ações, as quotas e os títulos de sociedade, mencionando-se-lhes o número, o valor e a data;

– as dívidas ativas e passivas, indicando-se-lhes as datas, os títulos, a origem da obrigação e os nomes dos credores e dos devedores;

– direitos e ações;

– o valor corrente de cada um dos bens do espólio.

5) DOS BENS: O autor da herança deixou os seguintes bens: **5.1 imóvel urbano** constituído por (identificação do imóvel), situado em (logradouro), (número), (bairro), (cidade), (estado), matrícula (número) do Cartório de Registro de Imóveis de (município/estado) e cadastro imobiliário municipal (número). Imóvel anteriormente adquirido pelo falecido por escritura pública de compra e venda, lavrada no livro (número), folhas (número) do Tabelionato de Notas de (município/estado), em (data), devidamente registrada no R-(número de ordem) da referida matrícula, ao qual as partes atribuem o valor de R$ (número), para fins de partilha; **5.2 veículo** (modelo), (cor), (placa), (ano fabricação), (ano modelo), (chassi), adquirido em (data), documento de propriedade (número), ao qual as partes atribuem o valor de R$ (número), para fins de partilha; **5.3 saldo em conta poupança** (número), (banco), (agência), de titularidade individual do falecido, no valor de R$ (número), conforme extrato bancário emitido em (data). ...

e.4 Relação das dívidas do espólio ou declaração de inexistência das mesmas;

6) DAS DÍVIDAS: Não há dívidas ativas e passivas deixadas pelo falecido. ...

e.5 Partilha dos bens;

7) DA PARTILHA: O valor total do patrimônio soma o montante de R$ (número), que será partilhado da seguinte forma, conforme acordado entre as partes: **7.1 DA MEAÇÃO**: Caberá à viúva meeira (PRENOME E SOBRENOME) cinquenta por cento do patrimônio, no montante de R$ (número), correspondente aos seguintes bens (descrição). **7.1 DOS PAGAMENTO DOS QUINHÕES HEREDITÁRIOS**: Caberá ao herdeiro (PRENOME E SOBRENOME) vinte e cinco por cento do patrimônio, no montante de R$ (número), correspondente aos seguintes bens (descrição); e, caberá ao herdeiro (PRENOME E SOBRENOME) vinte e cinco por cento do patrimônio, no montante de R$ (número), correspondente aos seguintes bens (descrição). ...

e.6 Menção ao recolhimento dos tributos incidentes (art. 15, Resolução CNJ 35/2007);

8) IMPOSTO DE TRANSMISSÃO: Os bens do espólio foram avaliados pela Fazenda Estadual no valor de R$ (número), conforme guia de recolhimento de imposto de transmissão *causa mortis* (número), tendo sido quitado o imposto no valor de R$ (número), em (data), conforme comprovante de pagamento apresentado. ...

e.7 Menção aos documentos obrigatórios que foram apresentados (art. 24, Resolução CNJ 35/2007);

– Na lavratura da escritura deverão ser apresentados os seguintes documentos: a) certidão de óbito do autor da herança; b) documento de identidade oficial e CPF das partes e do autor da herança; c) certidão comprobatória do vínculo de parentesco dos herdeiros; d) certidão de casamento do cônjuge sobrevivente e dos herdeiros casados e pacto antenupcial, se houver; e) certidão de propriedade de bens imóveis e direitos a eles relativos; f) documentos necessários à comprovação da titularidade dos bens móveis e direitos, se houver; g) certidão negativa de tributos; e h) Certificado de Cadastro de Imóvel Rural – CCIR, se houver imóvel rural a ser partilhado (art. 22, Resolução CNJ 35/2007).

Foram apresentados e ficam arquivados nestas notas, em pasta própria e em cópias autenticadas, os seguintes documentos: a) certidão de óbito do autor da herança; **b)** documento de identidade oficial e CPF das partes e do autor da herança; **c)** certidões de nascimento ou casamento, comprovando o vínculo de parentesco dos herdeiros; **d)** certidão de casamento do cônjuge sobrevivente e dos herdeiros casados e pacto antenupcial, se houver; **e)** certidão de propriedade de bens imóveis e direitos a eles relativos, emitida em (data), dentro do prazo de trinta dias, do Cartório de Registro de Imóveis de (município/estado); **f)** documento de propriedade do veículo; **g)** certidão negativa de tributos em relação aos bens imóveis e em nome do falecido....

6 • TABELIONATO DE NOTAS — 223

e.8 Consulta à Central Nacional de Indisponibilidade de bens;

Feita consulta à Central Nacional de Indisponibilidade de Bens – CNIB, cujo resultado foi negativo para o CPF do falecido, conforme código HASH gerado (código). ...

e.9 Menção ao preenchimento da Declaração sobre Operações Imobiliárias – DOI (em caso de partilha de bens imóveis);

EMITIDA A DOI – Declaração sobre Operações Imobiliárias, conforme Instrução Normativa da Receita Federal vigente. ...

f) *Fechamento*:

    f.1 Referência ao cumprimento das exigências legais e fiscais inerentes à legitimidade do ato (CC, art. 215, V);

    f.2 Declaração de ter sido lida na presença das partes e demais comparecentes, ou de que todos a leram (CC, art. 215, VI);

    f.3 Compartilhamento do ato com a CENSEC: Provimento 18/2012 do CNJ;

    f.4 Encerramento tradicional do ato pelo Tabelião;

    f.5 Emolumentos

    f.6 Selo;

    f.7 Emissão e entrega do primeiro traslado;

    f.8 Local para assinaturas.

NADA MAIS DECLARARAM. Foram cumpridas as exigências legais e fiscais inerentes à legitimidade do ato. **Lido em alta voz perante as partes**, sendo por elas achado conforme em todos os termos. Será procedido o cadastro do presente ato, no prazo legal, junto à Central Notarial de Serviços Eletrônicos Compartilhados – CENSEC, conforme estabelece o Provimento 18/2012, do Conselho Nacional de Justiça. Eu, _____ Tabelião de Notas lavrei, subscrevo e dou fé, encerrando o ato. **Emolumentos** (valor). **Selo** de fiscalização (número). **Traslado emitido e entregue em seguida às partes**.

_____

Assinatura da viúva meeira

_____

Assinatura do herdeiro 1

_____

Assinatura do herdeiro 2

_____

Assinatura do advogado

_____

Assinatura do Tabelião

6.9.3 Modelo de escritura de inventário extrajudicial

(Brasão da República)
República Federativa do Brasil
(Estado da Federação)
(Comarca)
(Município)
TABELIONATO DE NOTAS

Livro de Escrituras (número)   Folha (número)

Ou

TABELIONATO DE NOTAS
(Estado da Federação)
(Comarca)
(Município)

Livro de Escrituras (número)   Folha (número)

ESCRITURA PÚBLICA DE INVENTÁRIO E PARTILHA AMIGÁVEL DO ESPÓLIO DE (PRENOME E SOBRENOME), NA FORMA ABAIXO:

SAIBAM quantos este público instrumento virem que, ao (dia) do (mês) do (ano), nesta Serventia de Tabelionato de Notas do (município) e (comarca) do Estado de (Estado da Federação), sito na (endereço), **perante mim** Tabelião de Notas, **compareceram** como **OUTORGANTES RECIPRO-CAMENTE OUTORGADOS, a viúva meeira**: (PRENOME E SOBRENOME), (nacionalidade), (estado civil), (profissão), (idade) (domicílio), documento de identidade (número), CPF (número); **os herdeiros:** (PRENOME E SOBRENOME), (nacionalidade), (estado civil), (profissão), (idade), (domicílio), documento de identidade (número), CPF (número) e (PRENOME E SOBRENOME), (nacionalidade), (estado civil), (profissão), (idade), (domicílio), documento de identidade (número), CPF (número); **todos acompanhados de seu advogado comum** (PRENOME E SOBRENOME), (nacionalidade), (estado civil), (profissão), inscrição OAB (número), (domicílio), documento de identidade (número), CPF (número). As presentes pessoas reconhecidas como as próprias, pela documentação civil que me foi apresentada, aqui mencionada, de cujas **identidades e capacidade jurídica** dou fé. **Então, pelos outorgantes e reciprocamente outorgados me foi declarado** que pretendem fazer o inventário e partilha dos bens deixados por falecimento de (PRENOME E SOBRENOME), e **fazem as seguintes declarações, sob as penas da lei: 1) DO AUTOR DA HERANÇA**: (PRENOME E SOBRENOME) era (nacionalidade), (profissão), casado com (PRENOME E SOBRENOME), acima qualificada, pelo regime da (regime de bens), escritura de pacto lavrada em (data), (livro), (folha), no Tabelionato de (município/estado), registrada no Livro 3 – Registro Auxiliar (número) do Ofício de Registro de Imóveis de (município/estado), portador do documento de identidade (número), CPF (número), (domicílio), faleceu em (data) e (lugar), conforme certidão de óbito emitida em (data), (livro), (folha), (termo), do Ofício de Registro Civil das Pessoas Naturais de (município/estado). **2) DOS HERDEIROS**: O falecido deixou (número) filhos, acima mencionados e qualificados, seus únicos herdeiros descendentes. **3)** O autor da herança não deixou testamento conhecido nem outros herdeiros com direito à sucessão. **4)** As partes nomeiam como representante

6 • TABELIONATO DE NOTAS **225**

do espólio, com poderes de inventariante, para cumprimento de obrigações ativas ou passivas pendentes, o herdeiro (PRENOME E SOBRENOME), acima qualificado. **5) DOS BENS**[60]: O autor da herança deixou os seguintes bens: **5.1** imóvel urbano constituído por (identificação do imóvel), situado em (logradouro), (número), (bairro), (cidade), (estado), matrícula (número) do Cartório de Registro de Imóveis de (município/estado) e cadastro imobiliário municipal (número). Imóvel anteriormente adquirido pelo falecido por escritura pública de compra e venda, lavrada no livro (número), folhas (número) do Tabelionato de Notas de (município/estado), em (data), devidamente registrada no R-(número de ordem) da referida matrícula, ao qual as partes atribuem o valor de R$ (número), para fins de partilha; **5.2** veículo (modelo), (cor), (placa), (ano fabricação), (ano modelo), (chassi), adquirido em (data), documento de propriedade (número), ao qual as partes atribuem o valor de R$ (número), para fins de partilha; **5.3** saldo em conta poupança (número), (banco), (agência), de titularidade individual do falecido, no valor de R$ (número), conforme extrato bancário emitido em (data). **6) DAS DÍVIDAS**[61]: Não há dívidas ativas e passivas deixadas pelo falecido. **7) DA PARTILHA**[62]: O valor total do patrimônio soma o montante de R$ (número), que será partilhado da seguinte forma, conforme acordado entre as partes: **7.1 DA MEAÇÃO**: Caberá à viúva meeira (PRENOME E SOBRENOME) cinquenta por cento do patrimônio, no montante de R$ (número), correspondente aos seguintes bens (descrição). **7.1 DOS PAGAMENTO DOS QUI-NHÕES HEREDITÁRIOS**: Caberá ao herdeiro (PRENOME E SOBRENOME) vinte e cinco por cento do patrimônio, no montante de R$ (número), correspondente aos seguintes bens (descrição); e, caberá ao herdeiro (PRENOME E SOBRENOME) vinte e cinco por cento do patrimônio, no montante de R$ (número), correspondente aos seguintes bens (descrição). **8) IMPOSTO DE TRANS-MISSÃO**: Os bens do espólio foram avaliados pela Fazenda Estadual no valor de R$ (número), conforme guia de recolhimento de imposto de transmissão *causa mortis* (número), tendo sido quitado o imposto no valor de R$ (número), em (data), conforme comprovante de pagamento apresentado. **Foram apresentados e ficam arquivados nestas notas, em pasta própria e em cópias autenticadas, os seguintes documentos: a)** certidão de óbito do autor da herança; **b)** documento de identidade oficial e CPF das partes e do autor da herança; **c)** certidões de nascimento ou casamento, comprovando o vínculo de parentesco dos herdeiros; **d)** certidão de casamento do cônjuge sobrevivente e dos herdeiros casados e pacto antenupcial, se houver; **e)** certidão de propriedade de bens imóveis e direitos a eles relativos, emitida em (data), dentro do prazo de trinta dias, do Cartório de Registro de Imóveis de (município/estado); f) documento de propriedade do veículo; **g)** certidão negativa de tributos em relação aos bens imóveis e em nome do falecido. **Feita consulta à Central Nacional de Indisponibilidade de Bens** – CNIB, cujo resultado foi negativo para o CPF do falecido, conforme código HASH gerado (código)[63]. **EMITIDA A DOI** – Declaração sobre Operações Imobiliárias, conforme Instrução Normativa da Receita Federal vigente[64]. **NADA MAIS DECLARARAM**. Foram cumpridas as exigências legais e fiscais inerentes

---

60. O candidato deve ficar atento às informações constantes da prova e descrever os bens de acordo com o art. 620, IV, do CPC.
61. Item a ser trabalhado conforme constar da prova.
62. A partilha dependerá da quantidade e da classe de herdeiros, devendo o candidato observar a ordem de vocação hereditária (CC, art. 1.829).
63. Provimento 39/2014, do Conselho Nacional de Justiça: Art. 14. Os registradores de imóveis e tabeliães de notas, antes da prática de qualquer ato notarial ou registral que tenha por objeto bens imóveis ou direitos a eles relativos, exceto lavratura de testamento, deverão promover prévia consulta à base de dados da Central Nacional de Indisponibilidade de Bens – CNIB, consignando no ato notarial o resultado da pesquisa e o respectivo código gerado (hash), dispensado o arquivamento do resultado da pesquisa em meio físico ou digital.
64. Instrução Normativa RFB 1112/2010: **Art. 2º** [...] **§ 3º** O preenchimento da DOI deverá ser feito: I – pelo Serventuário da Justiça titular ou designado para o **Cartório de Ofício de Notas, quando da lavratura do instrumento que tenha por objeto a alienação de imóveis, fazendo constar do respectivo instrumento a expressão "EMITIDA A DOI"**.

à legitimidade do ato. **Lido em alta voz perante as partes**, sendo por elas achado conforme em todos os termos. Será procedido o cadastro do presente ato, no prazo legal, junto à Central Notarial de Serviços Eletrônicos Compartilhados – CENSEC, conforme estabelece o Provimento 18/2012, do Conselho Nacional de Justiça. Eu, _____ Tabelião de Notas lavrei, subscrevo e dou fé, encerrando o ato. **Emolumentos** (valor). **Selo** de fiscalização (número). **Traslado** emitido e entregue em seguida às partes.

_____

Assinatura da viúva meeira

_____

Assinatura do herdeiro 1

_____

Assinatura do herdeiro 2

_____

Assinatura do advogado

_____

Assinatura do Tabelião

6.10 TESTAMENTO PÚBLICO

6.10.1 Legislação aplicável

Estabelece o Código Civil:

Art. 1.857. Toda pessoa capaz pode dispor, por testamento, da totalidade dos seus bens, ou de parte deles, para depois de sua morte.

§ 1º A legítima dos herdeiros necessários não poderá ser incluída no testamento.

§ 2º São válidas as disposições testamentárias de caráter não patrimonial, ainda que o testador somente a elas se tenha limitado.

Art. 1.858. O testamento é ato personalíssimo, podendo ser mudado a qualquer tempo.

O testamento público é uma espécie de testamento ordinário (CC, art. 1.862, II), e tem os seguintes requisitos:

Art. 1.864. São requisitos essenciais do testamento público:

I – ser **escrito por tabelião** ou por seu substituto legal em seu livro de notas, **de acordo com as declarações do testador**, podendo este servir-se de minuta, notas ou apontamentos;

II – lavrado o instrumento, **ser lido em voz alta pelo tabelião ao testador e a duas testemunhas, a um só tempo**; ou pelo testador, se o quiser, na presença destas e do oficial;

6 • TABELIONATO DE NOTAS — 227

III – ser o instrumento, em seguida à leitura, **assinado pelo testador, pelas testemunhas e pelo tabelião.**

Parágrafo único. O testamento público pode ser escrito manualmente ou mecanicamente, bem como ser feito pela inserção da declaração de vontade em partes impressas de livro de notas, desde que rubricadas todas as páginas pelo testador, se mais de uma.

Se o testador não souber, ou não puder assinar, o tabelião ou seu substituto legal assim o declarará, assinando, nesse caso, pelo testador, e, a seu rogo, uma das testemunhas instrumentárias (CC, art. 1.865).

As testemunhas devem ser no mínimo duas, maiores de dezesseis anos, alfabetizadas, com capacidade para os atos da vida civil, que conheçam o testador. Não podem ser testemunhas testamentárias: o surdo; o cego; o herdeiro ou legatário instituído no testamento, bem como seus descendentes, ascendentes, irmãos, cônjuges ou companheiros (art. 228 CC).

Em relação à vocação hereditária no testamento, dispõe o Código Civil:

Art. 1.801. **Não podem ser nomeados herdeiros nem legatários:**
I – a pessoa que, a rogo, escreveu o testamento, nem o seu cônjuge ou companheiro, ou os seus ascendentes e irmãos;
II – as testemunhas do testamento;
III – o concubino do testador casado, salvo se este, sem culpa sua, estiver separado de fato do cônjuge há mais de cinco anos;
IV – o tabelião, civil ou militar, ou o comandante ou escrivão, perante quem se fizer, assim como o que fizer ou aprovar o testamento.

Quanto às disposições testamentárias, essas são regulamentadas nos artigos 1.897 a 1.911 do Código Civil.

Outras normas que versam sobre testamento no Código Civil:

a) Art. 62: instituição de fundação por testamento;
b) Art. 1.332: instituição de condomínio edilício por testamento;
c) Art. 1.378: constituição de servidão por testamento;
d) Art. 1.609, III: reconhecimento de filho por testamento;
e) Art. 1.634, VI: nomeação de tutor aos filhos menores;
f) Art. 1.711: instituição de bem de família voluntário por testamento.

Quanto à lavratura do testamento público, o candidato deverá observar, ainda, as normas do Estado em que estiver prestando o concurso.

6.10.2 Roteiro para redação do testamento público

a) *Cabeçalho*;
b) *Abertura*:
b.1 Ementa;

b.2 Data e local da lavratura;

b.3 Indicação de presença perante o Tabelião.

TESTAMENTO PÚBLICO QUE FAZ (PRENOME E SOBRENOME), NA FORMA ABAIXO:

SAIBAM quantos este público instrumento virem que, ao (dia) do (mês) do (ano), nesta Serventia de Tabelionato de Notas do (município) e (comarca) do Estado de (Estado da Federação), sito na (endereço), perante mim Tabelião de Notas, ...

c) *Comparecimento e qualificação dos comparecentes*: testador e duas testemunhas;

compareceram, como TESTADOR: (PRENOME E SOBRENOME), (nacionalidade), (estado civil), (profissão), (domicílio), documento de identidade (número), CPF (número); e, **como TESTEMU-NHAS**: (PRENOME E SOBRENOME), (nacionalidade), (estado civil), (profissão), (domicílio), documento de identidade (número), CPF (número) e (PRENOME E SOBRENOME), (nacionalidade), (estado civil), (profissão), (domicílio), documento de identidade (número), CPF (número). ...

d) *Reconhecimento da identidade e capacidade dos comparecentes* (CC, art. 215, II);

As presentes pessoas reconhecidas como as próprias, pela documentação civil que me foi apresentada, aqui mencionada, de cujas identidades e capacidade jurídica dou fé. ...

e) *Manifestação da vontade*: disposição de última vontade, criando, transmitindo ou extinguindo direitos após sua morte.

e.1 Declaração da existência ou não de herdeiros necessários (CC, art. 1.845);

Então, pelo testador me foi declarado, na presença das referidas testemunhas, que possui capacidade para testar, que é casado com (PRENOME E SOBRENOME), (qualificação), pelo regime da (regime de bens), conforme certidão de casamento apresentada, que da referida união teve (número) filhos, tendo, portanto, herdeiros necessários e havendo limitação a liberdade de testar. ...

e.2 Nomeação do herdeiro da parte disponível ou de toda herança, conforme o caso;

e.3 Nomeação do legatário e descrição do legado (CC, art. 1.916), se for o caso;

Em seguida, pede em alta voz, que nestas notas seja feito seu testamento, na forma pública, **e de livre e espontânea vontade, determina que, por ocasião de seu falecimento**, a parte disponível, ou seja, cinquenta por cento de todos seus bens, fique pertencendo à (PRENOME SOBRENOME), (nacionalidade), (estado civil), (profissão), carteira de identidade (número), CPF (número), (domicílio). ...

e.4 Imposição de cláusulas restritivas: inalienabilidade, impenhorabilidade e incomunicabilidade (CC, art. 1.911);

Determina, ainda, o testador, que a parte da herança representada por bens imóveis fica gravada com a cláusula de INCOMUNICABILIDADE. ...

e.5 Disposições não patrimoniais: reconhecimento de filho (CC, art. 1.609, III), nomeação de tutor para filho menor (CC, art. 1.634, VI), instituição de bem de família (CC, art. 1.711);

Pelo presente, o testador **reconhece como seu filho biológico**, o menor (PRENOME E SOBRENOME), (nacionalidade), (estado civil), (profissão), (domicílio), portador da carteira de identidade (número) e CPF (número). **O testador nomeia** (PRENOME E SOBRENOME), (nacionalidade), (estado civil), (profissão), (domicílio), portador da carteira de identidade (número) e CPF (número), **como TUTOR do referido filho menor**, reconhecido neste ato, se o outro dos pais não lhe sobreviver, ou o sobrevivo não puder exercer o poder familiar. ...

e.6 Nomeação de testamenteiro (CC, arts. 1.976 a 1.990);

Para lhe dar cumprimento às disposições de última vontade, o testador **nomeia como TESTA-MENTEIRO**: (PRENOME E SOBRENOME), (nacionalidade), (estado civil), (profissão), (domicílio), portador da carteira de identidade (número) e CPF (número), o qual fica obrigado a cumprir as disposições testamentárias, no prazo de (prazo), e a dar contas do que recebeu e despendeu, subsistindo sua responsabilidade enquanto durar a execução do testamento. Tendo em vista que o testamenteiro não é herdeiro ou legatário, o testador fixa um prêmio no valor de R$ (número), que será pago à conta da parte disponível, haja vista a existência de herdeiros necessários. ...

e.7 Declaração da existência ou não de outro testamento a ser revogado, seja público, cerrado, particular ou especial;

Por fim, declara o testador que este é o seu primeiro e único testamento, não existindo nenhum outro a ser revogado, seja público, cerrado ou particular e nem mesmo algum especial. ...

e.8 Declaração das testemunhas que não há vínculo de parentesco com o testador e herdeiro instituído.

As testemunhas declaram, sob as penas da lei, que não há vínculo de parentesco com o testador ou com o herdeiro instituído. ...

f) *Fechamento*:

   f.1 Referência ao cumprimento das exigências legais e fiscais inerentes à legitimidade do ato (CC, art. 215, V);

   f.2 Declaração de ter sido lido, a um só tempo, na presença do testador e das testemunhas (CC, art. 1.864, II);

   f.3 Compartilhamento do ato com a CENSEC: Provimento 18/2012 do CNJ;

f.4 Encerramento tradicional do ato pelo Tabelião;

f.5 Emolumentos;

f.6 Selo;

f.7 Emissão e entrega do primeiro traslado;

f.8 Local para assinaturas.

NADA MAIS DECLARARAM. Foram cumpridas as exigências legais e fiscais inerentes à legitimidade do ato. **Lido em alta voz perante o testador e as testemunhas, a um só tempo**, sendo pelo testador achado conforme em todos os termos e de acordo com sua vontade. Será procedido o cadastro do presente ato, no prazo legal, junto à Central Notarial de Serviços Eletrônicos Compartilhados – CENSEC, conforme estabelece o Provimento 18/2012, do Conselho Nacional de Justiça. Eu, _____ Tabelião de Notas lavrei, subscrevo e dou fé, encerrando o ato. **Emolumentos** (valor). **Selo** de fiscalização (número). Traslado **emitido e entregue em seguida**.

_____

Assinatura do testador

_____

Assinatura da testemunha 1

_____

Assinatura da testemunha 2

_____

Assinatura do Tabelião

6.10.3 Modelo de testamento público

(Brasão da República)

República Federativa do Brasil

(Estado da Federação)

(Comarca)

(Município)

TABELIONATO DE NOTAS

Livro de Testamentos (número)   **Folha (número)**

Ou

TABELIONATO DE NOTAS

(Estado da Federação)

(Comarca)

(Município)

Livro de Testamentos (número) **Folha (número)**

TESTAMENTO PÚBLICO QUE FAZ (PRENOME E SOBRENOME), NA FORMA ABAIXO:

SAIBAM quantos este público instrumento virem que, ao (dia) do (mês) do (ano), nesta Serventia de Tabelionato de Notas do (município) e (comarca) do Estado de (Estado da Federação), sito na (endereço), **perante mim** Tabelião de Notas, **compareceram**, como **TESTADOR**: (PRENOME E SOBRENOME), (nacionalidade), (estado civil), (profissão), (domicílio), documento de identidade (número), CPF (número); e, como **TESTEMUNHAS**: (PRENOME E SOBRENOME), (nacionalidade), (estado civil), (profissão), (domicílio), documento de identidade (número), CPF (número) e (PRE-NOME E SOBRENOME), (nacionalidade), (estado civil), (profissão), (domicílio), documento de identidade (número), CPF (número). As presentes pessoas reconhecidas como as próprias, pela documentação civil que me foi apresentada, aqui mencionada, de cujas **identidades e capacidade jurídica** dou fé. **Então, pelo testador me foi declarado**, na presença das referidas testemunhas, que possui capacidade para testar, que é casado com (PRENOME E SOBRENOME), (qualificação), pelo regime da (regime de bens), conforme certidão de casamento apresentada, que da referida união teve (número) filhos, tendo, portanto, herdeiros necessários e havendo limitação a liberdade de testar. Em seguida, pede em alta voz, que nestas notas seja feito seu testamento, na forma pública, e de livre e espontânea vontade, determina que, por ocasião de seu falecimento, a **parte disponível, ou seja, cinquenta por cento de todos seus bens, fique pertencendo** à (PRE-NOME SOBRENOME), (nacionalidade), (estado civil), (profissão), carteira de identidade (número), CPF (número), (domicílio). Determina, ainda, o testador, que a parte da herança representada por bens imóveis fica gravada com a cláusula de INCOMUNICABILIDADE. Pelo presente, o testador **reconhece como seu filho biológico**[65], o menor (PRENOME E SOBRENOME), (nacionalidade), (estado civil), (profissão), (domicílio), portador da carteira de identidade (número) e CPF (número). O testador **nomeia** (PRENOME E SOBRENOME), (nacionalidade), (estado civil), (profissão), (domicílio), portador da carteira de identidade (número) e CPF (número), **como TUTOR** do referido filho menor, reconhecido neste ato, se o outro dos pais não lhe sobreviver, ou o sobrevivo não puder exercer o poder familiar[66]. Para lhe dar cumprimento às disposições de última vontade, o testador nomeia como TESTAMENTEIRO: (PRENOME E SOBRENOME), (nacionalidade), (estado civil), (profissão), (domicílio), portador da carteira de identidade (número) e CPF (número), o qual fica obrigado a cumprir as disposições testamentárias, no prazo de (prazo), e a dar contas do que recebeu e despendeu, subsistindo sua responsabilidade enquanto durar a execução do testamento[67]. Tendo em vista que o testamenteiro não é herdeiro ou legatário, o testador fixa um prêmio no valor de R$ (número), que será pago à conta da parte disponível, haja vista a existência de herdeiros necessários[68]. Por fim, declara o testador que este é o seu primeiro e único testamento, não existindo nenhum outro a ser revogado, seja público, cerrado ou particular e nem mesmo algum especial. As testemunhas declaram, sob as penas da lei, que não há vínculo de parentesco com o testador

---

65. CC, art. 1.609, III.
66. CC, art. 1.634, VI.
67. CC, art. 1.980.
68. CC, art. 1.987 e parágrafo único.

ou com o herdeiro instituído. **NADA MAIS DECLARARAM**. Foram cumpridas as exigências legais e fiscais inerentes à legitimidade do ato. **Lido em alta voz perante o testador e as testemunhas, a um só tempo**, sendo pelo testador achado conforme em todos os termos e de acordo com sua vontade. Será procedido o cadastro do presente ato, no prazo legal, junto à Central Notarial de Serviços Eletrônicos Compartilhados – CENSEC, conforme estabelece o Provimento 18/2012, do Conselho Nacional de Justiça. Eu, _____ Tabelião de Notas lavrei, subscrevo e dou fé, encerrando o ato. **Emolumentos** (valor). **Selo** de fiscalização (número). Traslado emitido e entregue em seguida.

_____

Assinatura do testador

_____

Assinatura da testemunha 1

_____

Assinatura da testemunha 2

_____

Assinatura do Tabelião

6.11 APROVAÇÃO DE TESTAMENTO CERRADO

6.11.1 Legislação aplicável

Na aprovação do testamento cerrado, o Tabelião de Notas pratica dois atos:

a) Auto de aprovação, lançado na própria folha em que o testamento foi escrito, logo após a última palavra do testador;

b) Termo de aprovação e entrega do testamento cerrado, lançado em seu livro de notas.

O testamento cerrado é regulamentado no Código Civil, que assim dispõe:

Art. 1.868. O testamento escrito pelo testador, ou por outra pessoa, a seu rogo, e por aquele assinado, será válido se aprovado pelo tabelião ou seu substituto legal, observadas as seguintes formalidades:

I – que o testador o entregue ao tabelião em presença de duas testemunhas;

II – que o testador declare que aquele é o seu testamento e quer que seja aprovado;

III – que o tabelião lavre, desde logo, o auto de aprovação, na presença de duas testemunhas, e o leia, em seguida, ao testador e testemunhas;

IV – que o auto de aprovação seja assinado pelo tabelião, pelas testemunhas e pelo testador.

O Tabelião de Notas não lerá o conteúdo do testamento apresentado, apenas fará análise formal do testamento:

6 • TABELIONATO DE NOTAS 233

- Caso tenha sido escrito mecanicamente, verificar se todas as páginas estão numeradas e assinadas pelo testador (CC, art. 1.868, parágrafo único);
- Se foi escrito em língua nacional ou estrangeira, pelo próprio testador, ou por outrem, a seu rogo (CC, art. 1.871);
- Caso seja redigido em outra língua e à rogo, deve-se deixar claro que a opção pela escrita em outra língua foi do testador e não do terceiro que escreveu o testamento;
- Se é escrito à rogo, deve o testador saber ler para confirmar a declaração escrita (CC, art. 1.872);
- Tratando-se de testador surdo-mudo, verificar se ele o escreveu todo e o assinou de sua mão (CC, art. 1.873);
- Verificar se contém entrelinhas, borrões, rasuras;
- Verificar a capacidade específica para testar (CC, art. 1.860);
- Verificar a capacidade das testemunhas (CC, art. 228).

Após análise, tabelião deve começar o auto de aprovação imediatamente depois da última palavra do testador, declarando, sob sua fé, que o testador lhe entregou para ser aprovado na presença das testemunhas; passando a cerrar e coser o instrumento aprovado (CC, art. 1.869).

Por fim, depois de aprovado e cerrado, será o testamento entregue ao testador, e o tabelião lançará, no seu livro, nota do lugar, dia, mês e ano em que o testamento foi aprovado e entregue (CC, art. 1.874).

6.11.2 Roteiro para redação do auto de aprovação de testamento cerrado

a) *Indicação* (última palavra do testador);[69]

b) *Abertura*:

    b.1 Denominação;

    b.2 Data e local da lavratura;

    b.3 Indicação de presença perante o Tabelião.

(Última palavra do testador). **AUTO DE APROVAÇÃO DE TESTAMENTO CERRADO. SAIBAM** quantos este auto de aprovação virem que, ao (dia) do (mês) do (ano), nesta Serventia de Tabelionato de Notas do (município) e (comarca) do Estado de (Estado da Federação), sito na (endereço), **perante mim** Tabelião de Notas, ...

c) *Comparecimento e qualificação dos comparecentes*: testador e duas testemunhas;

---

69. Por ser lavrado no próprio testamento, logo após a última palavra do testador, o Autor de Aprovação não possui cabeçalho.

compareceram, o TESTADOR: (PRENOME E SOBRENOME), (nacionalidade), (estado civil), (profissão), (domicílio), documento de identidade (número), CPF (número) **e as TESTEMUNHAS**: (PRENOME E SOBRENOME), (nacionalidade), (estado civil), (profissão), (domicílio), documento de identidade (número), CPF (número) e (PRENOME E SOBRENOME), (nacionalidade), (estado civil), (profissão), (domicílio), documento de identidade (número), CPF (número). ...

d) *Reconhecimento da identidade e capacidade dos comparecentes*;

As presentes pessoas reconhecidas como as próprias, pela documentação civil que me foi apresentada, aqui mencionada, de cujas identidades e capacidade jurídica dou fé. ...

e) *Declaração do testador de ser o seu testamento, solicitando aprovação* (CC, art. 1.868, II);

Então, pelo testador, na presença das referidas testemunhas, me foi entregue esse papel, **declarando-me ser o seu testamento** e disposição de última vontade e que desejava fosse por mim aprovado, na forma da lei civil, para que surta os desejados efeitos jurídicos. ...

f) *Análise formal do testamento*:

f.1 Se foi escrito de próprio punho pelo testador ou a seu rogo;

f.2 Se foi escrito mecanicamente e todas as páginas estão numeradas e assinadas pelo testador (CC, art. 1.868, parágrafo único);

f.3 Se foi escrito em língua nacional ou estrangeira, pelo próprio testador, ou por outrem, a seu rogo (CC, art. 1.871);

f.4 Se o testador for portador de surdez, se o escreveu todo e assinou de sua mão (CC, art. 1.873);

f.5 Se contém entrelinhas, borrões, rasuras;

Recebendo, como me cumpria, o dito papel, que escrito em (número) laudas, **o examinei, sem ler**, verificando está escrito em língua nacional e mecanicamente pelo próprio testador, conforme me declara, e todas suas páginas numeradas e assinadas por ele; não contém quaisquer entrelinhas, borrão, rasura, nem coisa que dúvida faça, e **lho aprovei**. ...

g) *Análise da capacidade específica para testar* (CC, art. 1.860) e da *capacidade das testemunhas* (CC, art. 208):

Verifiquei, ainda, que o testador possui capacidade para testar e as testemunhas são maiores e capazes, e declaram que não possuem vínculo de parentesco com o testador, nem foram nomeadas herdeiras ou legatárias. ...

h) *Menção à entrega do testamento devidamente cerrado e lacrado* (CC, art. 1.869):

Antes de ser devolvido ao testador este testamento, será ele, depois de assinado o presente auto, e juntamente com este, cerrado, costurado e lacrado. ...

6 • TABELIONATO DE NOTAS — 235

i) *Fechamento*:

f.1 Referência ao cumprimento das exigências legais e fiscais inerentes à legitimidade do ato (CC, art. 215, V);

f.2 Declaração de ter sido lido ao testador e testemunhas (CC, art. 1.868, III);

f.3 ~~Compartilhamento do ato com a CENSEC: Provimento 18/2012 do CNJ~~ (não se aplica);

f.4 Encerramento tradicional do ato pelo Tabelião;

f.5 Emolumentos: verificar se há cobrança de acordo com as normas estaduais;

f.6 Selo;

f.7 ~~Emissão e entrega do primeiro traslado~~ (não se aplica);

f.8 Local para assinaturas.

NADA MAIS DECLARARAM. Foram cumpridas as exigências legais inerentes à legitimidade do ato. **Lido em alta voz perante o testador e as testemunhas, a um só tempo**, sendo pelo testador achado conforme em todos os seus termos. Eu, _____ Tabelião de Notas lavrei, subscrevo e dou fé, encerrando o ato. **Emolumentos** (valor). **Selo** de fiscalização (número).

_____

Assinatura do testador

_____

Assinatura da testemunha 1

_____

Assinatura da testemunha 2

_____

Assinatura do Tabelião

6.11.3 Modelo do auto de aprovação de testamento cerrado

(Última palavra do testador). **AUTO DE APROVAÇÃO DE TESTAMENTO CERRADO**. SAIBAM quantos este auto de aprovação virem que, ao (dia) do (mês) do (ano), nesta Serventia de Tabelionato de Notas do (município) e (comarca) do Estado de (Estado da Federação), sito na (endereço), **perante mim** Tabelião de Notas, **compareceram**, o TESTADOR: (PRENOME E SOBRENOME), (nacionalidade), (estado civil), (profissão), (domicílio), documento de identidade (número), CPF (número) e as TESTEMUNHAS: (PRENOME E SOBRENOME), (nacionalidade), (estado civil), (profissão), (domicílio), documento de identidade (número), CPF (número) e (PRENOME E SOBRENOME), (nacionalidade), (estado civil), (profissão), (domicílio), documento de identidade (número), CPF (número). As presentes pessoas reconhecidas como as próprias, pela documentação civil que me foi apresentada, aqui mencionada, de cujas identidades e capacidade jurídica dou fé. **Então**, pelo testador, na presença das referidas testemunhas, **me foi entregue esse papel, declarando-me ser o seu testamento** e disposição de última vontade e que desejava fosse por mim aprovado, na forma da lei civil, para que surta os desejados efeitos jurídicos. **Recebendo**, como me cumpria, o dito papel, que escrito em (número) laudas, **o examinei**, sem ler, verificando está escrito em língua nacional e mecanicamente pelo próprio testador, conforme me declara, e todas suas páginas numeradas e assinadas por ele; não contém quaisquer entrelinhas, borrão, rasura, nem coisa que dúvida faça, e **lho aprovei**. Verifiquei, ainda, que o testador possui capacidade para testar e as testemunhas são maiores e capazes, e declaram que não possuem vínculo de parentesco com o testador, nem foram nomeadas herdeiras ou legatárias. Antes de ser devolvido ao testador este testamento, será ele, depois de assinado o presente auto, e juntamente com este, cerrado, costurado e lacrado. **NADA MAIS DECLARARAM**. Foram cumpridas as exigências legais inerentes à legitimidade do ato. **Lido em alta voz perante o testador e as testemunhas**, a um só tempo, sendo pelo testador achado conforme em todos os seus termos. Eu, _____ Tabelião de Notas lavrei, subscrevo e dou fé, encerrando o ato. Emolumentos (valor). Selo de fiscalização (número).

_____

Assinatura do testador

_____

Assinatura da testemunha 1

_____

Assinatura da testemunha 2

_____

Assinatura do Tabelião

6.11.4 Roteiro para redação do termo de aprovação de testamento cerrado

a) *Cabeçalho*;

b) *Abertura*:

    b.1 Ementa;

    b.2 Data e local em que o testamento foi aprovado e entregue (CC, art. 1.874);

TERMO DE APROVAÇÃO E ENTREGA DE TESTAMENTO CERRADO DE (PRENOME E SOBRE-NOME), NA FORMA ABAIXO:

SAIBAM quantos este termo de aprovação e entrega de testamento cerrado virem que, ao (dia) do (mês) do (ano), nesta Serventia de Tabelionato de Notas do (município) e (comarca) do Estado de (Estado da Federação), sito na (endereço), ...

6 • TABELIONATO DE NOTAS — 237

c) *Declaração de aprovação e entrega do testamento cerrado*:

c.1 Identificação do testador e das testemunhas.

na presença das TESTEMUNHAS (PRENOME E SOBRENOME), (nacionalidade), (estado civil), (profissão), (domicílio), documento de identidade (número), CPF (número) e (PRENOME E SOBRENOME), (nacionalidade), (estado civil), (profissão), (domicílio), documento de identidade (número), CPF (número), **entreguei à** (PRENOME E SOBRENOME DO TESTADOR), (nacionalidade), (estado civil), (profissão), (domicílio), documento de identidade (número), CPF (número), **o seu testamento cerrado, por mim devidamente aprovado**, mediante auto com a mesma data, escrito e assinado do meu próprio punho, subscrito pelo testador e pelas referidas testemunhas, observadas todas as formalidades legais. ...

d) *Fechamento*:

f.1 Referência ao cumprimento das exigências legais e fiscais inerentes à legitimidade do ato (CC, art. 215, V);

f.2 Declaração de ter sido lido ao testador e testemunhas (CC, art. 1.868, III);

f.3 Compartilhamento do ato com a CENSEC: Provimento 18/2012 do CNJ;

f.4 Encerramento tradicional do ato pelo Tabelião;

f.5 Emolumentos: verificar se há cobrança de acordo com as normas estaduais;

f.6 Selo;

f.7 ~~Emissão e entrega do primeiro traslado~~ (não se aplica);

f.8 Local para assinaturas[70].

NADA MAIS. Foram cumpridas as exigências legais inerentes à legitimidade do ato. **Lido em alta voz perante o testador e as testemunhas**, a um só tempo, sendo pelo testador achado conforme em todos os seus termos. Eu, _____ Tabelião de Notas lavrei, subscrevo e dou fé, encerrando o ato. **Emolumentos** (valor). **Selo** de fiscalização (número).

_____

Assinatura do testador

_____

Assinatura da testemunha 1

_____

Assinatura da testemunha 2

_____

Assinatura do Tabelião.

---

70. Não é requisito obrigatório as assinaturas do testador e da testemunha no termo de aprovação lançado no livro de notas. Fica a critério do Tabelião de Notas colher as assinaturas ou no caso de exigências nas normas estaduais.

6.11.5 Modelo de termo de aprovação de testamento cerrado

(Brasão da República)
República Federativa do Brasil
(Estado da Federação)
(Comarca)
(Município)
TABELIONATO DE NOTAS

Livro de Testamentos[71] **(número)**   **Folha (número)**

Ou

TABELIONATO DE NOTAS
(Estado da Federação)
(Comarca)
(Município)

Livro de Testamentos (número)   **Folha (número)**

TERMO DE APROVAÇÃO E ENTREGA DE TESTAMENTO CERRADO DE (PRENOME E SOBRE-NOME), NA FORMA ABAIXO:

SAIBAM quantos este termo de aprovação e entrega de testamento cerrado virem que, ao (dia) do (mês) do (ano), nesta Serventia de Tabelionato de Notas do (município) e (comarca) do Estado de (Estado da Federação), sito na (endereço), **na presença** das TESTEMUNHAS (PRENOME E SOBRENOME), (nacionalidade), (estado civil), (profissão), (domicílio), documento de identidade (número), CPF (número) e (PRENOME E SOBRENOME), (nacionalidade), (estado civil), (profissão), (domicílio), documento de identidade (número), CPF (número), **entreguei à** (PRENOME E SOBRENOME DO TESTADOR), (nacionalidade), (estado civil), (profissão), (domicílio), documento de identidade (número), CPF (número), **o seu testamento cerrado**, por mim devidamente aprovado, mediante auto com a mesma data, escrito e assinado do meu próprio punho, subscrito pelo testador e pelas referidas testemunhas, observadas todas as formalidades legais. **NADA MAIS.** Foram cumpridas as exigências legais inerentes à legitimidade do ato. **Lido em alta voz perante o testador e as testemunhas**, a um só tempo, sendo pelo testador achado conforme em todos os seus termos. Eu, _____ Tabelião de Notas lavrei, subscrevo e dou fé, encerrando o ato. Emolumentos (valor). Selo de fiscalização (número).

_____
Assinatura do testador

_____
Assinatura da testemunha 1

_____
Assinatura da testemunha 2

_____
Assinatura do Tabelião

---

71. O candidato deve verificar nas normas estaduais em qual livro é lavrado o termo de aprovação e entrega do testamento cerrado.

6.12 ATA NOTARIAL

6.12.1 Legislação aplicável

A ata notarial é a narração objetiva de uma ocorrência ou fato, presenciado ou constatado pelo Tabelião de Notas, sem emitir qualquer juízo de valor. "É a descrição, de modo unilateral e sem interferência de terceiros, de todas as circunstâncias observadas e presenciadas pelo tabelião" (KÜMPEL e FERRARI, 2017, p. 556).

É, pois, instrumento público, com fé pública, com força de prova pré-constituída. Nesse sentido, dispõe o Código de Processo Civil:

> **Art. 384.** A **existência e o modo de existir de algum fato** podem ser **atestados** ou documentados, a requerimento do interessado, **mediante ata lavrada por tabelião**.
>
> Parágrafo único. Dados representados por imagem ou som gravados em arquivos eletrônicos poderão constar da ata notarial.
>
> **Art. 405.** O documento público faz prova não só da sua formação, mas **também dos fatos que** o escrivão, o chefe de secretaria, **o tabelião** ou o servidor **declarar que ocorreram em sua presença**.

Não há lei específica que estabeleça os requisitos da ata notarial, ficando estes à critério das normativas estaduais, as quais apresentam os seguintes elementos essenciais:

a) Local, data e hora de sua lavratura;

b) Nome e qualificação do solicitante;

c) Narração circunstanciada dos fatos;

d) Declaração de haver sido lida ao solicitante, e, sendo o caso, às testemunhas.

A maioria dos códigos de normas instituem livro próprio para lavratura das atas notariais, devendo o candidato verificar os livros obrigatórios dos Tabelionatos de Notas e demais regras no Estado em que estiver prestando concurso.

6.12.2 Roteiro para redação da ata notarial para verificação de fatos

a) *Cabeçalho*;

b) *Abertura*:

   b.1 Ementa;

   b.2 Data, hora e local da lavratura;

   b.3 Indicação de presença perante o Tabelião.

ATA NOTARIAL PARA VERIFICAÇÃO DE FATOS, NA FORMA ABAIXO:

SAIBAM quantos este público instrumento virem que, ao (dia) do (mês) do (ano), às (horário) nesta Serventia de Tabelionato de Notas do (município) e (comarca) do Estado de (Estado da Federação), sito na (endereço), **perante mim** Tabelião de Notas, ...

c) *Comparecimento e qualificação dos comparecentes*: solicitante da ata;

compareceu como SOLICITANTE: (PRENOME E SOBRENOME), (nacionalidade), (estado civil), (profissão), (domicílio), documento de identidade (número), CPF (número). ...

d) *Reconhecimento da identidade e capacidade dos comparecentes* (CC, art. 215, II);

A presente pessoa reconhecida como a própria, pela documentação civil que me foi apresentada, aqui mencionada, de cuja identidade e capacidade jurídica dou fé. ...

e) *Manifestação da vontade*: solicitação da ata para que faça prova dos fatos verificados:

Então, pelo solicitante me foi requerido que lhe fosse lavrado o presente instrumento público, com o fim de que o mesmo surta sua eficácia probatória e nos termos dos artigos 384 e 405 do novo Código de Processo Civil, faça prova dos fatos por mim verificados nesta data. ...

f) Narração circunstanciada do fato presenciado pelo Tabelião dentro da Serventia ou outro local em diligência;

Passo a relatar, conforme requerido e segundo os meus sentidos, o que segue (NARRAÇÃO CIRCUNSTANCIADA DO FATO PRESENCIADO). ...

g) *Fechamento*:

g.1 Referência ao cumprimento das exigências legais e fiscais inerentes à legitimidade do ato (CC, art. 215, V);

g.2 Declaração de ter sido lida na presença das partes e demais comparecentes, ou de que todos a leram (CC, art. 215, VI);

g.3 Compartilhamento do ato com a CENSEC: Provimento 18/2012 do CNJ;

g.4 Encerramento tradicional do ato pelo Tabelião;

g.5 Emolumentos

g.6 Selo;

g.7 Emissão e entrega do primeiro traslado;

g.8 Local para assinaturas.

NADA MAIS FOI CONSTATADO. Foram cumpridas as exigências legais e fiscais inerentes à legitimidade do ato. **Lido em alta voz perante o solicitante**, sendo por ele achado conforme em todos os termos. Será procedido o cadastro do presente ato, no prazo legal, junto à Central Notarial de Serviços Eletrônicos Compartilhados – CENSEC, conforme estabelece o Provimento 18/2012, do Conselho Nacional de Justiça. Eu, _____ Tabelião de Notas lavrei, subscrevo e dou fé, encerrando o ato. **Emolumentos** (valor). **Selo** de fiscalização (número). Traslado emitido e entregue em seguida ao solicitante.

_____

Assinatura do solicitante

_____

Assinatura do Tabelião.

6.12.3 Modelo de ata notarial para verificação de fatos

(Brasão da República)

República Federativa do Brasil

(Estado da Federação)

(Comarca)

(Município)

TABELIONATO DE NOTAS

Livro de Atas Notariais (número)   **Folha (número)**

Ou

TABELIONATO DE NOTAS

(Estado da Federação)

(Comarca)

(Município)

Livro de Atas Notariais (número)   **Folha (número)**

ATA NOTARIAL PARA VERIFICAÇÃO DE FATOS, NA FORMA ABAIXO:

SAIBAM quantos este público instrumento virem que, ao (dia) do (mês) do (ano), às (horário) nesta Serventia de Tabelionato de Notas do (município) e (comarca) do Estado de (Estado da Federação), sito na (endereço), **perante mim** Tabelião de Notas, **compareceu** como **SOLICITANTE**: (PRENOME E SOBRENOME), (nacionalidade), (estado civil), (profissão), (domicílio), documento de identidade (número), CPF (número). A presente pessoa reconhecida como a própria, pela documentação civil que me foi apresentada, aqui mencionada, de cuja **identidade e capacidade jurídica** dou fé. **Então, pelo solicitante me foi requerido** que lhe fosse lavrado o presente instrumento público, com o fim de que o mesmo surta sua eficácia probatória e nos termos dos artigos 384 e 405 do novo Código de Processo Civil, faça prova dos fatos por mim verificados nesta data. **Passo a relatar**, conforme requerido e segundo os meus sentidos, o que segue (NARRAÇÃO CIRCUNSTANCIADA DO FATO PRESENCIADO). **NADA MAIS FOI CONSTATADO**. Foram cumpridas as exigências legais e fiscais inerentes à legitimidade do ato. **Lido em alta voz perante o solicitante**, sendo por ele achado conforme em todos os termos. Será procedido o cadastro do presente ato, no prazo legal, junto à Central Notarial de Serviços Eletrônicos Compartilhados – CENSEC, conforme estabelece o Provimento 18/2012, do Conselho Nacional de Justiça. Eu, _____ Tabelião de Notas lavrei, subscrevo e dou fé, encerrando o ato. Emolumentos (valor). Selo de fiscalização (número). Traslado emitido e entregue em seguida ao solicitante.

_____

Assinatura do solicitante

_____

Assinatura do Tabelião

6.13 ATA NOTARIAL PARA FINS DE USUCAPIÃO EXTRAJUDICIAL

6.13.1 Legislação aplicável

A partir da vigência do novo Código de Processo Civil (Lei 13.105/2015), é possível requerer usucapião pela via administrativa.

Assim, a nova lei processual civil, em seu artigo 1.071, alterou a lei registrária, incluindo o art. 216-A, para possibilitar o processamento da usucapião perante o Oficial de Registro de Imóveis da comarca em que estiver situado o imóvel usucapiendo, a requerimento do interessado, representado por advogado.

Dentre a documentação exigida para processamento do pedido da usucapião extrajudicial, destaca-se a ata notarial:

> **Art. 216-A.** Sem prejuízo da via jurisdicional, é **admitido o pedido de reconhecimento extrajudicial de usucapião**, que será processado **diretamente perante o cartório do registro de imóveis da comarca em que estiver situado o imóvel usucapiendo**, a requerimento do interessado, representado por advogado, **instruído com**:
>
> I – ata notarial lavrada pelo tabelião, atestando o tempo de posse do requerente e seus antecessores, conforme o caso e suas circunstâncias;

Por conseguinte, o Conselho Nacional de Justiça, pelo Provimento 65, de 14 de dezembro de 2017, estabeleceu diretrizes para o procedimento da usucapião extrajudicial nos serviços notariais e de registro de imóveis.

Em relação à ata notarial, referido provimento dispõe:

> **Art. 4º** O requerimento será assinado por advogado ou por defensor público constituído pelo requerente e **instruído com os seguintes documentos**:
>
> I – **ata notarial** com a qualificação, endereço eletrônico, domicílio e residência do requerente e respectivo cônjuge ou companheiro, se houver, e do titular do imóvel lançado na matrícula objeto da usucapião que ateste:
>
> a) a descrição do imóvel conforme consta na matrícula do registro em caso de bem individualizado ou a descrição da área em caso de não individualização, devendo ainda constar as características do imóvel, tais como a existência de edificação, de benfeitoria ou de qualquer acessão no imóvel usucapiendo;
>
> b) o tempo e as características da posse do requerente e de seus antecessores;
>
> c) a forma de aquisição da posse do imóvel usucapiendo pela parte requerente;
>
> d) a modalidade de usucapião pretendida e sua base legal ou constitucional;
>
> e) o número de imóveis atingidos pela pretensão aquisitiva e a localização: se estão situados em uma ou em mais circunscrições;
>
> f) o valor do imóvel;
>
> g) outras informações que o tabelião de notas considere necessárias à instrução do procedimento, **tais como depoimentos de testemunhas ou partes confrontantes**;
>
> **Art. 5º** A ata notarial mencionada no art. 4º deste provimento **será lavrada pelo tabelião de notas do município em que estiver localizado o imóvel usucapiendo** ou a maior parte

dele, a quem caberá **alertar o requerente e as testemunhas de que a prestação de declaração falsa** no referido instrumento configurará crime de falsidade, sujeito às penas da lei.

§ 1º O tabelião de notas **poderá comparecer pessoalmente ao imóvel usucapiendo para realizar diligências necessárias à lavratura da ata notarial.**

§ 2º Podem constar da ata notarial imagens, documentos, sons gravados em arquivos eletrônicos, **além do depoimento de testemunhas,** não podendo basear-se apenas em declarações do requerente.

§ 3º Finalizada a lavratura da ata notarial, o tabelião **deve cientificar o requerente e consignar no ato que a ata notarial não tem valor como confirmação ou estabelecimento de propriedade, servindo apenas para a instrução de requerimento extrajudicial de usucapião** para processamento perante o registrador de imóveis.

Cabe ressaltar que, o acompanhamento por advogado é obrigatório no procedimento de usucapião extrajudicial instaurado perante o Oficial de Registro de Imóveis competente, nos termos da lei registrária e do provimento.

Logo, para lavratura da ata notarial não se faz necessária a presença de advogado, uma vez que a ata notarial não tem o condão de confirmar ou estabelecer a propriedade, sendo apenas a narração da verificação da exteriorização e exercício da posse pelo solicitante.

No entanto, deve o candidato verificar se nas normas do Estado, em que estiver prestando concurso, há exigência de advogado na ata notarial.

6.13.2 Roteiro para redação da ata notarial para fins de usucapião extrajudicial

a) *Cabeçalho*;

b) *Abertura*:

  b.1 Ementa;

  b.2 Data, hora e local da lavratura;

  b.3 Indicação de presença perante o Tabelião.

ATA NOTARIAL DE CONSTATAÇÃO DA EXTERIORIZAÇÃO DA POSSE, DOS INDÍCIOS DA SUA DURAÇÃO E DE OUTRAS CIRCUNSTÂNCIAS RELEVANTES PARA FINS DE RECONHECIMENTO EXTRAJUDICIAL DE USUCAPIÃO, NA FORMA ABAIXO:

SAIBAM quantos este público instrumento virem que, ao (dia) do (mês) do (ano), às (horário) nesta Serventia de Tabelionato de Notas do (município) e (comarca) do Estado de (Estado da Federação), sito na (endereço), **perante mim** Tabelião de Notas, ...

c) *Comparecimento e qualificação dos comparecentes*: solicitante da ata;

compareceu como SOLICITANTE: (PRENOME E SOBRENOME), (nacionalidade), (estado civil), (profissão), (domicílio), documento de identidade (número), CPF (número). ...

d) *Reconhecimento da identidade e capacidade dos comparecentes* (CC, art. 215, II);

A presente pessoa reconhecida como a própria, pela documentação civil que me foi apresentada, aqui mencionada, de cuja identidade e capacidade jurídica dou fé. ...

e) *Manifestação da vontade*: solicitação da ata para que verificação da exteriorização, tempo, duração, aquisição e características da posse do solicitante para fins de usucapião extrajudicial:

Então, pelo solicitante me foi requerido que lhe fosse lavrado o presente instrumento público, com o fim de que o mesmo surta sua eficácia probatória e nos termos dos artigos 384 e 405 do novo Código de Processo Civil, faça prova da exteriorização e exercício de sua posse sobre o imóvel abaixo descrito. ...

f) *Narração circunstanciada da verificação da posse com comparecimento pessoal do Tabelião ao imóvel* (Provimento CNJ 65/2017, art. 5º, § 1º):

Passo a relatar, conforme requerido e segundo os meus sentidos, **o que segue**: Nessa mesma data, por volta das (horário), em diligência ao imóvel do solicitante, verifiquei que o mesmo se encontra em área urbana (ou rural) deste município. ...

f.1 *Descrição do imóvel*: características e existência de edificações, benfeitorias ou acessões (Provimento CNJ 65/2017, art. 4º, I, "a"):

1) DESCRIÇÃO DO IMÓVEL: O imóvel é constituído de terreno e construção residencial, localizado na (logradouro), com número de porta (número), no (bairro), está delimitado em todo seu perímetro por muro de alvenaria (ou cerca de arame farpado), confrontando-se pela frente com dita rua, fundos com imóvel pertencente à (PRENOME E SOBRENOME), pelo lado direito com imóvel pertencente à (PRENOME E SOBRENOME) pelo lado esquerdo com imóvel pertencente à (PRENOME E SOBRENOME) e fundo com imóvel pertencente à (PRENOME E SOBRENOME). A casa é composta de um pavimento, com (número) cômodos, cobertura de laje, piso de cerâmica e paredes pintadas e rebocadas por dentro e por fora.

f.2 *Tempo, características e forma de aquisição da posse* (Provimento CNJ 65/2017, art. 4º, I, "b" e "c"):

2) TEMPO, CARACTERÍSTICAS E FORMA DE AQUISIÇÃO DA POSSE: Para comprovação da aquisição, tempo e características de sua posse, o Solicitante apresentou justo título, no qual consta que o imóvel foi adquirido por compra feita à (PRENOME E SOBRENOME), em (data), tendo, portanto, mais de quinze anos de posse mansa, pacífica e ininterrupta. ...

f.3 *Modalidade de usucapião pretendida e sua base legal ou constitucional* (Provimento CNJ 65/2017, art. 4º, I, "d"):

3) MODALIDADE DE USUCAPIÃO PRETENDIDA: Diante do tempo e características da posse do Solicitante, a modalidade de usucapião pretendida é (modalidade), nos termos do (dispositivo legal).

6 • TABELIONATO DE NOTAS **245**

f.4 *Número de imóveis atingidos pela pretensão aquisitiva e a localização* (Provimento CNJ 65/2017, art. 4º, I, "d"):

4) NÚMERO DE IMÓVEIS ATINGIDOS PELA PRETENSÃO AQUISITIVA E A LOCALIZAÇÃO: Verifica-se que a pretensão aquisitiva do Solicitante atingira (número) de imóveis, vizinhos e localizados nesta circunscrição. ...

f.5 *Valor do imóvel* (Provimento CNJ 65/2017, art. 4º, I, "f"):

5) VALOR DO IMÓVEL: O valor venal do imóvel, constante do cadastro imobiliário municipal apresentado é R$ (valor). ...

f.6 *Outras informações que o tabelião de notas considere necessárias à instrução do procedimento, tais como depoimentos de testemunhas ou partes confrontantes* (Provimento CNJ 65/2017, art. 4º, I, "g" e art. 5º, § 2º):

6) DEPOIMENTOS DE CONFRONTANTES E TESTEMUNHAS: Ato contínuo, dirigi-me aos imóveis confinantes e colhi os depoimentos dos vizinhos confrontantes: FRENTE: (PRENOME E SOBRENOME), (qualificação), prestou as seguintes declarações: (transcrição do depoimento). LADO DIREITO: (PRENOME E SOBRENOME), (qualificação), prestou as seguintes declarações: (transcrição do depoimento). LADO ESQUERDO: (PRENOME E SOBRENOME), (qualificação), prestou as seguintes declarações: (transcrição do depoimento). FUNDOS: Confrontante não se encontrava no momento da diligência. O solicitante reside no imóvel com sua família, no qual observa-se em seu interior retratos de família, móveis, utensílios domésticos. ...

f.7 *Declaração do requerente e das testemunhas de que a prestação de declaração falsa no referido instrumento configurará crime de falsidade, sujeito às penas da lei* (Provimento CNJ 65/2017, art. 5º, *caput*):

7) O solicitante e testemunhas foram por mim alertados que a prestação de declaração falsa no referido instrumento configurará crime de falsidade, sujeito às penas da lei. ...

f.8 *Ciência do requerente de que a ata notarial não tem valor como confirmação ou estabelecimento de propriedade* ((Provimento CNJ 65/2017, art. 5º, § 3º):

8) O solicitante foi cientificado que a **presente ata notarial não tem valor como confirmação ou estabelecimento de propriedade, servindo apenas para a instrução de requerimento extrajudicial de usucapião para processamento perante o registrador de imóveis**. ...

f.9 Consulta à Central Nacional de Indisponibilidade de bens (Provimento 39/ 2014 CNJ):

9) Feita consulta à Central Nacional de Indisponibilidade de Bens – CNIB, cujo resultado foi negativo para o CPF do solicitante, conforme código HASH gerado (código). ...

f.10 Menção ao preenchimento da Declaração sobre Operações Imobiliárias – DOI;

10) EMITIDA A DOI – Declaração sobre Operações Imobiliárias, conforme Instrução Normativa da Receita Federal vigente. ...

g) *Fechamento*:

g.1 Referência ao cumprimento das exigências legais e fiscais inerentes à legitimidade do ato (CC, art. 215, V);

g.2 Declaração de ter sido lida na presença das partes e demais comparecentes, ou de que todos a leram (CC, art. 215, VI);

g.3 Compartilhamento do ato com a CENSEC: Provimento 18/2012 do CNJ;

g.4 Encerramento tradicional do ato pelo Tabelião;

g.5 Emolumentos

g.6 Selo;

g.7 Emissão e entrega do primeiro traslado;

g.8 Local para assinaturas.

NADA MAIS FOI CONSTATADO. Foram cumpridas as exigências legais e fiscais inerentes à legitimidade do ato. **Lido em alta voz perante o solicitante**, sendo por ele achado conforme em todos os termos. Será procedido o cadastro do presente ato, no prazo legal, junto à Central Notarial de Serviços Eletrônicos Compartilhados – CENSEC, conforme estabelece o Provimento 18/2012, do Conselho Nacional de Justiça. Eu, _____ Tabelião de Notas lavrei, subscrevo e dou fé, encerrando o ato. **Emolumentos** (valor). **Selo** de fiscalização (número). **Traslado emitido e entregue em seguida ao solicitante**.

_____

Assinatura do solicitante

_____

Assinatura do Tabelião

6 • TABELIONATO DE NOTAS · 247

6.13.3 Modelo de ata notarial para fins de usucapião extrajudicial

(Brasão da República)

República Federativa do Brasil

(Estado da Federação)

(Comarca)

(Município)

TABELIONATO DE NOTAS

Livro de Atas Notariais (número)

Folha (número)

Ou

TABELIONATO DE NOTAS

(Estado da Federação)

(Comarca)

(Município)

Livro de Atas Notariais (número)

Folha (número)

ATA NOTARIAL DE CONSTATAÇÃO DA EXTERIORIZAÇÃO DA POSSE, DOS INDÍCIOS DA SUA DURAÇÃO E DE OUTRAS CIRCUNSTÂNCIAS RELEVANTES PARA FINS DE RECONHECIMENTO EXTRAJUDICIAL DE USUCAPIÃO, NA FORMA ABAIXO:

SAIBAM quantos este público instrumento virem que, ao (dia) do (mês) do (ano), às (horário) nesta Serventia de Tabelionato de Notas do (município) e (comarca) do Estado de (Estado da Federação), sito na (endereço), **perante mim** Tabelião de Notas, **compareceu como SOLICITANTE**: (PRENOME E SOBRENOME), (nacionalidade), (estado civil), (profissão), (domicílio), documento de identidade (número), CPF (número). A presente pessoa reconhecida como a própria, pela documentação civil que me foi apresentada, aqui mencionada, de cuja identidade e capacidade jurídica dou fé. **Então, pelo solicitante me foi requerido que lhe fosse lavrado o presente instrumento público**, com o fim de que o mesmo surta sua eficácia probatória e nos termos dos artigos 384 e 405 do novo Código de Processo Civil, **faça prova da exteriorização e exercício de sua posse sobre o imóvel abaixo descrito. Passo a relatar, conforme requerido e segundo os meus sentidos, o que segue**: Nessa mesma data, por volta das (horário), em diligência ao imóvel do solicitante, verifiquei que o mesmo se encontra em área urbana (ou rural) deste município. **1) DESCRIÇÃO DO IMÓVEL**[72]: O imóvel é constituído de terreno e construção residencial, localizado na (logradouro), com número de porta (número), no (bairro), está delimitado em todo seu perímetro por muro de alvenaria (ou cerca de arame farpado), confrontando-se pela frente com dita rua, fundos com imóvel pertencente à (PRENOME E SOBRENOME), pelo lado direito com imóvel pertencente à (PRENOME E SOBRENOME) pelo lado esquerdo com imóvel pertencente à (PRENOME E SOBRENOME) e fundo com imóvel pertencente à (PRENOME E SOBRENOME). A casa é composta de um pavimento, com (número) cômodos, cobertura de laje, piso de cerâmica e paredes pintadas e rebocadas por dentro e por fora. **2) TEMPO, CARACTERÍSTICAS E FORMA**

---

72. Descrição a ser feita conforme caso prático apresentado na prova.

DE AQUISIÇÃO DA POSSE: Para comprovação da aquisição, tempo e características de sua posse, o Solicitante apresentou justo título, no qual consta que o imóvel foi adquirido por compra feita à (PRENOME E SOBRENOME), em (data), tendo, portanto, mais de quinze anos de posse mansa, pacífica e ininterrupta. **3) MODALIDADE DE USUCAPIÃO PRETENDIDA**: Diante do tempo e características da posse do Solicitante, a modalidade de usucapião pretendida é (modalidade), nos termos do (dispositivo legal). **4) NÚMERO DE IMÓVEIS ATINGIDOS PELA PRETENSÃO AQUISITIVA E A LOCALIZAÇÃO**: Verifica-se que a pretensão aquisitiva do Solicitante atingira (número) de imóveis, vizinhos e localizados nesta circunscrição. **5) VALOR DO IMÓVEL:** O valor venal do imóvel, constante do cadastro imobiliário municipal apresentado é R$ (valor). **6) DEPOIMENTOS DE CONFRONTANTES E TESTEMUNHAS:** Ato contínuo, dirigi-me aos imóveis confinantes e colhi os depoimentos dos vizinhos confrontantes: FRENTE: (PRENOME E SOBRENOME), (qualificação), prestou as seguintes declarações: (transcrição do depoimento). LADO DIREITO: (PRENOME E SOBRENOME), (qualificação), prestou as seguintes declarações: (transcrição do depoimento). LADO ESQUERDO: (PRENOME E SOBRENOME), (qualificação), prestou as seguintes declarações: (transcrição do depoimento). FUNDOS: Confrontante não se encontrava no momento da diligência. O solicitante reside no imóvel com sua família, no qual observa-se em seu interior retratos de família, móveis, utensílios domésticos. **7)** O solicitante e testemunhas foram **por mim alertados que a prestação de declaração falsa no referido instrumento configurará crime de falsidade**, sujeito às penas da lei. **8)** O solicitante foi cientificado que **a presente ata notarial não tem valor como confirmação ou estabelecimento de propriedade**, servindo apenas para a instrução de requerimento extrajudicial de usucapião para processamento perante o registrador de imóveis. **9)** Feita consulta à Central Nacional de Indisponibilidade de Bens – CNIB, cujo resultado foi negativo para o CPF do solicitante, conforme código HASH gerado (código). **10) EMITIDA A DOI** – Declaração sobre Operações Imobiliárias, conforme Instrução Normativa da Receita Federal vigente. **NADA MAIS FOI CONSTATADO.** Foram cumpridas as exigências legais e fiscais inerentes à legitimidade do ato. Lido em alta voz perante o solicitante, sendo por ele achado conforme em todos os termos. Será procedido o cadastro do presente ato, no prazo legal, junto à Central Notarial de Serviços Eletrônicos Compartilhados – CENSEC, conforme estabelece o Provimento 18/2012, do Conselho Nacional de Justiça. Eu, _____ Tabelião de Notas lavrei, subscrevo e dou fé, encerrando o ato. **Emolumentos** (valor). **Selo** de fiscalização (número). **Traslado emitido e entregue em seguida ao solicitante**.

_____

Assinatura do solicitante

_____

Assinatura do Tabelião.

7
NOTA DE DEVOLUÇÃO

7.1 NOÇÕES GERAIS

Após análise dos requisitos formais e legais do título, faltando elemento obrigatório e havendo exigência a ser satisfeita, o oficial indicá-la-á por escrito, entregando ao requerente Nota de Devolução ou Nota Devolutiva ou Nota de Exigência.

A Nota de Devolução também poderá ser utilizada para indicar a impossibilidade da prática do ato registral ou notarial requerido, como, por exemplo, no caso de não ser o ato da competência do notário ou registrador.

Ressalte-se que, a Nota de Devolução deverá conter a fundamentação legal, com remissão expressa às disposições da legislação e das normativas estaduais. O oficial ou notário irá datá-la e assiná-la, entregando-a ao interessado.

7.2 ROTEIRO PARA REDAÇÃO DA ATA NOTARIAL PARA FINS DE USUCAPIÃO EXTRAJUDICIAL

a) *Cabeçalho*;

b) *Denominação do ato:*

NOTA DE DEVOLUÇÃO

NOTA DEVOLUTIVA

NOTA DE EXIGÊNCIA

c) *Dados do protocolo* (LRP, art. 135):
- Número do protocolo
- Data do protocolo;
- Título apresentado;
- Ato requerido;
- Nome do apresentante.

PROTOCOLO (número)

Data do protocolo: (data)

Título apresentado: (descrever)

Ato requerido: (descrever)

Nome do apresentante: (PRENOME E SOBRENOME).

d) *Exigências a serem cumpridas ou negativa da prática do ato*, conforme o caso:

Para a prática do ato requerido, nos termos do (dispositivo legal ou normativo), será necessário apresentar: (descrever exigências).

Nos termos do art. 89 da Lei 6.015/1973, o ato requerido não poderá ser praticado, uma vez que esta Serventia não é competente para o registro da escritura de emancipação, por não ser o emancipado residente neste município.

e) *Procedimento de dúvida* (LRP, art. 198);

Não se conformando o apresentante com a exigência do oficial, ou não a podendo satisfazer, poderá requerer a suscitação de dúvida e remessa ao juízo competente para dirimi-la.

f) *Fechamento*:
   – Local e data
   – Assinatura do Oficial ou notário

(Local), (data)

_____

Assinatura oficial ou notário

7.3 MODELO DE NOTA DE DEVOLUÇÃO

(Brasão da República)

República Federativa do Brasil

(Estado da Federação)

(Comarca)

(Município)

(ATRIBUIÇÃO DA SERVENTIA)

Ou

(ATRIBUIÇÃO DA SERVENTIA)

(Estado da Federação)

(Comarca)

(Município)

NOTA DE DEVOLUÇÃO

PROTOCOLO (número)
Data do protocolo: (data)
Título apresentado: (descrever)
Ato requerido: (descrever)
Nome do apresentante: (PRENOME E SOBRENOME).
Para a prática do ato requerido, nos termos do (dispositivo legal ou normativo), será necessário apresentar: (descrever exigências).

Não se conformando o apresentante com a exigência do oficial, ou não a podendo satisfazer, poderá requerer a suscitação de dúvida e remessa ao juízo competente para dirimi-la.

(Local), (data)

Assinatura oficial ou notário

REFERÊNCIAS

BRANDELLI, Leonardo. *Teoria Geral do Direito Notarial*. 3. ed. São Paulo: Saraiva, 2009.

CENEVIVA, Walter. *Leis dos Registros Públicos Comentada*. 19. ed. São Paulo: Saraiva, 2009.

CENEVIVA, Walter. *Leis dos Notários e Registradores Comentada*. 7. ed. São Paulo: Saraiva, 2009.

GONÇALVES, Carlos Roberto. *Direito civil brasileiro*. 10. ed. São Paulo: Saraiva, 2013. v. 3: contratos e atos unilaterais.

KÜMPEL, Vitor Frederico et al. *Tratado Notarial e Registral*. São Paulo: YK Editora, 2017. v. II.

KÜMPEL, Vitor Frederico *et. al*. *Tratado Notarial e Registral*. São Paulo: YK Editora, 2017. v. III.

KÜMPEL, Vitor Frederico et al. *Tratado Notarial e Registral*. São Paulo: YK Editora, 2017. v. IV

PIAZZI, Pierluigi. *Aprendendo Inteligência*. 3. ed. rev. e atual. São Paulo: Aleph, 2015.

SILVA, Regina Beatriz Tavares da (Coord.). *Código Civil Comentado*. 7. ed. rev. e atual. São Paulo: Saraiva, 2010.

TIZIANI, Marcelo Gonçalves. *Teoria Geral do Registro Civil das Pessoas Naturais*. São Paulo, YK Editora, 2017.

VELOSO, Gracielle. *Manual prático do registrador* civil: nascimentos, casamentos, óbitos. Curitiba, Juruá, 2019.

VELOSO, Waldir de Pinho. *Registro Civil das Pessoas Naturais*. Curitiba: Juruá, 2013.

VILLAVERDE, André. In: CASSETARI, Christiano (Coord.). *Concursos de cartório*: prática para segunda fase. 6. ed. Idaiatuba/SP: Editora Foco, 2021.